La su

DU MÊME AUTEUR AUX ÉDITIONS J'AI LU

La guerre n'a pas un visage de femme, N° 7552

SVETLANA ALEXIEVITCH

La supplication

Tchernobyl, chronique du monde
après l'apocalypse

RÉCIT

Traduit du russe par Galia Ackerman et Pierre Lorrain

TITRE ORIGINAL
Tchernobylskaïa Molitva

ÉDITEUR ORIGINAL
Éditions Ostojié, Moscou

© Svetlana Alexievitch, 1997.

POUR LA TRADUCTION FRANÇAISE
© Éditions Jean-Claude Lattès, 1998.

Nous sommes l'air, pas la terre...

Merab Mamardachvili

Information historique

« Il convient tout d'abord de déchirer le voile du secret qui entoure la Biélorussie. Car, pour le monde, nous sommes une *terra incognita* – une terre inconnue, inexplorée. Chacun connaît Tchernobyl, mais seulement en rapport avec l'Ukraine et la Russie. "Russie blanche", telle est la traduction du nom Biélorussie. »

Narodnaïa Gazeta, 27 avril 1996.

« Il n'y a aucune centrale nucléaire en Biélorussie. Sur le territoire de l'ancienne U.R.S.S., les centrales qui se trouvent à proximité des frontières biélorusses sont équipées de réacteurs de type RBMK[1] : au nord, celle d'Ignalina ; à l'est, celle de Smolensk ; au sud, celle de Tchernobyl...

Le 26 avril 1986, à 1 h 23, une série d'explosions détruisit le réacteur et le bâtiment de la quatrième tranche de la centrale nucléaire de Tchernobyl. Cet accident est devenu la plus grande catastrophe technologique du XXe siècle.

Pour la petite Biélorussie de dix millions d'habitants, il s'agissait d'un désastre à l'échelle nationale. Pendant la Seconde Guerre mondiale, sur la terre biélorusse, les nazis avaient détruit 619 villages et exterminé leur population. À la suite de Tchernobyl, le pays en perdit 485.

---

1. Réacteurs au graphite, à refroidissement par eau bouillante, de conception ancienne, qui constituaient l'essentiel du parc nucléaire civil de l'ex-U.R.S.S. et pouvaient produire du plutonium militaire. *(N.d.T.)*

Soixante-dix d'entre eux sont enterrés pour toujours. La guerre tua un Biélorusse sur quatre ; aujourd'hui, un sur cinq vit dans une région contaminée. Cela concerne 2,1 millions de personnes, dont sept cent mille enfants. Les radiations constituent la principale source de déficit démographique. Dans les régions de Gomel et de Moguilev (qui ont le plus souffert de la tragédie), la mortalité est supérieure de 20 % à la natalité.

Au moment de la catastrophe, parmi les 50 millions de radionucléides propulsés dans l'atmosphère, 70 % retombèrent sur le sol de la Biélorussie : en ce qui concerne le césium 137, 23 % de son territoire sont contaminés par une quantité de nucléides radioactifs égale ou supérieure à 37 milliards de becquerels (Bq) par kilomètre carré. À titre de comparaison, 4,8 % du territoire ukrainien et 0,5 % de celui de Russie sont touchés. La superficie des terres agricoles où la contamination égale ou dépasse 37×10^9 Bq/km^2 est supérieure à 1,8 million d'hectares. Quant aux terres irradiées par une quantité de strontium 90 égale ou supérieure à 11×10^9 Bq/km^2, elles couvrent un demi-million d'hectares. La superficie totalement interdite à l'agriculture représente 264 000 hectares. La Biélorussie est un pays sylvestre, mais 26 % des forêts et plus de la moitié des prairies situées dans les bassins inondables des cours d'eau Pripiat, Dniepr et Soj se trouvent dans la zone de contamination radioactive...

À la suite de l'influence permanente de petites doses d'irradiation, le nombre de personnes atteintes, en Biélorussie, de cancers, d'arriération mentale, de maladies nerveuses et psychiques ainsi que de mutations génétiques s'accroît chaque année... »

Tchernobyl, Minsk, Belarouskaïa Entsiklopediïa, 1996, pp. 7, 24, 49, 101, 149.

« Selon les observations, un haut niveau de radiation fut enregistré le 29 avril 1986 en Pologne, en Allemagne, en Autriche et en Roumanie ; le 30 avril, en Suisse et en Italie du Nord ; les 1er et 2 mai, en France, en Belgique, aux Pays-Bas, en Grande-Bretagne et dans le nord de la Grèce ; le 3 mai, en Israël, au Koweït, en Turquie...

Les substances gazeuses et volatiles projetées à grande altitude connurent une diffusion globale : le 2 mai, elles furent enregistrées au Japon ; le 4, en Chine ; le 5, en Inde ; les 5 et 6 mai, aux États-Unis et au Canada.

En moins d'une semaine, Tchernobyl devint un problème pour le monde entier... »

Posledstviïa Tchernobylskoï avariï v Belaroussi,
(Conséquences de l'accident de Tchernobyl en
Biélorussie), Minsk, Haut Collège International
de radioécologie Sakharov, 1992, p. 82.

« Le quatrième réacteur, nom de code "Abri", conserve toujours dans son ventre gainé de plomb et de béton armé près de vingt tonnes de combustible nucléaire. Ce qu'il advient aujourd'hui de cette matière, nul ne le sait.

Le sarcophage fut bâti à la hâte et il s'agit d'une construction unique dont les ingénieurs de Piter [1] qui l'ont conçue peuvent probablement se montrer fiers. Mais l'on procéda à son montage "à distance" : les dalles furent raccordées à l'aide de robots et d'hélicoptères, d'où des fentes. Aujourd'hui, selon certaines données, la surface totale des interstices et des fissures dépasse deux cents mètres carrés et des aérosols radioactifs continuent à s'en échapper...

Le sarcophage peut-il tomber en ruine ? Personne ne peut, non plus, répondre à cette question car, à ce jour, il est impossible de s'approcher de certains assemblages et constructions pour déterminer combien de temps ils peuvent durer encore. Mais il est clair que la destruction de l'"Abri" aurait des conséquences encore plus horribles que celles de 1986... »

Ogoniok, n° 17, avril 1996.

1. Saint-Pétersbourg. *(N.d.T.)*

PROLOGUE

Une voix solitaire

« Je ne sais pas de quoi parler... De la mort ou de l'amour ? Ou c'est égal... De quoi ?

Nous étions jeunes mariés. Dans la rue, nous nous tenions encore par la main, même si nous allions au magasin... Je lui disais : "Je t'aime." Mais je ne savais pas encore à quel point je l'aimais... Je n'avais pas idée... Nous vivions au foyer de la caserne des sapeurs-pompiers où il travaillait. Au premier étage. Avec trois autres jeunes familles. Nous partagions une cuisine commune. Et les véhicules étaient garés en bas, au rez-de-chaussée. Les véhicules rouges des pompiers. C'était son travail. Je savais toujours où il était, ce qui lui arrivait. Au milieu de la nuit, j'ai entendu un bruit. J'ai regardé par la fenêtre. Il m'a aperçue : "Ferme les lucarnes et recouche-toi. Il y a un incendie à la centrale. Je serai vite de retour."

Je n'ai pas vu l'explosion. Rien que la flamme. Tout semblait luire... Tout le ciel... Une flamme haute. De la suie. Une horrible chaleur. Et il ne revenait toujours pas. La suie provenait du bitume qui brûlait. Le toit de la centrale était recouvert de bitume. Plus tard, il se souviendrait qu'ils marchaient dessus comme sur de la poix. Ils étouffaient la flamme. Ils balançaient en bas, avec leurs pieds, le graphite brûlant... Ils étaient partis comme ils étaient, en chemise, sans leurs tenues en prélart. Personne ne les avait prévenus. On les avait appelés comme pour un incendie ordinaire...

Quatre heures du matin... Cinq... Six... À six heures, nous avions prévu d'aller chez ses parents. Pour planter

11

des pommes de terre. Il y a quarante kilomètres de la ville de Pripiat jusqu'au village de Sperijie où vivait sa famille. Semer, labourer... Ses occupations préférées... Sa mère évoquait souvent comment ni son père ni elle ne voulaient le laisser partir pour la ville. Ils lui ont même bâti une nouvelle maison. Mais il a été incorporé. Il a fait son service à Moscou, dans les sapeurs-pompiers, et quand il est revenu : sapeur-pompier ! Il ne voulait pas entendre parler d'autre chose. *(Elle se tait.)*

Parfois, c'est comme si j'entendais sa voix... Vivante... Même les photos n'agissent pas sur moi autant que sa voix. Mais il ne m'appelle jamais... Et en rêve... C'est moi qui l'appelle...

Sept heures... À sept heures, on m'a fait savoir qu'il était à l'hôpital. J'ai couru, mais la milice avait déjà isolé le bâtiment et n'y laissait entrer personne. Seules les ambulances traversaient le barrage. Les miliciens criaient : près des voitures, la radiation bloque les compteurs au maximum, ne vous approchez pas. Je n'étais pas seule : toutes les femmes avaient accouru, toutes celles dont les maris se trouvaient dans la centrale, cette nuit-là. Je me suis lancée à la recherche d'une amie, médecin dans cet hôpital. Je l'ai saisie par sa blouse blanche lorsqu'elle est descendue de voiture :

– Fais-moi passer !

– Je ne peux pas ! Il va mal. Ils vont tous mal.

Mais je ne la lâchai pas.

– Juste jeter un regard.

Elle me dit :

– D'accord, allons-y ! Pour un quart d'heure, vingt minutes.

Je l'ai vu... Tout gonflé, boursouflé... Ses yeux se voyaient à peine...

– Il faut du lait. Beaucoup de lait ! m'a dit mon amie. Qu'ils boivent au moins trois litres !

– Mais il n'en prend pas.

– Désormais, il en prendra.

Nombre de médecins, d'infirmières et, surtout, d'aides-soignantes de cet hôpital tomberaient malades, plus tard... Mourraient... Mais alors, personne ne le savait...

À dix heures du matin, l'opérateur Chichenok rendit l'âme... Il fut le premier... Le premier jour... Nous avons appris plus tard que le deuxième, Valera Khodemtchouk, était resté sous les décombres. On n'était pas parvenu à le dégager. Son corps a été noyé dans le béton. Mais nous ne savions pas encore qu'ils étaient tous les premiers...

– Vassenka[1], que faire ? lui demandé-je.

– Pars d'ici ! Pars ! Tu vas avoir un enfant.

En effet, j'étais enceinte. Mais comment pouvais-je le laisser ? Lui, il me supplie :

– Pars ! Sauve le bébé !

– Je dois d'abord t'apporter du lait. Après on prendra une décision.

Ma copine, Tania Kibenok, arrive en courant... Son mari est dans la même chambre... Son père l'accompagne, il a sa voiture. Nous la prenons pour aller au village le plus proche, acheter du lait. À environ trois kilomètres de la ville... On achète plusieurs bocaux de trois litres remplis de lait... Six, pour en avoir assez pour tous... Mais le lait les faisait horriblement vomir. Ils perdaient sans cesse connaissance et on les plaçait sous perfusion. Les médecins répétaient qu'ils étaient empoisonnés aux gaz, personne ne parlait de radiation. Pendant ce temps, la ville se remplissait de véhicules militaires. Des barrages étaient dressés sur toutes les routes... Les trains ne roulaient plus, ni dans la région ni sur les grandes lignes... On lavait les rues avec une poudre blanche... Je m'inquiétais : comment aller acheter du lait frais au village, le lendemain ? Personne ne parlait de radiation... Seuls les militaires avaient des masques... Dans la rue, les citadins portaient le pain qu'ils achetaient dans les magasins, des paquets ouverts de petits pains... Des gâteaux étaient posés sur les étalages ouverts...

Le soir, on ne me laissa pas entrer à l'hôpital... Une foule de gens s'entassait tout autour... Je me plaçai devant sa fenêtre, il s'approcha et me cria quelque chose. Si désespérément ! Dans la foule, quelqu'un entendit qu'on allait les emmener à Moscou, dans la nuit. Toutes les

1. Diminutif de Vassili. *(N.d.T.)*

épouses se rassemblèrent. Nous décidâmes de partir avec eux. Laissez-nous rejoindre nos maris ! Vous n'avez pas le droit ! On se battait, on se griffait. Les soldats – des soldats, déjà – nous repoussaient. Alors un médecin sortit et confirma le départ pour Moscou en avion, mais nous devions leur apporter des vêtements : les leurs avaient brûlé à la centrale. Les autobus ne roulaient plus et nous nous égaillâmes à travers toute la ville en courant. À notre retour, chargées de sacs, l'avion était déjà parti... Ils nous avaient trompées exprès... Pour nous empêcher de crier, de pleurer...

La radio annonça que la ville allait être évacuée, probablement pour trois à cinq jours : prenez des vêtements chauds, des survêtements de sport, vous allez vivre en forêt. Dans des tentes. Les gens s'en réjouissaient même : une escapade dans la nature ! On y fêterait le Premier Mai. C'était tellement inhabituel ! On préparait des chachliks pour le voyage... On emportait des guitares, des magnétophones... Seules pleuraient celles dont les maris avaient physiquement souffert.

Je ne me souviens pas de la route... C'est comme si je n'étais revenue à moi qu'en voyant sa mère : "Maman, Vassia[1] est à Moscou ! On l'a emmené dans un avion spécial !" Nous avons fini les semailles, dans le potager (et, une semaine plus tard, on évacuerait le village !). Qui savait ? Qui pouvait savoir alors ? Dans la soirée, j'ai été prise de vomissements. J'étais enceinte de six mois. Et je me sentais si mal... Dans la nuit, j'ai rêvé qu'il m'appelait. Tant qu'il était en vie, il m'appelait dans mon sommeil : "Lioussia ! Lioussienka[2] !" Et, après sa mort, il ne l'a plus fait une seule fois. Pas une seule fois... *(Elle pleure.)* Le matin, je me suis levée avec l'idée de me rendre à Moscou. Moi-même... "Où vas-tu aller, dans ton état ?" pleurait sa mère. Nous avons également préparé les affaires de mon beau-père, pour le voyage. Il retira l'argent qu'ils avaient à la caisse d'épargne. Tout leur argent.

Je ne me souviens pas du voyage, non plus... Le chemin

---

1. Autre diminutif de Vassili. *(N.d.T.)*
2. Diminutifs d'Elena. *(N.d.T.)*

est également sorti de ma mémoire... À Moscou, nous avons demandé au premier milicien venu dans quel hôpital se trouvaient les sapeurs-pompiers de Tchernobyl, et il nous l'a dit...

Hôpital numéro six, à Chtchoukinskaïa.

C'était un établissement radiologique spécial et l'on n'y pouvait entrer sans laissez-passer. Je donnai de l'argent à la gardienne et elle me dit : "Vas-y." Il me fallut encore quémander et supplier d'autres personnes... Finalement, je me retrouvai face au chef du service radiologique, Angelina Vassilievna Gouskova. Je ne connaissais pas encore son nom, je ne retenais rien... Je savais seulement que je devais le voir...

Elle me demanda aussitôt :

– Avez-vous des enfants ?

Comment pouvais-je lui dire ? Je comprenais déjà combien il était important de taire ma grossesse. Sinon, cette femme ne m'aurait pas laissée le voir ! Heureusement que j'étais maigre et qu'on ne devinait rien.

– Oui, répondis-je.

– Combien ?

Je me dis : "Je dois lui dire que j'en ai deux. Pour un seul, elle ne m'autorisera quand même pas à entrer."

– Un garçon et une fille.

– Si tu en as deux, tu n'en auras probablement plus d'autres. Maintenant, écoute : le système nerveux central et la moelle osseuse sont entièrement atteints...

"Ce n'est rien, pensai-je, il va devenir un peu nerveux."

– Écoute encore : si tu pleures, je te renvoie tout de suite. Il est interdit de s'embrasser et de se toucher. Ne pas s'approcher. Tu as une demi-heure.

Mais je savais que je ne partirais plus. Si je partais, ce ne serait qu'avec lui. Je me fis ce serment !

J'entrai... Ils sont assis sur un lit, jouent aux cartes et rient.

– Vassia ! lui crie-t-on.

Il se retourne.

– Je suis perdu, les gars ! Même ici, elle m'a retrouvé !

Il est tellement drôle. On lui a donné un pyjama de taille quarante-huit alors qu'il lui faudrait un cinquante-deux. Les manches sont trop courtes. Les jambes du pantalon sont trop courtes. Mais l'œdème sur son visage a déjà disparu... On leur administrait une perfusion pour cela. Je lui demande :

– Et où donc as-tu disparu si soudainement ?

Il veut m'embrasser.

– Reste assis. (Le médecin le retient loin de moi.) On ne s'enlace pas ici.

Nous avons tourné cela à la blague. Et tout le monde a accouru, y compris des autres chambres. Tous les nôtres. Ceux de Pripiat. Ils étaient vingt-huit à avoir pris l'avion. Que se passe-t-il là-bas, chez nous, à la ville ? Je réponds que l'évacuation a commencé, que la ville va être évacuée de trois à cinq jours. Les hommes se taisent, mais il y a là deux femmes également. L'une d'elles était de garde au contrôle de la centrale, le jour de l'accident, et elle se met à pleurer.

– Mon Dieu ! Mes enfants sont là-bas. Que deviennent-ils ?

J'avais envie de rester seule avec lui, même seulement une minute. Les autres le sentirent et chacun inventa une excuse pour sortir dans le couloir. Alors je l'enlaçai et l'embrassai. Il s'écarta :

– Ne t'assieds pas près de moi. Prends une chaise.

– Mais ce n'est rien. (Je fis un geste de dérision avec le bras.) As-tu vu où s'est produite l'explosion ? Qu'est-ce que c'était ? Vous étiez les premiers à arriver...

– C'est certainement un sabotage. Quelqu'un l'a fait exprès. Tous nos gars sont de cet avis.

C'est ce que l'on disait alors. Ce qu'on pensait.

Le lendemain, à mon arrivée, ils étaient déjà séparés, chacun dans sa chambre. Il leur était catégoriquement interdit de sortir dans le couloir. D'avoir des contacts entre eux. Ils communiquaient en frappant les murs : point-trait, point-trait... Les médecins avaient expliqué que chaque organisme réagit différemment aux radiations et que ce que l'un pouvait supporter dépassait les possibilités de l'autre. Là où ils étaient couchés, même les murs bloquaient l'aiguille des compteurs. À gauche, à droite et à l'étage en dessous... On avait dégagé tout le monde et il ne restait plus un seul malade... Personne autour d'eux.

Pendant trois jours, je logeai chez des amis, à Moscou. Ils me disaient : Prends la casserole, prends la cuvette, prends tout ce dont tu as besoin... Je faisais du bouillon de dinde, pour six personnes. Nos six gars... Les sapeurs-pompiers de la même équipe... Ils étaient tous de garde cette nuit-là : Vachtchouk, Kibenok, Titenok, Pravik, Tichtchoura. Au magasin, je leur ai acheté du dentifrice, des brosses à dents et du savon. Il n'y avait rien de tout cela à l'hôpital. Je leur ai aussi acheté de petites serviettes de toilette... Je m'étonne maintenant du comportement de mes amis : ils avaient sûrement peur, ils ne pouvaient pas ne pas avoir peur, des rumeurs circulaient déjà. Et pourtant, ils me proposaient quand même : Prends tout ce qu'il te faut. Prends ! Comment va-t-il ? Comment vont-ils tous ? Est-ce qu'ils vivront ? Vivre... *(Silence.)* J'ai rencontré alors beaucoup de gens bien, je ne peux pas me souvenir de tous. Le monde s'est rétréci jusqu'à un point... S'est contracté... Lui... Lui seul ! Je garde en mémoire une aide-soignante âgée qui m'expliquait : "Il y a des maladies que l'on ne peut pas traiter. Il faut s'asseoir près du malade et lui caresser les mains."

Tôt le matin, je fais le marché, près de chez mes amis, puis je cuisine le bouillon. Il faut tout passer au tamis, hacher menu... Quelqu'un m'a demandé : "Apporte-moi une pomme." Avec six bocaux d'un demi-litre... Toujours pour six ! À l'hôpital... J'y reste jusqu'au soir. Et le soir, je retourne à l'autre bout de la ville. Combien de temps aurais-je tenu ? Mais, trois jours plus tard, on me proposa de loger dans la résidence des médecins, dans l'enceinte de l'hôpital. Mon Dieu, quel bonheur !

– Mais il n'y a pas de cuisine là-bas. Comment vais-je leur faire à manger ?

– Vous n'avez plus à cuisiner. Leurs estomacs ont cessé d'accepter la nourriture.

Il changeait : chaque jour, je rencontrais un être différent... Les brûlures remontaient à la surface... Dans la bouche, sur la langue, les joues... D'abord, ce ne furent que de petits chancres, puis ils s'élargirent... La muqueuse

17

se décollait par couches... En pellicules blanches... La couleur du visage... La couleur du corps... Bleu... Rouge... Gris-brun... Et tout cela m'appartient, et tout cela est tellement aimé ! On ne peut pas le raconter ! On ne peut pas l'écrire !

Je l'aimais ! Je ne savais pas encore à quel point je l'aimais ! Nous étions jeunes mariés... Nous sortons dans la rue. Il m'attrape par les mains et me fait tourner. Et il m'embrasse, m'embrasse. Les gens passent et tout le monde sourit...

Le pronostic du mal aigu des rayons est de quatorze jours... L'homme meurt en quatorze jours...

Le premier jour à la résidence, les dosimétristes m'inspectèrent. Mes habits, mon sac, mon portefeuille, les chaussures, tout "brûlait". On me prit tout aussitôt. Même les sous-vêtements. On me laissa seulement l'argent. En échange, on me donna un peignoir de l'hôpital, taille cinquante-six, et des chaussons du quarante-trois. "Peut-être vous rendra-t-on vos habits, et peut-être pas, car il est probable que l'on ne pourra pas les nettoyer", me dit-on. C'est dans cet accoutrement que j'apparus devant lui. Il eut peur : "Mon Dieu, mais qu'est-ce que tu as ?" Je m'évertuais quand même à faire du bouillon : je plongeais une résistance électrique dans un bocal de verre, pour y faire bouillir de l'eau, et j'y jetais des morceaux de poulet... De minuscules morceaux... Puis quelqu'un me donna une petite casserole, une femme de ménage ou une réceptionniste de la résidence, je crois. Quelqu'un d'autre me fournit une petite planche sur laquelle je coupais du persil frais. Je ne pouvais pas aller au marché dans les vêtements de l'hôpital, alors quelqu'un m'apportait ces herbes. Mais tout était vain, il ne pouvait même pas boire... Ou gober un œuf cru... Et je voulais tellement lui procurer une gourmandise quelconque ! Comme si cela pouvait l'aider ! J'ai couru jusqu'au bureau de poste. "Les filles, demandai-je, je dois téléphoner d'urgence à mes parents, à Ivano-Frankovsk. Mon mari est en train de mourir ici." Elles ont, je ne sais comment, compris aussitôt d'où je venais et qui était mon mari et elles ont établi la liaison en un instant. Le jour même, mon père, ma sœur et mon frère prirent l'avion pour Moscou. Ils m'apportèrent des affaires. De l'argent.

Le 9 mai... Il m'a toujours dit : "Tu ne peux pas t'imaginer comme Moscou est beau ! Surtout, le Jour de la Victoire[1], avec les feux d'artifice. Je veux que tu voies cela." Je me suis assise près de lui. Il a ouvert les yeux :

– Fait-il jour ou nuit ?

– Il est neuf heures du soir.

– Ouvre la fenêtre ! Les feux d'artifice commencent !

J'ai ouvert la fenêtre. Au septième étage, la ville entière s'étalait devant nous !

Un bouquet de feu jaillit dans le ciel.

– Ça alors !

– J'ai promis de te montrer Moscou. J'ai promis de toujours t'offrir des fleurs, à toutes les fêtes...

Je tourne la tête. Il fait surgir trois œillets dissimulés sous son oreiller. Il avait donné de l'argent à une infirmière pour qu'elle les achète.

Je bondis vers lui et lui donne un baiser.

– Mon unique ! Mon amour !

Il me gronde :

– Qu'est-ce que les médecins t'ont dit ? Il ne faut pas m'enlacer ! Il ne faut pas m'embrasser !

On ne me le permettait pas... Mais je... Je le relevais et le faisais asseoir... Je changeais ses draps, je lui donnais le thermomètre et le lui reprenais... Je lui apportais le bassin et le lui enlevais... Et pour cela, personne ne me disait rien...

C'était bien que cela se passât dans le couloir et pas dans sa chambre... Ma tête se mit à tourner. J'agrippai le rebord de la fenêtre. Un médecin passait, il me prit la main. Et soudain :

– Vous êtes enceinte ?

– Non, non !

J'avais tellement peur que quelqu'un ne nous entende.

– Ne me mentez pas, soupira-t-il.

---

1. En U.R.S.S., la victoire sur l'Allemagne nazie était fêtée le 9 mai, et non le 8 comme dans les pays occidentaux. *(N.d.T.)*

J'étais dans un tel désarroi que je n'eus pas le temps de lui demander quoi que ce fût.

Le lendemain, on m'appela chez la responsable.

– Pourquoi m'avez-vous trompée ?

– Je n'avais pas le choix. Si j'avais dit la vérité, vous m'auriez renvoyée chez moi. Un pieux mensonge !

– Vous ne savez pas ce que vous avez fait !

– Mais je suis avec lui...

Toute ma vie, je serai reconnaissante à Angelina Vassilievna Gouskova. Toute ma vie !

D'autres épouses étaient venues, mais on ne les avait pas laissées entrer. Les mères étaient avec moi... La mère de Volodia Pravik implorait Dieu sans cesse : "Prends-moi à sa place !"

Un professeur américain, le docteur Gale... Il a procédé à une greffe de moelle osseuse... Il me consolait. Il existe un espoir, petit, mais un espoir quand même. C'est un organisme tellement puissant, un gars tellement fort ! On convoqua tous ses proches. Ses deux sœurs arrivèrent de Biélorussie, son frère de Leningrad où il faisait son service militaire. La cadette, Natacha, avait quatorze ans. Elle pleurait beaucoup et avait peur, mais c'était sa moelle à elle qui convenait le mieux... *(Silence.)* Je peux en parler, maintenant... Avant, je ne le pouvais pas... Pendant dix ans, je me suis tue... Dix ans. *(Silence.)*

Quand il a appris que l'on allait prendre la moelle de sa sœur, il refusa catégoriquement : "Mieux vaut que je meure. Ne la touchez pas, elle est petite." Sa sœur aînée, Liouda, avait vingt-huit ans. Infirmière elle-même, elle comprenait les risques qu'elle prenait. "Qu'il vive", accepta-t-elle. J'ai vu l'opération. Ils étaient allongés côte à côte sur des tables... Il y a une grande fenêtre dans le bloc. L'intervention a duré deux heures... Quand ce fut fini, Liouda allait plus mal que lui. Elle avait dix-huit ponctions sur la poitrine et sortit difficilement de l'anesthésie. À ce jour, elle est encore malade. Elle a une invalidité... C'était une jolie fille, forte. Elle ne s'est pas mariée... Et moi, je me démenais alors entre leurs deux chambres, de chez lui à chez elle. On ne l'avait pas remis dans une chambre ordinaire, mais dans une pièce pressurisée, derrière une toile transparente, et il était interdit d'y pénétrer. Il y avait des appareils spéciaux pour faire des piqûres où introduire un cathéter sans entrer... Mais tout n'était retenu que par des bandes velcro ou des loquets et j'appris à m'en servir... À les desserrer... Et à me faufiler près de lui... Une petite chaise se trouvait près de son lit... Il allait tellement mal que je ne pouvais plus m'absenter, même pour une minute... Il m'appelait tout le temps : "Lioussia, où es-tu ? Lioussienka !" Il m'appelait sans cesse... Le service des autres chambres pressurisées où se trouvaient nos gars était assuré par des soldats : les aides-soignants de l'hôpital avaient refusé, ils exigeaient des habits de protection. Les soldats portaient les bassins, lavaient le plancher, changeaient les draps... Ils faisaient tout. D'où venaient-ils ? Je ne le leur demandai même pas... Il n'y avait que lui... Lui... Et chaque jour j'entendais : mort, mort... Tichtchoura est mort. Titenok est mort. Mort... Comme un coup de marteau sur le crâne...

Les selles vingt-cinq à trente fois par jour... Avec du sang et des mucosités... La peau des bras et des jambes se fissurait... Tout le corps se couvrait d'ampoules... Quand il remuait la tête, des touffes de cheveux restaient sur l'oreiller... Je tentais de plaisanter : "C'est pratique : plus besoin de peigne." Bientôt, on leur rasa le crâne. Je lui coupai les cheveux moi-même. Je voulais faire tout ce qu'il fallait pour lui. Si j'avais pu tenir physiquement, je serais restée vingt-quatre heures sur vingt-quatre près de lui. Je regrettais chaque minute perdue... Je regrettais chaque petite minute... *(Long silence.)* Mon frère est venu. Il avait peur : "Je ne te laisserai pas entrer là !" Mon beau-père lui a dit : "Mais est-ce qu'on peut empêcher une femme comme elle de faire quelque chose ? Elle passera par la fenêtre ! Elle grimpera par l'escalier de secours !"

Je me suis absentée... À mon retour, une orange est posée sur sa table de chevet... Une grande orange, pas jaune, mais rose. Il me sourit : "On me l'a offerte. Prends-la !" À travers la toile plastique, l'infirmière me fait un signe : on ne peut pas la manger. Si elle est restée quelque temps près de lui, non seulement on ne peut pas la manger, mais encore on a peur de la toucher. "S'il te plaît,

mange-la, me demande-t-il. Tu aimes tellement les oranges." Je la prends. Et, entre-temps, il ferme les yeux et
s'endort. On lui faisait continuellement des piqûres pour
qu'il dorme. Des drogues. L'infirmière me regarde d'un
air effaré... Et moi ? Je suis prête à faire n'importe quoi,
pourvu qu'il ne pense pas à la mort... Qu'il ne pense pas
que sa maladie est horrible, que j'ai peur de lui... Des
bribes d'une conversation me reviennent en mémoire...
Quelqu'un m'exhorte :

– Vous ne devez pas oublier que ce n'est plus votre
mari, l'homme aimé, qui se trouve devant vous, mais un
objet radioactif avec un fort coefficient de contamination.
Vous n'êtes pas suicidaire. Prenez-vous en main !

Et moi, comme une folle :

– Je l'aime ! Je l'aime !

Pendant son sommeil, je chuchotais :

– Je t'aime !

Je marchais dans la cour de l'hôpital :

– Je t'aime !

Je portais le bassin :

– Je t'aime !

Je me souvenais de notre vie, avant... Dans notre
foyer... Il s'endormait seulement quand il prenait ma
main. Il avait cette habitude : me tenir la main la nuit...
Toute la nuit...

Et à l'hôpital, je prenais sa main et ne la lâchais pas...

La nuit. Le silence. Nous sommes seuls. Il me regarde
très, très attentivement et me dit soudain :

– J'ai tellement envie de voir notre enfant. Comment
va-t-il ?

– Comment allons-nous l'appeler ?

– Tu lui trouveras un nom toute seule...

– Pourquoi seule, puisque nous sommes deux ?

– Alors, si c'est un garçon, que ce soit Vassia, et si c'est
une fille, Natacha.

– Comment cela, Vassia ? J'ai déjà un Vassia. Toi ! Je
n'ai pas besoin d'un autre.

Je ne savais pas encore combien je l'aimais ! Lui... Rien
que lui... Comme une aveugle ! Je ne sentais même pas
les coups sous mon cœur... Et pourtant, j'en étais déjà au

sixième mois... Je pensais qu'il était à l'intérieur de moi, mon petit, et qu'il était protégé...

Aucun des médecins ne savait que je dormais dans la chambre pressurisée. Ils ne le soupçonnaient même pas... C'étaient les infirmières qui me laissaient entrer. Au début, elles tentaient de me dissuader : "Tu es jeune. À quoi penses-tu ? Ce n'est plus un homme, mais un réacteur. Vous allez vous consumer ensemble." Je courais derrière elles comme un petit chien... Je restais des heures devant la porte. Je quémandais, suppliais... Finalement, elles me dirent : "Que le diable t'emporte ! Tu es folle !" Le matin, avant huit heures, lorsque commençait la visite médicale, elles me faisaient signe à travers la toile transparente : "Cours !" Je m'enfuyais pour une heure, à la résidence. Et de neuf heures du matin à neuf heures du soir, j'avais un laissez-passer. Mes jambes étaient bleues jusqu'aux genoux, tellement j'étais fatiguée...

Tant que je restais avec lui, rien ne se passait... Mais dès que je m'absentais, on le photographiait... Il n'avait aucun vêtement. Il couchait nu, juste recouvert d'un drap léger que je changeais tous les jours. Le soir, il était tout couvert de sang. Lorsque je le soulevais, des morceaux de peau restaient collés sur mes mains. Je lui dis : "Chéri, aide-moi ! Appuie-toi sur le bras, sur le coude autant que tu peux, pour que je puisse bien lisser ton lit, qu'il n'y ait ni couture ni pli." Car même la plus petite couture lui faisait une plaie. Je me suis coupé les ongles jusqu'au sang pour ne pas l'accrocher. Aucune des infirmières ne pouvait s'approcher de lui, le toucher. S'il leur fallait quelque chose, elles m'appelaient. Et l'on prenait des photos... Ils disaient que c'était pour la science. Mais je les aurais chassés tous ! Je les aurais frappés ! Comment pouvaient-ils ? Tout était à moi... Tout aimé de moi... Si j'avais pu ne pas les laisser entrer ! Si seulement j'avais pu...

Je passe de la chambre dans le couloir... Et je me heurte aux murs, au canapé que je ne vois pas. Je dis à l'infirmière de garde : "Il est mourant." Et elle me répond : "Qu'imaginais-tu ? Il a reçu mille six cents röntgens alors que la dose mortelle est de quatre cents. Tu côtoies un réacteur." Tout à moi... Tout aimé...

Après leur mort à tous, on a fait des travaux à l'hôpital. Les murs ont été raclés, le parquet démoli et jeté... Tout ce qui était en bois.

Après... La fin... Je ne me souviens plus que par bribes... Et puis, la coupure...

Je passe la nuit près de lui, sur la petite chaise... À huit heures, je lui dis : "Vassenka, je m'en vais. Je vais me reposer un peu." Il ouvre et ferme les yeux : il me laisse partir. Je suis à peine arrivée à la résidence, à ma chambre, et me suis étendue par terre – je ne pouvais pas me coucher sur le lit, le corps me faisait trop mal – qu'une infirmière frappe à ma porte.

– Viens ! Cours le voir ! Il n'arrête pas de te réclamer !

Mais ce matin, Tania Kibenok m'a tellement suppliée : "Accompagne-moi au cimetière ! Sans toi, je ne pourrai pas." On enterrait Vitia Kibenok et Volodia Pravik... Vitia et mon Vassia étaient très amis... Nos familles étaient amies... La veille de l'explosion, nous avons pris une photo, ensemble, au foyer. Que nos hommes y sont beaux ! Gais ! Le dernier jour de notre vie d'avant... Comme nous sommes heureux !

De retour du cimetière, j'appelle rapidement l'infirmière :

– Comment va-t-il ?

– Il est mort il y a un quart d'heure.

Comment ? J'avais passé toute la nuit dans sa chambre. Je ne m'étais absentée que trois heures ! Je suis restée près de la fenêtre, à hurler... On m'entendait dans toute la résidence... On avait peur de m'approcher... Puis je suis revenue à moi : le voir au moins une dernière fois ! Le voir ! J'ai dévalé l'escalier... Il était encore dans la chambre pressurisée, on ne l'avait pas encore emporté... Ses dernières paroles ont été : "Lioussia ! Lioussienka !" L'infirmière l'a calmé : "Elle est juste sortie. Elle revient tout de suite." Il a soupiré, apaisé...

Je ne me suis plus détachée de lui... Je l'ai accompagné jusqu'au cercueil... Bien que je ne me souvienne pas d'un cercueil, mais d'un grand sac en plastique... Ce sac... À la morgue, ils me demandèrent : "Voulez-vous voir comment nous l'avons habillé ?" Bien sûr, je le voulais ! Il était revêtu de sa grande tenue, la casquette posée sur sa poitrine. On n'avait pas pu le chausser car personne n'avait pu trouver de chaussures à sa taille : ses pieds étaient trop gonflés... Il avait fallu également couper l'uniforme, car il était impossible de le lui enfiler, il n'avait plus de corps solide... Il n'était plus qu'une énorme plaie... Les deux derniers jours, à l'hôpital... Je lui ai soulevé le bras et l'os a bougé, car la chair s'en était détachée... Des morceaux de poumon, de foie lui sortaient par la bouche... Il s'étouffait avec ses propres organes internes... J'enroulais ma main dans une bande et la lui mettais dans la bouche pour en extraire ces choses... On ne peut pas raconter cela ! On ne peut pas l'écrire ! Et c'était tellement proche... Tellement aimé... Il était impossible de lui enfiler des chaussures... On le mit pieds nus dans le cercueil...

Sous mes yeux... Dans son grand uniforme, on l'a glissé dans le sac en plastique que l'on a noué... Et ce sac, on l'a placé dans un cercueil en bois... Et ce cercueil, on l'a couvert d'un autre sac en plastique transparent, mais épais comme une toile cirée... Et l'on a mis tout cela dans un cercueil en zinc... Seule la casquette est restée dehors...

Tout le monde est venu à l'enterrement... Ses parents, les miens... Nous avons acheté des foulards noirs, à Moscou... Une commission extraordinaire recevait les familles. On disait la même chose à tout le monde : On ne peut pas vous rendre les corps de vos maris, de vos fils, ils sont très radioactifs et vont être enterrés dans un cimetière de Moscou selon un procédé spécial. Dans des cercueils en zinc, scellés, sous des dalles de béton. Et vous devez signer ce papier... Si quelqu'un s'indignait et voulait emmener quand même le cercueil au pays, on le persuadait que les défunts étaient des héros qui n'appartenaient plus à leur famille. Ils appartenaient désormais à l'État.

Nous nous sommes installés dans le corbillard... Les proches et des militaires. Un colonel avec un appareil radio... On lui transmettait : "Attendez nos ordres ! Attendez !" Nous avons tourné pendant deux ou trois heures dans Moscou, puis sur le périphérique. Puis nous sommes retournés à Moscou... On communique : "L'entrée dans le cimetière n'est pas autorisée. Le cimetière est investi par des journalistes étrangers. Attendez encore." Les parents se taisent... Ma mère porte un foulard noir... Je sens que je perds connaissance. Je me débats dans une crise d'hystérie : "Pourquoi faut-il cacher mon mari ? Est-il un assassin ? Un criminel ? Un bandit ? Qui enterrons-nous ?" Maman : "Du calme, du calme, ma petite fille." Elle me caresse les cheveux. Le colonel transmet : "Requiers autorisation d'aller au cimetière. La femme a une crise d'hystérie." Au cimetière, des soldats nous entourent... Nous marchons sous escorte... Et l'on porte le cercueil... On ne laisse passer personne... Nous sommes seuls... La tombe est immédiatement comblée. "Vite ! Vite !" ordonne l'officier. On ne m'autorise même pas à enlacer le cercueil... Puis tout de suite dans les autobus... Tout en cachette...

En un instant, on nous acheta et apporta les billets de retour... Le lendemain, un homme en civil, mais qui se tenait comme un militaire, nous accompagna partout. Il ne nous autorisa pas à quitter la résidence, même pour acheter de la nourriture pour le voyage. Et que Dieu nous préserve d'en parler à quelqu'un. Surtout moi. Comme si j'avais pu parler ! Je ne pouvais même pas pleurer. Au moment du départ, la gardienne a compté toutes les serviettes, tous les draps... Elle les glissait aussitôt dans un sac en plastique. Sans doute les a-t-on brûlés... Nous avons réglé nous-mêmes la note de la résidence... Pour quatorze jours...

Tel est le cycle du mal aigu des rayons : quatorze jours... En quatorze jours, l'homme meurt...

À la maison, je me suis endormie. Je suis rentrée chez moi et je suis tombée sur le lit. J'ai dormi trois jours... On a appelé les secours d'urgence. "Non, a dit le médecin, elle n'est pas morte. Elle va se réveiller. C'est un sommeil terrible."

J'avais vingt-trois ans...

Je me souviens d'un rêve... Ma défunte grand-mère vient chez moi, vêtue des habits dans lesquels nous l'avions enterrée. Elle décore un sapin.

– Grand-mère, pourquoi ce sapin ? C'est l'été maintenant !

– Il le faut. Ton Vassenka viendra bientôt me voir. Et il a grandi au milieu de la forêt.

Encore un autre rêve. Vassia vient, tout habillé de blanc, et appelle Natacha. Notre fille dont je n'ai pas encore accouché. Elle est déjà grande. Elle a vite poussé. Il la lance en l'air, sous le plafond, et ils rient... Et je les regarde en pensant que le bonheur est tellement simple. Je rêve... Nous pataugeons longtemps dans l'eau. Nous marchons longtemps, longtemps... Peut-être voulait-il me demander de ne pas pleurer ? Peut-être me faisait-il un signe ? De là-bas... D'en haut... *(Elle se tait très longuement.)*

Deux mois plus tard, je revins à Moscou. De la gare, droit au cimetière. Chez lui ! Et ce fut là que j'eus les premières douleurs... Dès que je lui parlai... On appela une ambulance... J'accouchai chez cette même Angelina Vassilievna Gouskova. Elle m'avait avertie : "Viens accoucher chez nous !" J'ai enfanté deux semaines avant terme...

On me la montra... Une petite fille... "Natachenka, lui dis-je. Papa t'a appelée Natacha." À première vue, c'était un bébé sain. Des bras, des jambes... Mais elle avait une cirrhose... Vingt-huit röntgens dans le foie... Malformation cardiaque congénitale... Quatre heures plus tard, on m'a annoncé que ma fille était morte... Et de nouveau : il est impossible de vous la rendre ! Comment, vous n'allez pas me la rendre ? C'est moi qui ne vous la rendrai pas ! Vous voulez me la prendre pour la science et je hais votre science ! Je la hais ! D'abord, elle me l'a pris, lui, et maintenant elle veut encore... Je ne la donnerai pas ! Je l'enterrerai moi-même. À côté de lui... *(Silence.)*

Ce ne sont pas les vraies paroles... Non, pas les vraies... Après une hémorragie cérébrale, je ne peux pas crier. Ni pleurer. Voilà pourquoi ce ne sont pas les vraies paroles... Mais, je vais vous dire... Personne ne le sait... Lorsque j'ai refusé de leur donner ma fille – notre fille –, ils m'ont apporté une boîte en bois : "Elle est là." J'ai regardé... On l'avait emmaillotée... Dans des langes... Alors, j'ai pleuré : "Installez-la à ses pieds ! Dites que c'est notre Natachenka."

Mais là, sur la tombe, il n'est pas marqué "Natacha Ignatenko"... Là, il n'y a que son nom à lui... Elle était encore sans nom, sans rien...

Je vais toujours chez eux avec deux bouquets : l'un pour lui, l'autre, au coin de la stèle, pour elle. J'avance à genoux, près de la tombe... Toujours à genoux...

On m'attribua un appartement à Kiev. Dans un grand immeuble où habitent maintenant tous ceux de la centrale nucléaire. C'était le grand deux-pièces dont nous rêvions avec Vassia. Et moi, j'y devenais dingue ! Dans chaque coin, là où je posais le regard, il était là... J'entrepris des travaux pour ne pas rester assise, pour oublier. Et ce fut ainsi pendant deux ans... Un rêve... Nous marchons ensemble, mais il va pieds nus...

– Pourquoi es-tu toujours pieds nus ?

– Mais, parce que je n'ai rien à me mettre.

Je suis allée à l'église... Le pope m'a donné un conseil : "Il faut acheter des chaussons d'une grande pointure et les placer dans le cercueil de quelqu'un. Avec un mot, qu'ils sont pour lui." Je l'ai fait... Je suis allée à Moscou, tout droit dans une église. À Moscou, je suis toujours plus près de lui... C'est là qu'il repose, au cimetière Mitinskoïe... Je dis au prêtre que, voilà, j'ai besoin de transmettre des chaussons.

Il me demande :

– Sais-tu comment procéder ?

Et il m'a expliqué... On amenait justement un vieux grand-père pour l'office des morts. Je m'approche du cercueil, soulève le voile et y place les chaussons.

– As-tu écrit le mot ?

– Oui, mais je n'ai pas indiqué dans quel cimetière il était.

– Là-bas, ils sont tous dans le même monde. On le retrouvera.

Je n'avais plus aucun désir de vivre. Dans la nuit, je me tenais près de la fenêtre et regardais le ciel : "Vassenka, que puis-je faire ? Je ne veux pas vivre sans toi." Dans la journée, je passais près d'un jardin d'enfants et m'arrêtais pour regarder. Je pouvais regarder sans cesse les enfants... Cela me rendait folle ! Et j'ai commencé à supplier, la nuit : "Vassenka, je veux un enfant. J'ai peur de rester toute seule. Je ne le supporterai plus. Vassenka !" Et une autre fois, j'ai dit, comme ça : "Vassenka, je n'ai pas besoin d'un homme. Pour moi, il n'y a pas de meilleur que toi. Je veux un enfant."

J'avais vingt-cinq ans...

J'ai trouvé un homme... Je lui ai tout raconté. Toute la vérité. Nous nous sommes vus, mais je ne l'ai jamais fait venir chez moi. À la maison, je ne pouvais pas. Là, c'est Vassia...

Je travaillais dans une confiserie... Je sculptais un gâteau et les larmes coulaient... Je ne pleurais pas, les larmes roulaient toutes seules... La seule chose que je demandais aux autres filles : "Ne me prenez pas en pitié. Si vous me plaignez, je quitterai ce travail." Je voulais être comme tout le monde...

On me remit l'ordre décerné à Vassia... Rouge... Longtemps, il me fut impossible de le regarder... Les larmes roulaient...

Je donnai naissance à un garçon. Maintenant, j'ai quelqu'un pour qui vivre et respirer. Il comprend tout très bien : "Maman, si je pars chez mamie pour deux jours, tu pourras respirer ?" Non, je ne pourrai pas ! J'ai peur de me séparer de lui, même pour une seule journée. Nous marchions dans la rue et je me suis sentie tomber... C'est à ce moment que j'ai eu mon hémorragie cérébrale... Là, dans la rue...

– Maman, je peux t'apporter de l'eau ?

– Non, reste à côté de moi. Ne va nulle part.

Et j'ai serré fort son bras. Je ne me souviens pas de la suite... J'ai rouvert les yeux à l'hôpital... Mais je le tenais tellement fort que les médecins ont eu du mal à desserrer mon étreinte. Et un bleu est longtemps resté visible sur sa peau. Maintenant, quand nous sortons : "Maman, ne me prends pas par le bras. Je ne te quitterai pas." Il est malade, lui aussi : deux semaines à l'école, deux semaines à la maison, avec un médecin. Voilà comment nous vivons. Chacun de nous a peur pour l'autre. Et Vassia est dans chaque coin. Ses photos... La nuit, je lui parle, et lui parle...

Les gens de la centrale vivent à côté de moi, les gardiens, comme on les appelle. Ils ont travaillé là toute leur vie. Et, à ce jour, ils continuent à prendre leur poste. Plusieurs d'entre eux ont des maladies terribles, sont invalides, mais ils n'abandonnent pas la centrale. Qui a besoin d'eux, aujourd'hui ? Et où ? Beaucoup meurent. Sur le coup. Un homme était assis sur un banc, et il est tombé. Un autre attendait l'autobus, dehors, et il est tombé. Ils meurent, mais personne ne les a véritablement interrogés sur ce que nous avons vécu... Les gens n'ont pas envie d'entendre parler de la mort. De l'horrible...

Mais moi, je vous ai parlé d'amour... De comment j'aimais. »

Interview de l'auteur par elle-même sur l'histoire manquée

– Dix années ont passé... Tchernobyl est devenu une métaphore, un symbole. Et même une histoire. Des dizaines de livres ont été écrits, des milliers de mètres de bandes-vidéo tournés. Il nous semble tout connaître sur Tchernobyl : les faits, les noms, les chiffres. Que peut-on y ajouter ? De plus, il est tellement naturel que les gens veuillent oublier en se persuadant que c'est déjà du passé... De quoi parle ce livre ? Pourquoi l'ai-je écrit ?

– Ce livre ne parle pas de Tchernobyl, mais du monde de Tchernobyl. Justement de ce que nous connaissons peu. De ce dont nous ne connaissons presque rien. Une histoire manquée : voilà comment j'aurais pu l'intituler. L'événement en soi – ce qui s'est passé, qui est coupable, combien de tonnes de sable et de béton a-t-il fallu pour ériger le sarcophage au-dessus du trou du diable – ne m'intéressait pas. Je m'intéressais aux sensations, aux sentiments des individus qui ont touché à l'inconnu. Au mystère. Tchernobyl est un mystère qu'il nous faut encore élucider. C'est peut-être une tâche pour le XXIe siècle. Un défi pour ce nouveau siècle. Ce que l'homme a appris, deviné, découvert sur lui-même et dans son attitude envers le monde. Reconstituer les sentiments et non les événements.

Si, dans mes livres précédents, je scrutais les souffrances d'autrui, maintenant, je suis moi-même un témoin, comme chacun d'entre nous. Ma vie fait partie de l'événement. C'est ici que je vis, sur la terre de Tchernobyl. Dans cette petite Biélorussie dont le monde n'avait presque pas entendu parler avant cela. Dans un pays dont on dit maintenant que ce n'est plus une terre, mais un laboratoire. Les Biélorusses constituent le peuple de Tchernobyl. Tchernobyl est devenu notre maison, notre destin national. Comment aurais-je pu ne pas écrire ce livre ?

– Alors, c'est quoi, Tchernobyl ? Un signe ? Ou une gigantesque catastrophe technologique, sans commune mesure avec aucun événement du passé ?

– C'est plus qu'une catastrophe... Justement, tenter de placer Tchernobyl au niveau des catastrophes les plus connues nous empêche d'avoir une vraie réflexion sur le phénomène qu'il représente. Nous semblons aller tout le temps dans une mauvaise direction. Dans ce cas précis, notre vieille expérience est visiblement insuffisante. Après Tchernobyl, nous vivons dans un monde différent, l'ancien monde n'existe plus. Mais l'homme n'a pas envie de penser à cela, car il n'y a jamais réfléchi. Il a été pris de court.

Mes interlocuteurs m'ont souvent tenu des propos similaires : « Je ne peux pas trouver de mots pour dire ce que j'ai vu et vécu... Je n'ai lu rien de tel dans aucun livre et je ne l'ai pas vu au cinéma... Personne ne m'a jamais raconté des choses semblables à celles que j'ai vécues. » De tels aveux se répétaient et, volontairement, je n'ai pas retiré ces répétitions de mon livre. En fait, il y a beaucoup de répétitions. Je les ai laissées. Je ne les ai pas enlevées non seulement à cause de leur véracité, de leur « vérité sans artifice », mais encore parce qu'il me semblait qu'elles reflétaient le caractère inhabituel des faits. Chaque chose reçoit son nom lorsqu'elle est nommée pour la première fois. Il s'est produit un événement pour lequel nous n'avons ni système de représentation, ni analogies, ni expérience. Un événement auquel ne sont adaptés ni nos yeux, ni nos oreilles, ni même notre vocabulaire. Tous nos instruments intérieurs sont accordés pour voir, entendre ou toucher. Rien de cela n'est possible. Pour comprendre, l'homme doit dépasser ses propres limites. Une nouvelle histoire des sens vient de commencer...

– Mais l'homme et les circonstances ne sont pas toujours en phase. Le plus souvent, ils ne le sont pas...

– J'ai cherché un homme bouleversé. Un homme qui aurait été confronté à cela, face à face, et se serait mis à réfléchir.

Trois années durant, j'ai voyagé et questionné : des travailleurs de la centrale, des anciens fonctionnaires du parti, des médecins, des soldats, des émigrants, des personnes qui se sont installées dans la zone interdite... Des hommes et des femmes de professions, destins, générations et tempéraments différents. Des croyants et des athées. Des paysans et des intellectuels. Tchernobyl est le contenu principal de leur monde. Autour d'eux et dans leur for intérieur, il empoisonne tout. Pas seulement la terre et l'eau. Tout leur temps.

Un événement raconté par une seule personne est son destin. Raconté par plusieurs, il devient l'Histoire. Voilà le plus difficile : concilier les deux vérités, la personnelle et la générale. Et l'homme d'aujourd'hui se trouve à la fracture de deux époques...

Deux catastrophes ont coïncidé : l'une sociale – sous nos yeux, un immense continent socialiste a fait naufrage ; l'autre cosmique – Tchernobyl. Deux explosions totales. Mais la première est plus proche, plus compréhensible. Les gens sont préoccupés par le quotidien : où trouver l'argent pour vivre ? Où aller ? Que croire ? Sous quelle bannière se ranger ? Chacun vit cela. Mais tous voudraient oublier Tchernobyl. Au début, on espérait le vaincre, mais, comprenant la vanité de ces tentatives, on se tut. Il est difficile de se protéger de quelque chose que nous ne connaissons pas. Que l'humanité ne connaît pas. Tchernobyl nous a transposés d'une époque dans une autre.

Nous nous trouvons face à une réalité nouvelle.

Mais quel que soit le sujet dont parle l'homme, il se

dévoile en même temps. Quel genre de personnes sommes-nous ?

Notre histoire est faite de souffrance. La souffrance est notre abri. Notre culte. Elle nous hypnotise. Mais j'avais envie de poser aussi d'autres questions, sur le sens de la vie humaine, de notre existence sur Terre.

Je voyageais, je parlais, je notais. Ces gens ont été les premiers à voir ce que nous soupçonnons seulement. Ce qui est encore un mystère pour tous. Mais je leur cède la parole...

Plus d'une fois, j'ai eu l'impression de noter le futur.

LA TERRE DES MORTS

Monologue sur la nécessité du souvenir

« Et vous avez décidé d'écrire sur ce sujet ? D'écrire sur cela ? Pourtant, je ne voudrais pas que l'on sache ce que je ressens... Ce que j'ai éprouvé là-bas... Mais, d'un autre côté, j'ai envie de m'ouvrir, de raconter tout jusqu'à la fin. Et néanmoins, je sens que cela va me mettre à nu et ne le veux pas...

Chez Tolstoï, Pierre Bezoukhov était tellement bouleversé par la guerre qu'il avait le sentiment d'avoir changé à tout jamais, tout comme le monde qui l'entourait. Mais le temps passant, il finit par se dire : "Je vais continuer à tancer mon cocher, comme avant ; je vais ronchonner, comme avant." Alors, pourquoi les gens se souviennent-ils ? Pour rétablir la vérité ? La justice ? Se libérer et oublier ? Parce qu'ils comprennent qu'ils ont participé à un événement hors du commun ? Cherchent-ils à se réfugier dans le passé ? Mais les souvenirs sont fragiles, éphémères, ils ne forment pas un savoir exact, mais plutôt ce que l'homme devine sur lui-même. Ce ne sont pas encore des connaissances, seulement des émotions.

Mon sentiment... Je me suis tourmenté, j'ai fouillé ma mémoire et me suis souvenu...

Je me suis souvenu de la chose la plus horrible qui me soit arrivée dans mon enfance... La guerre...

Je me souviens d'avoir joué, gamin, au "papa et à la maman" : nous déshabillions les bébés – les premiers enfants nés après la guerre – et nous les couchions les uns sur les autres... Tout le village savait tout sur eux, les mots qu'ils avaient appris, le moment où ils avaient fait leurs premiers pas, parce que les enfants avaient été oubliés pendant la guerre. Nous attendions l'apparition de la vie. Jouer au "papa et à la maman" : nous voulions voir l'apparition de la vie... Et nous n'avions que huit ou dix ans.

J'ai aussi vu une femme se tuer elle-même, dans les buissons, près de la rivière. Elle se fracassait la tête avec une brique. Elle était enceinte d'un supplétif des Allemands, que tout le village haïssait. Lorsque j'étais encore tout gosse, j'ai vu naître des chatons. J'ai aidé ma mère à tirer le veau pendant le vêlage et j'amenais aussi la truie au porc... Je me souviens... Je me souviens de mon père fusillé, qu'on amenait dans un pull tricoté par ma mère. Il avait dû être abattu d'une rafale de mitrailleuse et des morceaux de chair ensanglantée saillaient du tricot. On l'allongea sur l'unique lit de la maison. On ne pouvait le mettre ailleurs. Il fut enterré devant la maison. Et la terre n'était pas tellement légère : c'était celle, argileuse, des plants de betteraves. On se battait dans les alentours. Des cadavres d'hommes et de chevaux gisaient dans les rues...

Ces souvenirs me semblent tellement tabous que je n'en ai jamais parlé à personne...

Je percevais alors la mort de la même manière que la naissance. La délivrance du veau ou des chatons provoquait en moi des sentiments similaires à ceux ressentis lors du suicide de la femme dans les buissons... J'en ignore la raison, mais cela me semblait la même chose... La naissance et la mort.

Depuis mon enfance, je me souviens de l'odeur du cochon que l'on tue. Il s'en faut de peu de chose pour que j'y retourne, que j'y tombe... Dans le cauchemar... Dans l'horreur... J'y vole...

Je me souviens des femmes qui nous emmenaient aux bains, quand nous étions petits. Les parties génitales de toutes ces femmes, y compris de ma mère, tombaient (nous le comprenions déjà) et elles se bandaient le vagin pour les maintenir. J'ai vu cela... Les parties génitales tombaient à cause du travail trop lourd. Il n'y avait pas d'hommes. Les pertes au front avaient été considérables. Et il n'y avait pas de chevaux, non plus. Les femmes étaient contraintes de tirer elles-mêmes les charrues. Elles labouraient leurs potagers et les champs du kolkhoze. Devenu adulte, lorsque j'avais des rapports avec des femmes, je me souvenais de ce que j'avais vu aux bains...

Je voulais oublier. Tout oublier... Je pensais avoir déjà vécu les choses les plus horribles... La guerre...

Et puis j'ai visité la zone de Tchernobyl. Je m'y suis rendu à plusieurs reprises... Et là, j'ai compris que je n'étais pas protégé. Je suis en passe de me détruire. Mon passé ne me protège plus, là-bas... »

Piotr S., psychologue.

Monologue sur ce dont on peut parler
avec les vivants et les morts

« Dans la nuit, un loup est entré dans la cour. Je l'ai regardé par la fenêtre : il est là et ses yeux brillent. Comme des phares...

Je me suis faite à tout. Je vis seule depuis sept ans. Cela fait sept ans que les gens sont partis... Dans la nuit, il m'arrive de rester éveillée jusqu'à l'aube. Et de penser, de penser. Cette nuit aussi, je suis restée assise toute la nuit sur mon lit, courbée comme un crochet, et puis je suis sortie pour voir comment allait être le soleil. Que puis-je vous dire d'autre ? La chose la plus juste au monde, c'est la mort. Personne ne peut se cacher d'elle. La terre reçoit tout le monde, les bons et les mauvais, les pécheurs. Mais il n'y a aucune autre justice au monde. J'ai travaillé durement et honnêtement toute ma vie. J'ai vécu selon ma conscience. Mais je n'ai obtenu aucune justice. Dieu a fait le partage quelque part et, lorsque mon tour est arrivé, il ne restait plus rien à me donner. Un jeune peut mourir, mais le vieux ne peut pas faire autrement... D'abord, j'ai attendu le retour des gens. Je pensais qu'ils allaient revenir. Personne ne partait pour toujours, seulement pour quelque temps. Maintenant, j'attends la mort... Il n'est pas difficile de mourir, mais cela me fait peur. Il n'y a pas d'église, ici. Le pope ne vient pas... Je n'ai personne pour m'aider à porter mes péchés...

La première fois que l'on nous a parlé de radiation, nous avons pensé qu'il s'agissait d'une maladie et que celui qui en souffrait mourait aussitôt. Non, nous a-t-on expliqué, c'est une chose qui s'insère dans le sol mais qu'on ne peut pas voir. L'animal le peut, il la voit et l'entend, mais pas l'homme. Mais c'est faux ! Moi, je l'ai vue... Il y avait de ce césium dans mon potager jusqu'à ce que la pluie l'ait mouillé. Il a une couleur d'encre... Il traînait par terre, luisant, par morceaux... Je suis allée dans le champ du kolkhoze, jusque dans mon potager... C'était un morceau bleu... Et deux cents mètres plus loin, un autre, grand comme le fichu, sur ma tête. J'ai appelé une voisine, d'autres femmes, nous avons couru en tous sens, sur quatre hectares, peut-être. Nous avons trouvé quatre grands morceaux... L'un d'entre eux était rouge... Le lendemain matin, la pluie s'est mise à tomber, sans discontinuer. Et à l'heure du déjeuner, lorsque la milice est arrivée, il n'y avait plus rien à leur montrer. On leur a juste raconté. Des morceaux comme ça... *(Elle décrit la taille avec les mains.)* Comme mon fichu. Bleus et rouges...

Nous n'étions pas très effrayés par cette radiation. Si on ne l'avait pas vue, on en aurait peut-être eu peur, mais lorsque nous l'avons vue, il n'y avait pas de quoi être tellement effrayé. La milice et les soldats ont placé des pancartes. Près de certaines maisons, ils écrivaient : soixante-dix curies [1], soixante curies... Nous qui vivions là de toute éternité en nous nourrissant de nos pommes de terre, on nous a dit soudain que c'était interdit ! Certains pleuraient, d'autres ricanaient... On nous a conseillé de travailler nos potagers avec des masques de coton et des gants de caoutchouc... Et un savant très gonflé est venu nous parler, au club du village. Il a prétendu qu'il fallait laver les bûches... A-t-on jamais entendu pareille chose ? Que mes oreilles se dessèchent pour toujours. On nous a

1. Ancienne unité de mesure d'activité d'une source radioactive, équivalant à $3,7 \times 10^{10}$ becquerels.

ordonné de laver les draps, les housses, les rideaux... Mais tout cela était à l'intérieur de la maison ! Dans des placards et dans des coffres. Et quelle radiation pouvait-il y avoir dans la maison ? Derrière les vitres ? Derrière la porte ? C'est tout de même formidable ! Il fallait plutôt la chercher dans la forêt et dans les champs... On a mis les puits sous scellés, on les a enveloppés d'une pellicule de plastique... L'eau serait-elle "sale" ? Mais de quoi parlaient-ils ? Elle a toujours été si pure ! Ils ont sorti des tonnes de balivernes. "Vous allez tous mourir... Il faut partir... Il faut évacuer..."

Les gens avaient peur... Ils étaient terrifiés... Certains ont entrepris d'enterrer leurs biens. Moi aussi, j'ai plié mes habits, les diplômes d'honneur pour mon travail honnête et les quelques sous que j'avais économisés. Quelle tristesse ! Quelle peine rongeait mon cœur ! Que je meure sur place si je mens ! Et j'entends que, dans un village, les soldats ont évacué tout le monde, mais qu'un vieux et sa femme sont restés. Le jour de l'évacuation, lorsqu'on obligeait tout le monde à grimper dans les cars, ils ont pris leur vache et sont partis dans la forêt. Ils ont attendu le départ de tout le monde. D'où nous est-il venu, ce malheur ? *(Elle pleure.)* Notre vie est si précaire... J'aimerais bien ne pas pleurer, mais les larmes coulent toutes seules...

Oh ! Regardez par la fenêtre ! Une pie... Je ne les chasse pas, bien qu'elles me volent parfois des œufs dans la remise. Mais je ne les chasse pas. Je ne chasse personne ! Hier, un lapin est venu...

Si seulement des gens passaient par ici tous les jours, s'ils venaient chez moi ! Pas loin d'ici, dans un autre village, une femme vit toute seule. Je lui ai déjà proposé de s'installer chez moi. Je ne sais pas si elle serait d'une aide quelconque mais, au moins, j'aurais à qui parler. Qui appeler... La nuit, j'ai mal partout. Les jambes me font souffrir. C'est la sciatique. Alors, je prends quelque chose dans les mains. Une poignée de graines de tournesol... Et je les grignote. Alors le nerf se calme... J'ai tellement travaillé toute la vie, j'ai eu tant de chagrins ! J'ai eu assez de tout et ne veux plus rien. Si je mourais, je me reposerais. J'ai des enfants, des garçons et des filles... Ils vivent tous en ville, mais, moi, je ne veux pas partir d'ici ! Dieu m'a donné de longues années, mais pas un bon destin. Je sais que les vieux finissent par ennuyer leurs enfants. D'abord, ils nous supportent, mais on finit par les gêner. Les enfants n'apportent de joie que petits. Celles qui sont parties en ville n'arrêtent pas de pleurer : tantôt c'est la belle-fille qui les rembarre, tantôt leur propre fille. Elles veulent toutes revenir. Mon homme est là... dans la tombe, au cimetière. S'il n'était pas là, il vivrait ailleurs, et moi avec lui. *(Sur un ton gai, soudain.)* Et pourquoi partir ? C'est beau ici ! Tout fleurit, tout pousse. Des moustiques aux animaux domestiques, tout vit.

Je vais me souvenir de tout, pour vous... Les avions passaient et repassaient. Tous les jours. Très bas au-dessus de nos têtes... Ils volaient vers le réacteur. Vers la centrale. L'un après l'autre. Chez nous, c'était l'évacuation. Les soldats prenaient nos maisons d'assaut. Les gens s'enfermaient à clé, se cachaient. Le bétail hurlait, les enfants pleuraient. Comme si c'était la guerre ! Et le soleil brillait... Moi, j'attendais dans la maison, mais sans m'enfermer à clé. Les soldats sont venus : "Alors, grand-mère, tu es prête ?" Je leur ai demandé : "Vous allez m'attacher les bras et les jambes de force ?" Ils sont restés quelques instants, sans parler, puis sont partis. Des jeunes, de vrais gamins ! Les femmes imploraient à genoux devant leurs maisons, mais les soldats les prenaient sous les bras l'une après l'autre pour les faire monter dans les camions. Mais moi, je les menaçais de mon bâton, les injuriais, leur lançais les pires insultes ! Mais je ne pleurais pas. À l'époque, je n'ai pas pleuré.

Je suis restée dans la maison. On criait. On criait très fort. Puis, plus rien. Le silence. Tout est devenu calme. Le premier jour, je ne suis pas sortie de chez moi...

Plus tard, on m'a raconté comment la colonne de gens marchait. Et la colonne de bétail qui avançait. Comme à la guerre !

Mon mari aimait à dire que l'homme tirait, mais que Dieu dirigeait les balles. À chacun son destin ! Parmi les jeunes qui sont partis, certains sont déjà morts. Dans leur nouveau lieu de résidence. Et moi, je marche avec mon bâton. Top-top. Parfois, je m'ennuie et je pleure. Le village est vide, mais il y a plein d'oiseaux... Ils volent... Et les cerfs viennent, comme si de rien n'était... *(Elle pleure.)*

Je vais me souvenir de tout... Les gens sont partis, mais ils ont laissé les chiens et les chats. Au début, je leur versais du lait ou leur donnais du pain. Ils restaient près des cours de leurs maîtres et guettaient leur retour. Ils ont longtemps attendu... Les chats affamés mangeaient des concombres... des tomates... Jusqu'à l'automne, j'ai coupé les herbes devant l'entrée de la voisine. J'ai aussi réparé sa palissade. J'attendais qu'ils reviennent, moi aussi... Le chien des voisins s'appelait Joutchok. "Joutchok, lui disais-je, si tu rencontres des gens le premier, appelle-moi."

La nuit, je rêvais que l'on m'évacuait... Un officier me criait : "Hé ! La patronne, nous allons tout brûler et enterrer les décombres. Sors !" Et l'on m'emmenait dans un lieu inconnu. Un endroit déconcertant. Pas une ville et pas un village. Et pas la terre...

J'avais un gentil chat, Vaska. En hiver, des rats affamés m'attaquaient. Ils ne me laissaient pas de répit... Ils se glissaient sous la couverture... Ils ont grignoté un passage dans le tonneau à grains. C'est Vaska qui m'a sauvée... Sans lui, je serais déjà morte. Nous parlions et mangions ensemble. Et puis, un jour, il a disparu... Peut-être des chiens affamés l'ont-ils attaqué et dévoré ? Ils erraient, faméliques, jusqu'à ce qu'ils crèvent tous. Les chats avaient tellement faim, en hiver, qu'ils mangeaient les chatons. Que Dieu me pardonne ! Et les rats ont dévoré une femme... Des rats roux... Je ne sais pas si c'est vrai. C'est ce que l'on raconte. Des sans-logis viennent fouiller par ici... Dans les premiers temps, il y avait beaucoup de choses abandonnées. Des chemises, des pulls, des pelisses... Ils n'avaient qu'à se servir et à les vendre au marché aux puces... Ils se soûlaient et chantaient des chansons. Putain de ta mère ! L'un d'eux est tombé de son vélo et s'est endormi dans la rue. Le matin on n'a retrouvé que deux os et le vélo. Vrai ou faux ? Je ne saurais le dire. C'est ce qu'on raconte.

Tout vit ici. Absolument tout ! Le lézard vit, la grenouille vit. Et le ver de terre vit. Et il y a des souris ! Tout y est ! C'est surtout au printemps, que c'est beau. J'adore quand les lilas fleurissent. Les fleurs de merisier sentent si bon. Tant que mes jambes m'ont tenue, j'allais acheter le pain moi-même. Quinze kilomètres, rien qu'à l'aller. Jeune, je les aurais faits comme une promenade. J'avais l'habitude. Après la guerre, nous allions en Ukraine chercher des semences. À trente ou cinquante kilomètres. Les gens portaient un poud[1], moi j'en portais trois. Et maintenant, il m'arrive de ne pas pouvoir traverser la maison. Comme on dit, la vieille femme a froid, même les fesses sur le poêle. Quand les miliciens viennent contrôler le village, ils m'apportent du pain. Mais qu'ont-ils à contrôler, ici ? Il n'y a que moi et le chat. J'ai un autre chat, maintenant. Les miliciens nous font signe, de loin, et nous sommes contents, lui et moi. Nous nous précipitons à leur rencontre. Ils lui apportent des os. Et moi, on me demande toujours : "Et si des bandits viennent ?" Et je leur réponds : "Mais que peuvent-ils me voler ? Je n'ai que mon âme à rendre." De bons gars... Ils rient... Ils m'ont apporté des piles pour la radio. Maintenant, je peux l'écouter. J'aime Lioudmila Zykina, mais elle chante rarement. Elle a dû se faire vieille, comme moi... Mon homme aimait à dire : "Le bal fini, on range les violons !"

Je vais vous raconter comment j'ai trouvé mon nouveau chat. Après la disparition de mon Vaska, j'ai attendu, un jour, un autre... Tout un mois... J'étais vraiment toute seule. Personne à qui parler. Je traverse le village en criant : "Vaska ! Mourka ! Vaska ! Mourka[2] !" De tous les chats qu'il y avait au début, il n'en restait plus. L'élimination. La mort ne fait pas de distinction... La terre les accueille tous... Et je marche et je marche. J'ai appelé pendant deux jours. Le troisième, j'aperçois un matou assis devant le magasin. Nous nous sommes regardés. Il était content et moi aussi, j'étais contente. Seulement, il

1. Ancienne unité de mesure de masse, sensiblement égale à seize kilogrammes. *(N.d.T.)*
2. Noms de chats très répandus. *(N.d.T.)*

ne pipe mot. "Viens, lui dis-je. Viens à la maison." Et lui, il reste assis et il miaule... Je le supplie : "Pourquoi veux-tu rester tout seul ? Les loups vont te dévorer. Viens. J'ai des œufs, j'ai du lard." Mais comment lui expliquer ? Les chats ne comprennent pas la langue des hommes. Mais comment m'a-t-il comprise ? Il s'est mis à trottiner derrière moi. "Je vais te donner du lard..." Miaou... "Nous allons vivre à deux..." Miaou... "Je vais t'appeler Vaska..." Miaou... Et nous avons déjà passé deux hivers ensemble.

En hiver, je rêve que quelqu'un m'appelle... La voix de la voisine : "Zina !" Puis le silence... Et encore : "Zina !"

Cela me rend triste. Je pleure...

Je vais sur les tombes. Ma mère repose là... Ma fille, toute petite, morte de la typhoïde pendant la guerre... À peine l'avait-on enterrée que le soleil est sorti de derrière les nuages. Et il brillait ! On avait vraiment envie de la sortir du trou. Mon homme aussi est là... Mon Fedia... Je reste là, au milieu d'eux tous. Je soupire. On peut parler avec les morts comme avec les vivants. Je ne vois pas de différence. Je les entends, les uns comme les autres. Lorsqu'on reste tout seul... Et lorsque la tristesse vous gagne... Une tristesse immense...

Ivan Prokhorovitch Gavrilenko, l'instituteur, vivait près du cimetière. Il est parti chez son fils, en Crimée. Derrière lui, habitait Piotr Ivanovitch Mioussky, un tractoriste... Un stakhanoviste... Jadis, tout le monde voulait être stakhanoviste. Plus loin, c'était Micha Mikhaliov. Il était chauffagiste, à la ferme collective. Micha est mort très vite. Il est parti et il est mort presque aussitôt. Plus loin encore, c'était la maison de Stepan Bykhov, l'éleveur... Elle a brûlé ! Une nuit, des scélérats y ont mis le feu. Des gens venus d'ailleurs. Stepan n'a pas vécu longtemps. Il est enterré quelque part dans la région de Moguilev. La guerre... Tant de gens sont morts ! Vassili Makarovitch Kovalev, Maxim Nikiforenko... Il m'arrive de fermer les yeux et de me promener dans le village... Et je leur dis : "Mais de quelle radiation parlez-vous, alors que les papillons volent et les abeilles bourdonnent ? Et que mon Vaska attrape des souris ?" *(Elle pleure.)*

Et toi, ma petite, as-tu compris ma tristesse ? Tu vas la porter aux gens, mais je ne serai peut-être plus là. On me trouvera sous la terre... Sous des racines... »

Zinaïda Evdokimovna Kovalenka,
résidente sans autorisation.

Monologue sur une vie entière écrite sur une porte

« Je veux témoigner.

Je l'ai vécu alors, il y a dix ans, et je le revis tous les jours actuellement. C'est toujours en moi.

Nous habitions la ville de Pripiat. Cette même ville.

Je ne suis pas écrivain et je ne pourrai pas le décrire. Mon esprit n'est pas assez vaste pour comprendre. Et même mon éducation supérieure ne me le permet pas. On vit... On est un homme ordinaire. Un petit homme. Comme tout le monde, on va au travail et on rentre du travail. On reçoit un salaire moyen. Et on part en vacances une fois l'an. Un homme normal, quoi ! Et puis, un beau jour, on se transforme en un homme de Tchernobyl, en une curiosité ! En quelque chose qui intéresse tout le monde et que personne ne connaît. On veut être comme les autres, mais on ne le peut plus. Les yeux des gens sont différents. Et ils posent des questions : "As-tu eu peur, là-bas ? Et la centrale, comment brûlait-elle ? Qu'as-tu vu ?" Plus largement : "Peux-tu avoir des enfants ? Et ta femme, elle ne t'a pas quitté ?" Nous avons tous été transformés en curiosités ambulantes... Même aujourd'hui, les mots "de Tchernobyl" retentissent comme un signal sonore. Tout le monde se retourne sur notre passage : "Il vient de là-bas !"

Dès les premiers jours, les sentiments étaient que nous n'avions pas seulement perdu la ville, mais la vie entière...

On nous évacua le troisième jour... Le réacteur brûlait... Je me souviendrai toujours des paroles d'un ami : "Ça sent le réacteur." Une odeur indescriptible. Mais on en a déjà parlé dans la presse. On a fait de Tchernobyl une usine d'horreur. Ou plutôt une bande dessinée. Je ne vais raconter que mon expérience... Ma vérité...

C'était comme ça... Il y a eu une annonce à la radio : interdit d'emporter les chats ! Je voulais cacher ma minette dans une valise, mais il n'y avait pas moyen : elle se débattait, griffait tout le monde. Interdit aussi d'emporter des affaires personnelles ! Entendu, je ne prendrai rien. À l'exception d'une seule chose : la porte de mon appartement. Il m'était impossible de la laisser... Quitte à clouer des planches pour condamner l'entrée...

Notre porte... Notre talisman ! Une relique de famille. Mon père a été allongé sur cette porte. J'ignore l'usage ailleurs, mais, chez nous, ma mère disait qu'il fallait coucher les défunts sur la porte de la maison en attendant de les mettre en bière. J'ai passé la nuit près de mon père allongé sur cette porte... La maison est restée ouverte. Toute la nuit. Et sur cette même porte, il y a des marques, de bas en haut : ma taille à différents moments de mon existence. De petites encoches accompagnées d'une annotation : première année d'école, seconde, septième, avant le service militaire... Et à côté, la croissance de mon fils et celle de ma fille. Toute notre vie était inscrite sur la porte. Comment pouvais-je la laisser ?

J'ai demandé de l'aide à un voisin qui avait une voiture. Il m'a fait signe que j'étais timbré. Mais je l'ai récupérée quand même, la porte. Deux ans plus tard... De nuit... En moto... À travers la forêt... Notre appartement avait déjà été pillé. Nettoyé. Des miliciens me poursuivaient : "On va tirer ! On va tirer !" Ils me prenaient pour un pillard. Voilà comment j'ai volé la porte de ma propre maison...

J'ai envoyé à l'hôpital ma fille et ma femme. Elles avaient des taches noires sur le corps. Elles apparaissaient et disparaissaient. Grosses comme des pièces de cinq kopecks... Mais elles n'avaient pas mal. On leur a fait passer des examens. J'ai demandé les résultats. On m'a répondu :

– Cela ne vous concerne pas.

– Ça concerne qui, alors ?

À l'époque, tout le monde disait que nous allions tous mourir. Que, vers l'an 2000, il n'y aurait plus de Biélorusses. Ma fille avait six ans. Je la borde et elle me murmure à l'oreille : "Papa, je veux vivre, je suis encore petite." Et moi qui pensais qu'elle ne comprenait pas...

Pouvez-vous imaginer sept petites filles totalement chauves en même temps ? Elles étaient sept dans la chambre... Non, c'est assez ! Je ne peux pas continuer ! Lorsque je raconte cela, j'ai l'impression de commettre une trahison. C'est mon cœur qui me le dit. Parce que je dois la décrire comme une étrangère. Ses souffrances... Ma femme ne pouvait plus supporter de la voir à l'hôpital : "Il vaut mieux qu'elle meure, plutôt qu'elle souffre comme ça ! Ou que je meure pour ne plus voir cela !" Non ! Je ne peux plus continuer ! Non !

Nous l'avons allongée sur la porte... Sur la porte qui avait supporté mon père, jadis. Elle est restée là jusqu'à l'arrivée du petit cercueil... Il était à peine plus grand que la boîte d'une poupée.

Je veux témoigner que ma fille est morte à cause de Tchernobyl. Et qu'on veut nous faire oublier cela. »

Nikolaï Fomitch Kalouguine, un père.

Monologue d'un village : comment appeler les âmes du paradis pour pleurer et manger avec elles

Le village Belyï Bereg, district Narovlianski de la région de Gomel.

Témoins : Anna Pavlovna Artiouchenko, Eva Adamovna Artiouchenko, Vassili Nikolaïevitch Artiouchenko, Sofia Nikolaïevna Moroz, Nadejda Borissovna Nikolaïenko, Alexandre Fiodorovitch Nikolaïenko, Mikhaïl Martynovitch Lis.

« Des visiteurs... Il n'y a eu aucun signe avant-coureur de cette rencontre... Aucun présage... Parfois, la paume démange : cela indique que l'on va saluer quelqu'un. Mais aujourd'hui, rien. Seul le rossignol a chanté toute la nuit, augure de journée ensoleillée. Oh ! Nos femmes vont arriver tout de suite. Voilà déjà Nadia qui arrive en courant...

– Nous avons tout vécu, connu toutes les souffrances...

– Moi, je ne veux pas me souvenir. C'était horrible. Les soldats nous chassaient. Des véhicules militaires sont arrivés. Un vieux grand-père ne pouvait plus bouger. Il était mourant. Où aller ? "Je vais me lever, pleurait-il, et j'irai moi-même au cimetière. Sur mes propres pieds." Et qu'est-ce qu'on nous a donné pour nos maisons ? Combien ? Regardez comme il fait beau, ici. Qui va nous payer pour cette beauté ? C'est une zone de villégiature !

– Des avions, des hélicoptères... Cela bourdonnait de partout. Des camions Kamaz avec des remorques... Des soldats. J'ai cru que c'était la guerre. Contre les Chinois ou les Américains.

– Mon homme est revenu de la réunion des kolkhoziens et m'a dit : "On nous évacue demain." Et moi : "Et nos pommes de terre ? Nous n'avons même pas eu le temps de les récolter." Le voisin est venu et il s'est assis avec mon mari pour boire un coup. Tout en buvant, ils cassaient du sucre sur le dos du président du kolkhoze : "On ne va pas partir, un point c'est tout. Nous avons survécu à la guerre, et maintenant, c'est la radiation qui nous tombe dessus." On était prêts à prendre le maquis, mais pas à partir.

– Au début, nous pensions que nous allions tous mourir en deux ou trois mois. C'est ce qu'on nous disait. De la propagande. Dieu merci, nous sommes vivants !

– Dieu soit loué ! Dieu soit loué !

– Personne ne sait ce qu'il y a dans l'autre monde. Ici, c'est mieux... On connaît. Comme disait ma mère : on se montre, on passe du bon temps et l'on fait ce que l'on veut.

– On va à l'église, on prie.

– Au moment du départ, j'ai mis dans une sacoche un peu de terre de la tombe de ma mère. Je suis restée à genoux : "Pardonne-moi de te laisser !" Je suis allée la voir la nuit et je n'avais pas peur. Les gens inscrivaient leurs noms sur leurs maisons. Sur les poutres. Sur les palissades. Sur l'asphalte.

– Les soldats tuaient les chiens. Ils tiraient. Poum, poum ! Après cela, je ne peux plus entendre crier les êtres vivants.

– J'ai été chef de brigade, ici. Pendant quarante-cinq ans... J'avais pitié des gens... Une fois, le kolkhoze m'a envoyé en mission, à Moscou, pour présenter notre lin à une exposition. J'ai rapporté un insigne et un diplôme d'honneur. Ici, on me respecte. Tout le monde connaît Vassili Nikolaïevitch. Et qui serais-je dans un endroit nouveau ? Un vieux grand-père en chapka. Ici, quand je serai mourant, ces chères femmes m'apporteront de l'eau et chaufferont la maison. J'étais compatissant envers les gens... Le soir, les femmes rentraient des champs mais, moi, je savais qu'elles ne recevraient rien pour leur labeur. On leur notait des journées de travail, mais elles n'étaient jamais payées pour elles. Et elles chantaient quand même...

– Au village, les habitants vivaient ensemble... En communauté...

– Je faisais un rêve lorsque j'habitais chez mon fils, en ville. Je rêvais que j'attendais la mort. Je la guettais. Et j'ordonnais à mes fils : "Lorsque vous m'emmènerez au cimetière, arrêtez-vous au moins cinq minutes près de la maison où je suis née." Et, de là-haut, j'observais mes fils m'y transporter...

– Empoisonnée par la radiation ou non, elle reste ma patrie. À aucun autre endroit, on n'a besoin de nous. Même l'oiseau aime son nid...

– Laissez-moi finir... Je vivais chez mon fils, au septième étage, j'allais regarder en bas, par la fenêtre, et je me signais. Il me semblait entendre le hennissement d'un cheval. Le chant du coq... Et j'avais alors une telle nostalgie... Parfois, je rêvais de ma cour : j'attachais la vache et la trayais, la trayais... Et puis, je me réveillais. Je n'avais pas envie de me lever. J'étais encore ici. Tantôt ici, tantôt là-bas.

– La journée, nous vivions dans le nouvel endroit et, la nuit, chez nous. En rêve.

– Les nuits sont longues ici, en hiver. Nous nous rassemblons et nous comptons : qui est déjà mort ?

– Mon homme est resté étendu pendant deux mois... Il ne disait rien, ne me répondait pas. Comme s'il était fâché... Je travaillais dans la cour et revenais : "Papa, comment vas-tu ?" Il levait seulement les yeux, mais cela me soulageait. Il pouvait rester comme cela, au lit, sans parler, mais au moins, il était à la maison. Lorsqu'un homme meurt, il ne faut pas pleurer. Tu lui coupes l'approche de la mort et il va peiner pour la franchir. J'ai sorti une bougie d'un placard et la lui ai mise dans les mains. En la prenant, il respirait difficilement... Je voyais ses yeux se troubler... Mais je ne pleurais pas... Je lui ai juste demandé de saluer pour moi notre fille chérie et ma maman adorée... Je priais pour qu'il nous soit donné de partir ensemble. Certains parviennent à convaincre Dieu, mais il ne m'a pas donné la mort. Je survis...

– Moi, je n'ai pas peur de mourir. Personne ne vit deux fois. Et la feuille tombe, et l'arbre pourrit.

– Amies, ne pleurez pas. Pendant tant d'années, nous avons été des kolkhoziennes progressistes, des stakhanovistes. Nous avons survécu à Staline. Et à la guerre ! Si nous n'avions pas ri, si nous ne nous étions pas amusées, nous nous serions pendues ! Alors, une femme de Tchernobyl dit à une autre : "Tu sais que nous avons tous la leucémie, maintenant ? Du sang blanc ?" Et l'autre répond : "Ce sont des bobards ! Hier je me suis coupé un doigt et le sang était aussi rouge qu'avant."

– Au pays, c'est comme au paradis. À l'étranger, le soleil brille différemment.

– Ma mère m'a toujours dit de prendre une icône et de la laisser retournée pendant trois jours : où qu'on soit on rentre tout droit à la maison. J'avais deux vaches et deux génisses, cinq cochons, des oies, des poules. Un chien. Je me suis pris la tête dans les mains et j'ai couru dans le jardin. Et combien de pommes j'avais ! J'ai tout perdu, que le diable m'emporte ! Tout !

– J'ai lavé la maison. J'ai repeint le poêle en blanc... Il faut laisser du pain sur la table, du sel, une écuelle et trois cuillères... Autant de cuillères que d'âmes dans la maisonnée... Tout cela pour revenir.

– Mais les crêtes des poules étaient noires et pas rouges. C'est la radiation.

– J'ai eu la radiation dans mon potager. Il est devenu tout blanc, comme s'il avait été saupoudré par quelque chose. Comme des miettes... Je pensais que le vent avait apporté cela de la forêt...

– Nous ne voulions pas partir. Oh que nous ne voulions pas ! Tous les hommes étaient ivres. Ils se couchaient sous les roues. Les chefs allaient d'une maison à l'autre en essayant de convaincre tout le monde. On avait donné l'ordre de ne pas emporter ses biens !

– Le bétail n'avait rien eu à boire depuis trois jours. Ni à manger. Pour le tuer ! Le correspondant d'un journal est venu. Des trayeuses soûles ont failli le tuer.

– Le président du kolkhoze tournait avec des soldats autour de ma maison... Ils essayaient de me faire peur : "Sors ou on met le feu ! Apportez un jerrican d'essence !" Je me suis mise à courir, saisissant une serviette brodée... un coussin...

– Pendant la guerre, les canons tonnaient et grondaient des nuits entières. Nous avons creusé un abri dans la forêt. Les bombes tombaient et tombaient. Tout a brûlé. Et pas seulement les maisons, mais le potager, les cerisiers...

– Je prie pour qu'il n'y ait plus de guerre... J'ai tellement peur de la guerre !

– On demande à radio Erevan[1] : "Est-ce qu'on peut manger des pommes de Tchernobyl ?" Réponse : "Bien sûr que l'on peut, mais il faut enterrer profondément les trognons."

– On nous a donné une nouvelle maison. En pierre. Et vous savez, en sept ans, nous n'y avons pas enfoncé un seul clou. Tout nous y était étranger. Mon homme pleurait et pleurait. Il travaillait toute la semaine au kolkhoze, sur le tracteur, et le dimanche, il se couchait, tourné vers le mur, et hurlait.

– Plus personne ne va nous tromper. Nous ne partirons

1. La référence à radio Erevan annonce toujours une histoire drôle. *(N.d.T.)*

50

plus de chez nous. Il n'y a ni magasin ni dispensaire. Pas plus que d'électricité. Nous vivons avec des lampes à pétrole et des torches à pile. Mais nous sommes heureux ! Nous sommes chez nous.

– En ville, ma belle-fille me suivait partout où j'allais dans l'appartement et essuyait derrière moi les poignées des portes, les chaises, tout ce que je touchais... Et tout cela a été acheté avec mon argent : les meubles et la voiture Jigouli. Avec celui qu'on m'a donné pour la maison et la vache. L'argent fini, on n'avait plus besoin de maman.

– Nos enfants ont pris l'argent... Et l'inflation a mangé le peu qui restait. Avec cette somme on peut tout juste acheter un kilo de bonbons. Voilà ce qu'on nous a donné en compensation des maisons, des exploitations...

– J'ai marché pendant deux semaines... Avec ma vache... Les gens ne voulaient pas me laisser entrer chez eux... J'ai dû passer les nuits dans la forêt...

– Les gens ont peur de nous. Ils disent que nous sommes contagieux. Pour quels péchés Dieu nous a-t-il punis ? Pourquoi s'est-il fâché contre nous ? On ne vit pas comme des êtres humains selon les lois divines. On s'entre-tue les uns les autres. Voilà pourquoi.

– Mes petits-enfants sont venus, cet été... Les premières années, ils ne venaient pas. Ils avaient peur... Mais maintenant, ils nous rendent visite, emportent des fruits et des légumes... Tout ce que je leur donne. "Grand-mère, m'ont-ils demandé, as-tu lu le livre sur Robinson ?" C'était un type qui vivait comme nous. Sans personne. J'ai rapporté un grand sac d'allumettes... Une hache et une pelle. Et maintenant, j'ai mon propre lard, mes œufs, mon lait. Il ne manque qu'une seule chose : je ne peux pas faire du sucre ici. Mais il y a autant de terre qu'on veut ! On peut labourer cent hectares si l'on a envie ! Et pas d'autorité. Personne ne dérange personne ici, ni les autorités ni les gens...

– Les chats sont revenus avec nous. Et les chiens. Nous sommes revenus ensemble. Les soldats ne nous laissaient pas passer. Des OMON[1]. Mais nous sommes passés pendant la nuit... Par la forêt. Par les sentiers des partisans.

– Nous ne voulons rien de l'État. Nous ne demandons rien, à part qu'on nous laisse tranquilles ! Nous n'avons besoin ni de magasin ni d'autobus. Nous allons à pied pour acheter le pain... Vingt kilomètres. Seulement qu'on ne nous touche pas ! Nous nous débrouillons tout seuls.

– Nous sommes rentrés en groupe. Trois familles... Tout avait été pillé, saccagé : on avait cassé le grand four, les vitres des fenêtres, enlevé les portes, démonté les planchers, dévissé les ampoules, les interrupteurs, les prises. Il ne restait plus rien de vivant, non plus. Et, de nos propres mains, nous avons tout refait. De ces mains ! Et comment donc !

– Le printemps est arrivé : on entend crier les oies sauvages. C'est le moment de semer. Et nous sommes là, dans les maisons vides... Ce qui nous sauve, c'est que les toits sont intacts...

– Les miliciens hurlaient. Ils sont arrivés avec des voitures et nous nous sommes enfuis dans la forêt. Comme des Allemands ! Une fois, ils sont venus nous voir avec le procureur qui nous menaçait de poursuites en vertu de l'article 10. Je lui ai dit : "On peut me condamner à un an de prison, je purgerai ma peine et reviendrai ici." S'ils veulent crier, qu'ils crient. Mais nous pouvons nous taire. J'ai été décoré en tant que conducteur émérite d'une moissonneuse-batteuse et il me menace de poursuites selon l'article 10 !

– Chaque nuit, je voyais ma maison en rêve. Je revenais et tantôt je travaillais dans le potager, tantôt je rangeais à l'intérieur... Et je trouvais toujours des choses : une pantoufle, des poussins... Ce sont des présages de joie. De retour...

– Dans la nuit, nous implorions Dieu et, dans la journée, les miliciens. Demandez-moi : "Pourquoi pleures-tu ?" Mais je ne sais pas pourquoi je pleure. Je suis heureuse de vivre dans ma cour.

1. Unités à destination spéciale de la milice. L'équivalent des C.R.S. en France. *(N.d.T.)*

– Et on a vécu tout cela. Et on a supporté tout cela...

– Une fois, je suis allée chez le médecin. Je lui ai dit : "Mes jambes ne me portent pas. Mes articulations me font mal." Et il m'a répondu : "Il faut rendre la petite vache, grand-mère. Le lait est contaminé." Et moi de me lamenter : "Oh non ! Mes jambes me font mal, mes genoux me font mal, mais je ne donnerai pas ma vache, ma nourrice."

– J'ai sept enfants. Ils vivent tous à la ville. Je suis seule ici. Parfois, je me sens angoissée et je m'assois près de leurs photos... Et je me parle à moi-même. Je fais tout toute seule. J'ai repeint la maison. J'ai utilisé six pots de peinture. Voilà comment je vis. J'ai élevé quatre fils et trois filles. Mon mari est mort jeune. Je suis seule.

– Moi, j'ai rencontré un loup. Nous sommes restés à nous regarder l'un l'autre, face à face. Puis il a fait un bond de côté et s'est enfui... Ma chapka s'est dressée sur ma tête.

– N'importe quel animal a peur de l'homme. Si tu ne lui fais rien, il va te contourner. Avant, lorsque l'on entendait des voix, dans la forêt, on courait vers les gens. Maintenant, on se cache des autres. Que Dieu nous préserve de rencontrer des hommes dans la forêt !

– Tout ce qui a été écrit dans la Bible se réalise. On y parlait de notre kolkhoze... Et de Gorbatchev... Qu'il y aurait un grand chef avec une marque et qu'un grand empire tomberait en poussière. Et après cela, ce serait le Jugement dernier... Ceux qui vivent dans les villes mourront tous. Et, dans les villages, il ne restera qu'un seul homme. Et l'homme se réjouira en voyant des traces humaines ! Pas un autre homme : seulement ses traces.

– Et nous nous éclairons à la lampe à pétrole. Ah ! Nos femmes vous l'ont déjà dit. Nous tuons le cochon et nous l'enterrons dans la cave. La viande doit rester quatre jours dans la terre. Et nous faisons aussi de la vodka, avec notre propre grain.

– J'ai deux sacs de sel. On ne va pas crever sans l'État. On ne manque pas de bûches : la forêt nous entoure. La maison est chaude. La lampe luit. C'est bien ! J'ai une chèvre, un bouc, trois cochons, quatorze poules. De la terre et de l'herbe à profusion. De l'eau dans le puits.

C'est la liberté ! Nous sommes heureux ! Chez nous, ce n'est pas un kolkhoze, mais une commune. Nous allons acheter un cheval et nous n'aurons besoin de personne. Un cheval...

– Nous ne sommes pas rentrés chez nous. En fait, nous sommes revenus cent ans en arrière. Un correspondant de presse s'étonnait de tout ceci : nous moissonnons avec une faucille, nous fauchons avec une faux, nous battons le grain avec des fléaux directement sur l'asphalte.

– Pendant la guerre, nous vivions sous la terre. Dans des abris. Mon frère et mes deux neveux ont été tués. Au total, dix-sept membres de notre famille sont morts. Maman n'arrêtait pas de pleurer. Une vieille mendiante est passée dans le village : "Tu es triste ? lui a-t-elle dit. Il ne faut pas pleurer car celui qui donne sa vie pour les autres est un saint." Et moi aussi, je peux tout faire pour ma patrie... À part tuer. Je suis institutrice. J'enseignais aux enfants à aimer l'homme. C'est ce que je leur apprenais : le bien sort toujours vainqueur. Les enfants, les petits, ils ont des âmes pures.

– Tchernobyl... C'est une guerre au-dessus des guerres. L'homme ne trouve son salut nulle part. Ni sur la terre, ni dans l'eau, ni dans le ciel.

– Nous n'avons ni la télé ni la radio. Nous ne savons pas ce qui se passe ailleurs, mais on vit plus tranquillement. Nous n'avons pas de quoi nous affliger. Des gens qui passent nous racontent qu'il y a des guerres partout. Et que le socialisme est fini, que l'on vit sous le capitalisme. Et que le tsar va revenir. Est-ce vrai ?

– Parfois un sanglier sort de la forêt jusque dans le jardin. Et, d'autres fois, c'est un cerf. Les gens viennent rarement. À part les miliciens.

– Venez donc aussi chez moi.

– Et chez moi. Cela fait une éternité que je n'ai pas eu d'invités à la maison.

– Je me signe et je prie... Mon Dieu ! La milice a cassé mon grand four à deux reprises. Et moi, je suis revenue ! S'ils laissaient faire les gens, tout le monde rentrerait à genoux. Ils ont éparpillé notre chagrin à travers le monde. Seuls les morts reviennent ici. On n'autorise que le retour des morts. Les vivants, eux, se faufilent la nuit. Par la forêt...

– Pour la Toussaint, tout le monde brûle d'envie de revenir. La milice ne laisse entrer que ceux qui sont inscrits sur des listes et interdit le passage aux moins de dix-huit ans. Ils viennent tellement heureux de passer un moment, chacun auprès de sa maison, dans son jardin, près de son pommier... D'abord, on pleure sur les tombes, puis chacun retourne à sa cour. Et, là aussi, on pleure et l'on prie. On met des bougies, on ne peut se détacher des enclos des tombes... Parfois, on pose une couronne près de sa maison... On accroche un linge blanc à la porte. Le pope dit la prière : "Frères et sœurs, soyez patients !"

Au cimetière, on apporte des œufs et du pain... Chacun apporte ce qu'il a et s'assoit près de ses proches. On appelle : "Sœurette, je suis venu te rendre visite. Viens manger avec nous." Ou bien : "Chère maman, cher papa. Papounet !" On invoque les âmes du paradis. Ceux dont les proches sont morts dans le courant de l'année pleurent et les autres ne pleurent pas. On discute, on se souvient et tout le monde prie. Même ceux qui ne savent pas.

– Il n'y a que la nuit que je ne pleure pas. La nuit, il ne faut pas pleurer les morts. À partir du coucher du soleil, je ne pleure plus. Que Dieu dise du bien de leurs âmes ! Et qu'ils entrent tous au royaume céleste !

– Une Ukrainienne vend au marché de grandes pommes rouges. Elle crie pour attirer les clients : "Achetez mes pommes ! De bonnes pommes de Tchernobyl !" Quelqu'un lui donne un conseil : "Ne dis pas que ces pommes viennent de Tchernobyl. Personne ne va les acheter. – Ne crois pas cela ! On les achète bien ! Certains en ont besoin pour la belle-mère, d'autres pour un supérieur !"

– Ici, il y a un homme qui sort de prison. Il a été amnistié. Il vivait dans le village voisin. Sa mère est morte, la maison a été démolie et les gravats enfouis sous terre. Il est venu chez nous : "Bonnes gens, donnez-moi du pain et du lard, je couperai du bois." Il mendie.

– C'est le bordel qui règne dans le pays. Les gens viennent ici pour fuir d'autres gens. Ils fuient la loi et ils vivent seuls. Des étrangers aux mines sévères qui ne vous saluent même pas des yeux. Ils se soûlent et mettent le feu. La nuit, nous dormons avec des fourches et des haches sous nos lits. Et, à l'entrée de la cuisine, nous gardons un marteau pour frapper les intrus.

– Au printemps, un renard enragé courait par ici. Lorsqu'il est enragé, le renard devient tout câlin. Il ne peut pas supporter l'eau. Il suffit de mettre un seau d'eau dans la cour et il n'y a plus rien à craindre. Il s'en va.

– Nous sommes des citoyens émérites. J'ai été partisan. J'ai passé toute une année dans la forêt. Et lorsque les nôtres ont repoussé les Allemands, je me suis retrouvé au front. J'ai écrit mon nom sur le Reichstag : Artiouchenko. Et quand j'ai ôté l'uniforme de soldat, j'ai participé à la construction du communisme. Où est-il, ce communisme ?

– C'est chez nous, le communisme... Nous vivons ici comme frères et sœurs...

– L'année où la guerre a commencé, il n'y avait ni champignons ni baies. Vous ne me croyez pas ? La terre elle-même sentait le malheur... L'année 1941. Oh ! Je me souviens ! Je n'ai pas oublié la guerre... On a dit que les Allemands allaient amener au village une colonne des nôtres, faits prisonniers, et que les familles qui retrouveraient les leurs pourraient les récupérer. Les femmes se sont précipitées comme le vent ! Et le soir, elles ont ramené chez nous des proches, mais aussi des étrangers. Mais il y avait un salaud... Il vivait comme tout le monde. Marié, père de deux enfants... Il nous a dénoncés à la Kommandantur parce que nous avions protégé des Ukrainiens. Vasko, Sachko... Le lendemain, des soldats sont venus en moto... Nous les avons suppliés, même à genoux... Mais ils les ont fait sortir du village et les ont fusillés. Neuf hommes ! Ils étaient jeunes et gentils ! Vasko, Sachko...

– Fasse Dieu seulement qu'il n'y ait plus de guerre ! J'en ai tellement peur !

– Et moi, je reste plongée dans mes pensées... Sur les tombes... Certains se lamentent à voix haute. D'autres pleurent en silence. D'autres encore psalmodient : "Ouvre-toi, sable jaune. Ouvre-toi, nuit noire." Tu peux attendre que quelqu'un revienne de la forêt mais, de la terre, jamais. Je demande doucement : "Ivan... Ivan, comment dois-je vivre ?" Et il ne me répond rien, ni en bien ni en mal.

– Je n'ai personne pour qui pleurer, alors je pleure pour tout le monde. Pour des étrangers. Je vais sur leurs tombes et je leur parle...

Je ne crains personne, ni les morts ni les bêtes, personne. Mon fils vient de la ville et me gronde : "Pourquoi restes-tu toute seule ? Et si quelqu'un t'étrangle ?" Mais il n'y a rien à prendre, chez moi. Il n'y a que des coussins... Les coussins brodés sont le seul ornement des simples maisons de village. Et si un bandit veut entrer, je lui coupe la tête à la hache. Il y a peut-être un Dieu. Ou peut-être qu'il n'y a personne. Mais il y a certainement quelqu'un, là-haut. Et je survis...

– L'hiver, un grand-père a accroché dans la cour un veau fraîchement tué pour le débiter. Et c'est justement à ce moment que l'on a amené une délégation d'étrangers : "Grand-père, que fais-tu ?" lui ont-ils demandé. "Je chasse la radiation."

– Il y a eu des histoires... Les gens racontent des choses... Un homme est resté seul avec un petit garçon en bas âge, après la mort de sa femme. Il s'est mis à boire pour noyer son chagrin... Il enlevait les langes mouillés du bébé et les cachait sous un coussin. Mais sa femme – ou son âme, peut-être – venait la nuit pour laver, sécher et ranger les langes. Une fois, il l'a vue... À peine l'a-t-il appelée qu'elle a fondu dans l'air. Alors les voisins lui ont conseillé de fermer les portes à clé dès qu'elle apparaîtrait : comme ça, elle ne pourrait peut-être pas s'enfuir rapidement. Mais elle n'est plus jamais revenue. Qu'est-ce que c'était ? Qui venait ?

Vous ne me croyez pas ? Mais alors, dites-moi d'où viennent les contes ? C'était peut-être la vérité, jadis. Vous qui êtes cultivée...

– Pourquoi Tchernobyl a sauté ? Certains disent que c'est la faute des scientifiques. Ils attrapent Dieu par la barbe et, Lui, Il se moque de nous. Et c'est à nous de souffrir !

On n'a jamais vécu calmement, ici. On a toujours eu peur. Avant la guerre, on arrêtait les gens... Des hommes sont venus dans des voitures noires et ils ont emmené trois gars, droit dans les camps. Ils ne sont jamais revenus. Nous avons toujours eu peur, ici.

– Je n'ai qu'une vache, en tout et pour tout. Mais je la donnerais si seulement cela pouvait éviter une guerre. Qu'est-ce que j'en ai peur !

– Mais Tchernobyl, c'est une guerre par-dessus toutes les guerres...

– Et le coucou chante, et les pies jacassent... Les chevreuils courent. Mais personne ne peut dire s'ils survivront longtemps. Le matin, j'ai regardé dans le jardin : les sangliers ont tout saccagé. On peut faire déménager les gens, mais pas un cerf ou un sanglier.

Une maison ne peut pas rester sans occupant. Et pour l'animal, l'homme est indispensable. Tous cherchent l'homme. Une cigogne s'est posée... Un scarabée est sorti... Je me réjouis de chaque chose.

– Qu'est-ce que j'ai mal, les femmes... Quelle douleur ! Je dois tout faire avec prudence... Avec précaution... Ne pas heurter la porte ou le lit, ne toucher à rien, ne pas me cogner. Sinon, malheur, il faut s'attendre à un autre mort. Mon Dieu, pense à eux ! Qu'ils entrent dans Ton royaume ! Et l'on pleure là où on enterre. Chez nous, il ne reste plus que des tombes... Des tombes tout autour... Des camions-bennes rugissent... Des bulldozers... Les maisons qu'on abat... Les fossoyeurs travaillent sans relâche... L'école, le soviet municipal, les bains publics ont été enterrés. C'est le même endroit, mais les gens ne sont plus les mêmes. Je ne sais toujours pas si l'homme a une âme. Le pope nous assure que nous sommes immortels, mais c'est quoi, cette âme ? Et où peut-on trouver de la place pour toutes ces âmes, dans le monde de l'au-delà ?

Mon homme a mis deux ans à mourir. Je me dissimulais derrière le four et attendais de voir son âme s'envoler. Je suis sortie pour traire la vache et, quand je suis rentrée... Je l'appelle... Il était étendu raide, les yeux ouverts... Son âme s'était envolée... Mais peut-être qu'il n'y avait rien ? Alors, comment vais-je le revoir ? »

Monologue sur la joie d'une poule qui trouve un ver

« La première peur ? La première peur est tombée du ciel... Elle flottait sur l'eau... Et beaucoup de gens étaient calmes comme des pierres. Je vous le jure sur la sainte Croix ! Les hommes âgés buvaient et disaient : "Nous sommes allés jusqu'à Berlin et nous avons vaincu." C'était comme s'ils nous collaient au mur avec leurs paroles...

Oui, il y a eu la première peur... Dans le jardin et le potager, nous avons trouvé des taupes étouffées. Qui les a étranglées ? D'habitude, elles ne sortent pas à la lumière du jour. Quelque chose les avait chassées. Sur la Croix, je vous le jure !

Mon fils m'a appelée de Gomel :

– Vois-tu des hannetons voler ?

– Il n'y a pas de hannetons. On ne voit même pas leurs larves. Ils se cachent.

– Et des vers de terre ?

– Lorsque la poule en trouve un, elle est contente. Mais il n'y en a pas, non plus.

– C'est le premier signe : là où il n'y a pas de hannetons ni de vers de terre, la radiation est très forte.

– Qu'est-ce que c'est, la radiation ?

– Maman, c'est une sorte de mort. Tu dois convaincre papa de partir. Vous passerez quelque temps chez nous.

– Mais nous n'avons pas encore planté notre potager...

Si tout le monde était intelligent, il n'y aurait pas eu de sots. La centrale brûlait ? Et alors ? L'incendie est un phénomène temporaire. Personne n'avait peur. Nous ne connaissions pas l'atome. Je vous le jure sur la sainte Croix ! Et nous vivions tout près de la centrale : à trente kilomètres à vol d'oiseau. À quarante par la route. C'était très bien. On prenait le bus pour y aller. Ils étaient approvisionnés comme les magasins de Moscou. Du saucisson bon marché et de la viande à tout moment dans les magasins. C'était le bon temps !

Aujourd'hui, il ne reste que la peur... On prétend que les grenouilles et les moustiques survivront, mais que les gens mourront tous. Que la vie continuera sans les humains. Ce sont des contes et des racontars, mais il y a des crétins qui aiment les écouter. Et pourtant, il n'y a pas de conte sans une parcelle de vérité. C'est une vieille chanson...

À la radio, on nous fait toujours peur avec la radiation, mais nous vivons mieux avec elle. Je vous le jure sur la Croix ! On nous a livré des oranges et du saucisson. De trois sortes, s'il vous plaît ! Dans un village ! Mes petits-enfants ont visité des pays lointains. La plus petite revient de France. C'est de là que Napoléon nous a attaqués, il y a longtemps. "Grand-mère, j'ai vu des ananas !" Un autre de mes petits-fils a été soigné à Berlin... C'est de là que Hitler a foncé sur nous avec ses chars... C'est un autre monde, maintenant. Tout est différent... Est-ce la faute de la radiation ? Et comment est-elle ? Vous l'avez peut-être vue au cinéma ? De quelle couleur ? Certains disent qu'elle n'a ni couleur ni odeur, et d'autres qu'elle est noire. Comme la terre ! Et si elle n'a pas de couleur, alors elle est comme Dieu. Dieu est partout, mais personne ne le voit. On nous fait peur, mais il y a des pommes sur les branches et des feuilles sur les arbres. Et des pommes de terre dans les champs... Je crois qu'il n'y a pas eu de Tchernobyl. Qu'on a tout inventé... On a trompé les gens... Ma sœur et son mari sont partis, pas très loin d'ici, à vingt kilomètres. Ils y ont passé deux mois. Une voisine est allée les voir :

– Votre vache a contaminé la mienne avec la radiation. Elle est en train de mourir.

– Mais comment a-t-elle bien pu la contaminer ?

– La radiation vole dans l'air, comme de la poussière. Elle est volante.

Vraiment des contes... Et des bobards !

Mais quand j'y réfléchis, il y a des morts dans chaque maison...

Qu'est-ce que je peux ajouter d'autre ? Il faut bien vivre...

Auparavant, nous battions nous-mêmes le beurre et la crème fraîche. Nous faisions notre propre fromage blanc. Notre propre fromage. Nous cuisinions des pâtes au lait. Est-ce que l'on mange cela, en ville ? On verse de l'eau dans la farine et l'on mélange. Cela donne des morceaux de pâte que l'on jette dans l'eau bouillante. On les fait cuire, puis on y ajoute le lait. Ma mère me montrait comment faire et elle ajoutait : "Les enfants, vous allez l'apprendre de la même manière que ma mère me l'a appris." Nous buvions du jus de bouleau et d'érable. On cuisinait des haricots verts dans des marmites, au four, à la vapeur. On faisait du coulis de canneberge... Pendant la guerre, on ramassait les orties et les feuilles d'arroche. La faim nous gonflait le ventre, mais nous ne mourions pas... Les baies de la forêt, les champignons... Et maintenant... Nous pensions que ce qui bouillait dans les marmites était éternel. Je n'aurais jamais cru que cela pourrait changer. Mais c'est ainsi... On ne peut plus boire du lait. Ni cuisiner des haricots. On nous interdit de cueillir des champignons ou des baies. On nous demande de tremper la viande dans l'eau pendant trois heures. Et de changer deux fois l'eau des pommes de terre pendant la cuisson. Mais comment peut-on combattre Dieu ? Il faut vivre ! On nous dit que même l'eau est contaminée. Pourtant, on ne peut pas vivre sans eau. Dans chaque homme, il y a de l'eau. Même dans les pierres, il y a de l'eau. L'eau est éternelle. Toute la vie provient d'elle... Et auprès de qui nous renseigner ? Personne ne dit rien. Quant à Dieu, on Lui fait des prières, mais on ne Lui demande rien. Il faut vivre... »

Anna Petrovna Badaïeva,
résidente sans autorisation.

Monologue sur une chanson sans paroles

« Je m'incline bien bas devant vous... Et je me demande s'il vous serait possible de nous retrouver Anna Souchko. Elle habitait notre village. Le village de Kojouchki... Anna Souchko, qu'elle s'appelle ! Je vais vous donner son signalement et vous le publierez. Elle a une bosse et elle est muette de naissance... Elle vivait seule... Elle doit avoir soixante ans. Pendant l'évacuation, on l'a fait monter dans une ambulance et on l'a emmenée dans une direction inconnue. Elle était analphabète, voilà pourquoi elle ne nous a pas écrit. On a placé les personnes seules et malades dans des foyers. Pour les cacher. Mais personne ne connaît l'adresse... Publiez cela...

Au village, tout le monde avait pitié d'elle. On la soignait comme un enfant. L'un lui coupait du bois, l'autre lui apportait du lait. Un autre encore passait la soirée chez elle, pour lui faire du feu... Cela fait deux ans que nous sommes rentrés, après avoir roulé nos bosses. Faites-lui savoir que sa maison est toujours là. Le toit et les cadres des fenêtres sont intacts. Et nous reconstruirons ensemble ce qui a été cassé et volé. Donnez-nous seulement l'adresse où elle vit et souffre et nous irons la chercher. Pour qu'elle ne meure pas d'angoisse. Je vous remercierai bien bas. C'est une âme innocente qui souffre dans un monde étranger...

J'oubliais... Il y a encore un signe : lorsqu'elle a mal quelque part, elle gémit une chanson. Sans paroles, vu qu'elle ne peut pas parler. Quand elle a mal, elle gémit : a-a-a... Elle se plaint. »

Maria Voltchok, une voisine.

Trois monologues sur une peur très ancienne

La famille K. La mère et la fille. Et le mari de la fille qui n'a pas dit un seul mot.

La fille :

« Au début, je pleurais tout le temps. J'avais envie de pleurer et de parler... Nous venons du Tadjikistan, de Douchanbe... Là-bas, c'est la guerre.

Je ne dois pas en parler... Je suis enceinte, j'attends un bébé. Mais je vais vous raconter... Un groupe est monté dans le bus pour un contrôle d'identité... Des civils, mais armés de pistolets-mitrailleurs. Ils ont vérifié les papiers et poussé deux hommes dehors. Et là, près des portes, ils ont tiré sur eux. Ils n'ont même pas pris la peine de les emmener un peu de côté. Je n'aurais jamais pu le croire, mais je l'ai vu... J'ai vu comment on a fait descendre ces deux hommes. L'un était jeune et beau. Il leur criait, en tadjik et en russe, que sa femme venait d'accoucher, qu'il avait trois enfants en bas âge. C'étaient des gens ordinaires, mais armés de mitraillettes. Il est tombé... Il leur baisait les pieds... Tout le monde se taisait dans l'autobus. À peine avions-nous démarré : ta-ta-ta-ta... J'ai eu peur de regarder en arrière...

Je ne dois pas en parler... J'attends un bébé... Mais je vais vous raconter... Seulement ne dites pas mon nom, juste mon prénom, Svetlana. J'ai de la famille là-bas... On les tuera. Je croyais, avant cela, qu'il n'y aurait plus jamais de guerre. Un grand pays, estimé. Le plus fort ! On nous disait que nous vivions modestement, au pays des Soviets. Que nous vivions pauvrement parce qu'il y avait eu la Grande Guerre et que le peuple en avait tant souffert ! Mais que, dorénavant, avec la puissance de notre armée, personne n'oserait plus nous toucher. Personne ne pourrait nous vaincre ! Et nous nous sommes mis à tirer les uns sur les autres... Maintenant, c'est une guerre différente de celle dont me parlait mon grand-père qui était au front et est entré en Allemagne avec l'armée soviétique. Maintenant, les voisins s'entre-tuent, les anciens camarades de classe se font la guerre et violent les filles de leur école. Tout le monde est devenu fou...

Nos maris se taisent. Les hommes se taisent, ici. Ils ne vous diront rien. On criait dans leur dos qu'ils s'enfuyaient comme des femmes. Qu'ils étaient lâches, des traîtres à la patrie. Mais que faire s'ils ne peuvent pas tirer ? Mon mari est tadjik. Il devait faire la guerre et tuer. Et lui, il me disait : "Partons ! Je ne veux pas aller à la guerre. Je n'ai pas besoin d'armes." C'est sa terre, là-bas, mais il est parti parce qu'il ne voulait pas tuer d'autres Tadjiks, ses semblables. Mais il se sent très seul ici. Au pays, ses frères combattent. L'un d'eux a été tué. C'est là-bas que vivent sa mère et ses sœurs. Nous sommes venus par le train de Douchanbe. Les vitres étaient cassées et il faisait froid. On ne nous tirait pas dessus, mais on jetait des pierres par les fenêtres. Voilà pourquoi les vitres étaient brisées.

"Russes, criait-on, fichez le camp d'ici ! Sales occupants ! Vous nous avez assez pillés !" Or il est tadjik, et il entendait tout cela. De même que nos enfants. Notre fille de sept ans était amoureuse d'un garçon tadjik. En rentrant de l'école, elle m'a demandé : "Maman, qui suis-je ? Une Tadjik ou une Russe ?" Comment lui expliquer ?

Je ne peux pas en parler... Mais je vais tout de même vous raconter... Chez eux, les Tadjiks du Pamir font la guerre aux Tadjiks de Kouliab. Ils sont tous tadjiks et croient tous au Coran, mais ceux de Kouliab tuent ceux du Pamir et réciproquement. D'abord, ils se sont rassemblés sur la place pour crier et prier. Je voulais comprendre, j'y suis allée. J'ai demandé à un groupe d'anciens : "Contre qui êtes-vous ?" Et ils m'ont répondu : "Contre Parlement. On nous a dit que c'était un très mauvais homme, ce Parlement." Puis, la place s'est vidée et ils se sont mis à tirer. C'est aussitôt devenu un pays inconnu. L'Orient ! Jusque-là, nous avions l'impression de vivre sur notre terre. Selon les lois soviétiques. Il y a tellement de tombes russes, mais plus personne pour y pleurer... Des troupeaux paissent dans les cimetières russes... Des chèvres... Des vieillards russes se terrent dans les décharges, cherchent des restes pour survivre...

J'étais infirmière dans une maternité. J'avais pris un service de nuit. Une femme accouchait difficilement, dans la douleur... Soudain, une aide-soignante entre dans la salle, sans gants stériles, sans blouse stérile ! Que se passait-il donc pour que quelqu'un entre en habit de ville dans une salle d'accouchement ? "Les filles ! criait-elle. Des bandits !" Ils étaient armés et portaient des masques noirs. Et ils ont couru vers nous : "Des drogues ! De l'alcool !" Ils ont collé le médecin au mur : "Donne !" Et à ce moment la femme qui accouchait a poussé un cri de soulagement. Et le bébé s'est mis à crier. Je me suis penchée sur lui. Je ne sais même pas si c'était un garçon ou une fille. Il n'avait pas de nom. Rien. Et les bandits de nous demander : "Est-ce une femme de Kouliab ou du Pamir ?" Ils n'ont pas demandé si c'était un garçon ou une fille, mais si le bébé était d'une ethnie ou de l'autre. Nous nous sommes tues. Et eux, de hurler : "Elle est d'où, cette bonne femme ?" Comme nous ne leur donnions pas de réponse, ils ont saisi le bébé – qui n'est resté que quelques minutes en ce bas monde – et l'ont jeté par la fenêtre ! Je suis infirmière. J'ai vu plus d'une fois mourir des enfants... Mais là... Je n'ai pas le droit de me souvenir de telles choses. *(Elle pleure.)* Comment vivre ? Comment donner naissance après cela ? *(Elle pleure.)*

Cette histoire à la maternité m'a fait attraper un eczéma sur les bras. Je n'avais plus envie de me lever du lit... *(Elle pleure.)* Dès que j'approchais de l'hôpital, je faisais demi-tour. J'étais déjà enceinte. Je ne pouvais pas accoucher là-bas. Nous sommes venus ici, en Biélorussie. À Narovlia... C'est une petite ville paisible. Ne me posez pas d'autres questions... Je vous ai tout raconté... *(Elle pleure.)* Attendez... Je veux que vous sachiez... Je n'ai pas peur de Dieu, j'ai peur de l'homme. Au début, nous demandions : "Où est-elle, cette radiation ?" Et on nous répondait : "Là où vous êtes." Alors, elle est partout, non ? *(Elle pleure.)* Il y a beaucoup de maisons vides... Les gens sont partis... Ils avaient peur...

Mais moi, j'ai moins peur ici que là-bas. Nous n'avons plus de patrie, nous n'appartenons à personne. Les Allemands sont partis en Allemagne [1], les Tatars sont retournés en Crimée dès qu'ils l'ont pu [2] mais, nous autres les Russes, personne n'a besoin de nous. Que pouvons-nous espérer ? À quoi pouvons-nous nous attendre ? La Russie n'a jamais sauvé ses gens, parce qu'elle est grande, infinie. À vrai dire, je n'ai pas l'impression que la Russie soit ma patrie. Nous avons été élevés différemment : notre patrie était l'Union soviétique. Et maintenant, on ne sait plus comment sauver son âme. Mais ici, personne ne fait claquer la culasse de son arme et c'est déjà merveilleux. On nous a donné une maison, du travail pour mon mari. J'ai écrit à des amis qui sont venus s'installer définitivement ici. Ils sont arrivés hier soir et avaient peur de quitter la gare. Ils sont restés assis sur leurs valises sans même

---

1. Il s'agit des Allemands de la Volga. *(N.d.T.)*
2. Les Tatars de Crimée avaient été déportés en masse en Asie centrale, sous Staline, en 1944. *(N.d.T.)*

laisser sortir leurs enfants, jusqu'au matin. Et puis, là, ils ont vu les gens dans la rue, qui rient, qui fument... Nous les avons conduits jusqu'à la maison. Ils n'en revenaient pas de tout cela, parce qu'ils ont perdu là-bas toute habitude de vivre normalement. Ils sont allés au magasin, ils ont vu du beurre, de la crème et ils nous ont raconté qu'ils ont acheté cinq bouteilles de crème liquide et les ont bues sur place. Les gens les regardaient comme des malades... Mais cela faisait deux ans qu'ils n'avaient pas vu de beurre ou de crème. Là-bas, il n'est même pas possible d'acheter du pain. C'est la guerre. C'est impossible à expliquer à quelqu'un qui n'a pas vu la guerre d'aujourd'hui...

Là-bas, mon âme était morte... Comment donner naissance avec une âme morte ? Ici, il y a peu de gens. Beaucoup de maisons sont vides. Nous vivons à l'orée du bois... J'ai peur lorsqu'il y a beaucoup de monde. Comme à la gare... Comme à la guerre... » *(Elle sanglote puis se tait.)*

La mère :

« De la guerre... Je ne peux parler que de la guerre... Pourquoi sommes-nous venus ici ? Sur la terre de Tchernobyl ? Parce que personne ne nous chassera d'ici. De cette terre. Elle n'appartient plus à personne. Dieu l'a prise. Les gens l'ont laissée...

À Douchanbé, je travaillais comme directrice adjointe de la gare. Il y avait un autre directeur adjoint, un Tadjik. Nos enfants ont grandi ensemble, ont étudié ensemble. Nous étions assis à la même table pendant les fêtes du nouvel an ou du Premier Mai. Nous buvions du vin ensemble et mangions du pilaf. Il m'appelait sa "petite sœur", sa "sœur russe". Et puis, un beau jour, il vient au travail, s'arrête devant ma table – nous partagions le même bureau – et me crie :

– Quand vas-tu enfin ficher le camp et rentrer dans ton pays ? C'est notre terre, ici !

Sur le moment, j'ai cru que ma tête allait exploser. J'ai bondi :

– Ta veste, d'où vient-elle ?

– De Leningrad, répond-il, surpris.

– Enlève cette veste russe, salopard !

Je la lui arrache.

– Et ta chapka, d'où vient-elle ? Tu t'es vanté qu'on te l'a envoyée de Sibérie ! Enlève-la, salaud ! Et donne ta chemise et ton pantalon, confectionnés à Moscou ! Ils sont russes, eux aussi !

Je l'aurais déshabillé jusqu'au slip. C'était un type énorme et je lui arrivais tout juste à l'épaule, mais je me sentais d'une force folle. Je lui aurais tout arraché. Des collègues se rassemblaient autour de nous. Il s'est écrié :

– Laisse-moi tranquille, tu es folle !

– Non, rends-moi tout ce qui est russe ! Je vais prendre tout ce qui m'appartient. Les chaussettes... Les chaussures...

J'ai failli perdre la raison.

Nous travaillions jour et nuit... Les trains étaient bondés. Les gens fuyaient... Beaucoup de Russes sont partis : des milliers ! Des dizaines de milliers ! Toute une Russie. Un jour, à deux heures du matin, j'ai fait partir un train pour Moscou, mais un groupe d'enfants de Kourgan-Tioubé est resté dans la salle d'attente : ils étaient arrivés trop tard pour ce train-là. Je les ai enfermés dans la salle pour les cacher. Deux hommes se sont approchés de moi, armés de mitraillettes.

– Qu'est-ce que vous faites là, les gars ?

Mon cœur tremblait.

– C'est quoi, ces gosses, là-bas ?

– Des nôtres. Des enfants de Douchanbe !

– Ils ne viendraient pas plutôt de Kouliab ?

– Non, non, ce sont les nôtres.

Ils sont partis. Mais s'ils étaient entrés dans la salle ? Ils les auraient tous... Et moi aussi, par la même occasion : une balle entre les deux yeux ! Là-bas, il n'y avait qu'un seul pouvoir : l'homme au fusil. Le matin, j'ai mis les enfants dans le train pour Astrakhan. J'ai donné des ordres pour qu'on les transporte comme des pastèques, qu'on n'ouvre pas les portes. *(Elle se tait d'abord, puis pleure longtemps.)* Il n'y a rien de plus horrible que l'homme.

Ici, lorsque je marchais dans la rue, je me retournais sans cesse. J'avais l'impression que l'on me suivait. Tout près. Il ne se passait pas un seul jour où je ne pensais pas à la mort... Je sortais de la maison avec des habits toujours fraîchement lavés et du linge propre, au cas où on me tuerait. Et maintenant, je me promène toute seule dans la forêt et je n'ai pas peur. Il n'y a personne dans la forêt. Pas âme qui vive. Je me promène et je me demande si tout cela m'est vraiment bien arrivé. Si ce ne sont pas les souvenirs de quelqu'un d'autre. Parfois, je croise des chasseurs avec des fusils, des chiens, des dosimètres. Ils portent aussi des armes, mais ils ne sont pas comme ceux de là-bas : ils ne chassent pas l'homme. Je les entends tirer et je sais qu'ils visent des lapins ou des corneilles. *(Elle se tait.)* Voilà pourquoi je n'ai pas peur, ici... Je n'ai pas peur de la terre ou de l'eau, j'ai peur de l'homme... Là-bas, pour cent dollars, on peut acheter une mitraillette au marché...

Je me souviens d'un gars, un Tadjik, qui courait après un autre. À la manière que celui-ci avait de galoper, de haleter, il était évident que son poursuivant voulait le tuer. Il est néanmoins parvenu à se cacher, à s'enfuir... Alors le Tadjik revient et, en passant près de moi, il me demande sur un ton habituel, comme si de rien n'était : "Dis, p'tite mère, est-il possible de boire un verre d'eau, ici ?" Je lui ai montré le réservoir de la gare, puis je l'ai regardé droit dans les yeux et lui ai demandé : "Pourquoi vous traquez-vous les uns les autres ? Pourquoi vous entre-tuez vous ?" J'ai eu l'impression qu'il avait honte. "Allez, p'tite mère, calmez-vous !" Quand ils sont plusieurs, ils sont différents. À deux ou trois, ils m'auraient fusillée. Mais quand ils sont seuls, on peut leur parler.

De Douchanbe, nous sommes partis pour Tachkent Notre intention était de continuer sur Minsk, mais on nous a dit qu'il n'y avait plus de billets ! Chez eux, c'est ainsi : sans pot-de-vin, pas d'avion, mais des tracasseries à n'en plus finir : ceci on ne peut pas l'exporter, cela crée un excédent de poids... J'ai fini par comprendre et je leur ai graissé la patte... "Il fallait commencer par là, au lieu de discuter !" Mais, avant cela, on m'a tourmentée pendant deux jours. Nous avions un conteneur de deux tonnes. "Vous venez d'un point chaud, me disait-on. Et si vous transportiez des armes ou de la drogue ?" J'ai fini par me rendre chez le responsable et, là, dans la salle d'attente, j'ai fait la connaissance d'une femme bien qui m'a renseignée : "Vous n'obtiendrez rien, ici. Si vous réclamez justice, on jettera votre conteneur dans la rue et on vous volera tout". Il a bien fallu le décharger. Mais qu'est-ce que nous avions ? Des vêtements, des matelas, un vieux frigo, deux sacs de livres... "Vous avez peut-être des livres rares ?" Ils ont regardé : *Que faire ?* de Tchernychevski, *Terres défrichées* de Cholokhov... Ils ont ri.

– Combien de frigos avez-vous ?
– Un seul, et il a même été cassé dans le transport.
– Pourquoi n'avez-vous pas fait de déclaration ?
– Comment pouvions-nous le savoir ? C'est la première fois que nous quittons une zone de guerre...

Pendant que les nôtres sont tous collés à la télé pour grappiller des informations sur ce qui se passe là-bas, moi je me promène dans la forêt pour réfléchir. Je ne veux rien savoir.

J'avais une vie... Une autre vie... J'étais quelqu'un d'important. J'avais un grade militaire : lieutenant-colonel du train. Ici, je me suis retrouvée au chômage puis j'ai trouvé du travail comme femme de ménage à la mairie. Je lave les planchers... J'ai vécu toute une vie et je n'ai pas la force d'en entamer une seconde... Ici, certains ont pitié de nous. D'autres sont mécontents : "Les réfugiés volent les pommes de terre. Ils viennent les déterrer la nuit." Ma mère me disait que, pendant l'autre guerre, les gens avaient pitié les uns des autres. Récemment, on a découvert le cadavre d'un cheval revenu à l'état sauvage. À un autre endroit, c'était un lapin. Et ils étaient morts tout seuls. Personne ne les avait tués. Cela a inquiété tout le monde. Mais lorsque l'on a trouvé un vagabond, tout aussi mort, cela n'a fait ni chaud ni froid à personne. J'ignore pourquoi, mais les gens ont pris l'habitude de voir mourir des hommes... »

Lena M. vient, elle, de Kirghizie. Sur le seuil de sa maison, se tenaient, comme pour une photo, ses cinq enfants et leur chat Metelitsa.

« Nous sommes partis comme pour fuir une guerre...

Nous avons vite rassemblé nos affaires, et le chat nous a suivis jusqu'à la gare, collé à nos talons. Alors nous l'avons emmené. Le voyage en train nous a pris douze jours. Les deux derniers jours, nous n'avions presque plus rien à manger. Des passagers montaient la garde aux portes des voitures, armés de haches, de marteaux ou de piques. Une nuit, des bandits nous ont attaqués. Ils ont failli nous tuer. Aujourd'hui, on peut tuer pour une télé ou un frigo. Nous partions comme pour fuir la guerre même si, en Kirghizie, personne ne tirait encore sur personne. Certes, à l'époque de Gorbatchev, il y a bien eu un massacre sauvage, à Och, entre Kirghiz et Ouzbeks, mais cela s'est calmé, depuis... Il y avait simplement quelque chose dans l'air, dans les rues... Et nous avions peur... Les Russes, c'est sûr, mais aussi les Kirghiz... Dans les queues, pour le pain, ils criaient : "Les Russes hors d'ici ! La Kirghizie aux Kirghiz !" Et ils nous poussaient hors de la file en ajoutant en kirghiz quelque chose dans le genre qu'ils n'avaient pas assez de pain pour eux-mêmes et qu'ils n'allaient pas en plus nous nourrir. Je comprends mal leur langue, mais je sais tout de même quelques mots, pour faire les courses.

Précédemment, nous avions une patrie, mais maintenant, elle a disparu. Qui suis-je ? Ma mère est ukrainienne, mon père russe, je suis née en Kirghizie, où j'ai grandi, et j'ai épousé un Tatar. Et mes enfants ? Quelle est leur nationalité ? Nous sommes tous mélangés. Notre sang est mélangé. Sur nos papiers d'identité, il est indiqué que nous sommes des Russes. Or, nous ne sommes pas des Russes, mais des Soviétiques ! Seulement, le pays qui m'a vue naître n'existe plus. Ni ce lieu que nous appelions patrie, ni cette époque qui était aussi notre patrie. Nous sommes maintenant comme des chauves-souris. J'ai cinq enfants : mon fils aîné est en seconde et la plus petite va au jardin d'enfants. Notre pays n'existe plus, mais nous continuons de vivre.

Je suis née là-bas. J'y ai grandi. J'y ai contribué à construire une usine. J'y ai travaillé. "Va là où se trouve ta terre. Ici, tout est à nous." On ne m'a permis de rien prendre, à part les enfants. "Tout est à nous !" Et où se trouve ce qui est à moi ? Les gens s'enfuient. Ils partent.

Tous des Russes. Des Soviétiques. Personne n'a besoin d'eux... Personne ne les attend...

Avant, j'étais heureuse. Tous mes enfants viennent de l'amour. Je les ai eus comme ça : garçon, garçon, garçon, puis fille, fille. Je ne peux plus rien dire... J'ai envie de pleurer. *(Elle ajoute quand même quelques mots :)* Nous allons vivre à Tchernobyl. Désormais, notre maison est ici. Tchernobyl est notre maison, notre patrie... *(Soudain, elle sourit.)* Ici, les oiseaux chantent comme partout. Et il y a un monument à Lénine... *(Près de la porte, en nous disant au revoir.)* Tôt le matin, nous avons entendu des coups de marteau dans la maison d'à côté : on enlevait les planches clouées sur les fenêtres. Il y avait une femme.

– D'où venez-vous ?
– De Tchétchénie.

Elle n'ajoute rien. Elle se contente de pleurer.

Les gens me posent des questions et s'étonnent. L'un d'eux m'a posé la question tout de go : Est-ce que j'aurais emmené mes enfants dans un endroit où sévirait la peste, ou le choléra ? Mais moi, je connais la peste ou le choléra. Je sais ce dont il s'agit. Mais, la peur dont on parle, ici, je ne la connais pas. Je ne l'ai pas dans ma mémoire... »

Monologue sur l'homme qui n'est raffiné que dans le mal, mais simple et accessible dans les mots tout bêtes de l'amour

« Je me suis enfui. Je me suis enfui du monde... Au début, je passais mon temps dans les gares. Elles me plaisaient bien parce qu'il y avait toujours de la foule alors que j'étais tout seul. Et puis je suis arrivé ici. Ici, c'est la liberté...

J'ai oublié ma propre vie... Ne me posez pas trop de questions. Je me souviens de ce que j'ai lu dans les livres et de ce que d'autres gens m'ont raconté, mais ma vie à moi, je l'ai oubliée. J'étais jeune... J'ai un péché sur ma conscience... Mais il n'y a pas de péché que Dieu ne pardonne si le repentir est sincère...

L'homme ne peut pas être heureux. Il ne doit pas l'être. Dieu a vu Adam seul et lui a donné Ève. Pour le bonheur et non pour le péché ! Mais l'homme ne réussit pas à être heureux... Moi, je n'aime pas le crépuscule. La pénombre... Cette heure entre chien et loup, comme maintenant. Le passage de la lumière à la nuit. À ce jour, je ne parviens pas à comprendre où je suis allé. C'est ainsi. Et cela m'est indifférent : je peux vivre comme je peux ne pas vivre. La vie de l'homme est comme l'herbe : elle pousse, se dessèche et brûle. J'aime méditer... Ici, on peut mourir de froid, ou attaqué par une bête sauvage. Pas une âme sur des dizaines de kilomètres. On chasse le diable par le jeûne et la prière. Le jeûne pour la chair. La prière pour l'âme. Mais je ne me sens jamais seul. Un croyant ne peut pas être seul. Je parcours les villages... Avant, je trouvais des pâtes, de la farine, de l'huile, des conserves... Maintenant, je mendie sur les tombes. On laisse aux morts à boire et à manger, mais ils n'en ont pas besoin. Ils ne m'en veulent pas... Dans les champs, je trouve du blé sauvage. Dans la forêt, des champignons et des baies. Ici, on est libre.

J'ai lu dans les livres, chez le père Sergueï Boulgakov, que "Dieu a créé assurément le monde, alors le monde ne peut pas échouer complètement". Il faut donc "subir l'histoire avec courage et jusqu'au bout". C'est ainsi... Et un autre philosophe dont j'ai oublié le nom a dit : "Le mal, au fond, n'est pas une chose en soi, mais la privation du bien, de même que les ténèbres ne sont que l'absence de lumière..." Il est facile de se procurer des livres, ici. Il n'y a plus une cruche, une fourchette, une cuillère, mais les livres sont toujours là. Récemment, j'ai trouvé du Pouchkine... "La pensée de la mort est chère à mon âme." Je l'ai retenu... Voilà, c'est ainsi... "La pensée de la mort..." Je suis tout seul, ici. Je pense à la mort. Je me suis rendu compte que j'aimais méditer. Le silence favorise la préparation... L'homme vit au milieu de la mort, mais il ne comprend pas son essence. Et je suis seul, ici... Hier, j'ai chassé de l'école une louve et ses louveteaux qui s'y étaient installés.

Une question : le monde que reflète la parole est-il

vrai ? La parole est entre l'homme et son âme... C'est ainsi.

Et je vais vous dire autre chose : les oiseaux, les arbres, les fourmis sont plus proches de moi qu'auparavant. Je pense à eux, aussi. L'homme est terrible... Et imprévisible... Mais ici, je n'ai pas envie de tuer qui que ce soit. Je pêche à la ligne, mais je ne tire pas sur les animaux. Et je ne pose pas de chausse-trapes... Je n'ai pas envie de tuer, ici.

Le prince Mychkine[1] disait : "Peut-on voir un arbre et ne pas être heureux ?" C'est ainsi... J'aime penser. Et, le plus souvent, l'homme se plaint au lieu de réfléchir...

Pourquoi regarder le mal ? Il nous inquiète, bien sûr... Le péché, ce n'est pas de la physique. Il est indispensable de reconnaître ce qui n'existe pas. La Bible dit : "Pour un initié, c'est une chose, pour les autres, c'est une parabole." Si l'on prend un oiseau, ou un autre être vivant, nous ne pouvons pas les comprendre car ils vivent pour eux-mêmes et non pour les autres. C'est ainsi...

Les animaux vont à quatre pattes. Ils regardent la terre et ils penchent la tête vers la terre. Seul l'homme est debout, et il tend vers le ciel les bras et le visage. Vers la prière... Vers Dieu ! Les vieilles, à l'église, prient : "Que Dieu nous pardonne nos péchés." Mais ni les scientifiques, ni les ingénieurs, ni les militaires ne les reconnaissent. Ils pensent : "Je n'ai rien de quoi me repentir. Pourquoi devrais-je le faire ?" C'est ainsi...

Je prie avec simplicité... Dans ma tête... Mon Dieu, appelle-moi ! Entends-moi ! L'homme n'est raffiné que dans le mal. Mais combien il est simple et accessible dans les mots tout bêtes de l'amour. Même chez les philosophes, le verbe ne parvient pas à traduire totalement la pensée. Le mot ne correspond exactement à ce qu'il y a dans l'âme que dans la prière. Je le sens physiquement. Mon Dieu, appelle-moi ! Entends-moi !

Et l'homme également.

Je crains l'homme. Et pourtant, j'ai toujours envie de le rencontrer. Un homme bon... Mais ici, il n'y a que des

1. Héros de *L'Idiot* de Dostoïevski. *(N.d.T.)*

bandits qui se cachent ou des hommes comme moi... Des
martyrs...

Quel est mon nom ? Je n'ai pas de papiers d'identité.
Une fois, la milice m'a arrêté... On m'a roué de coups.

– Pourquoi vagabondes-tu ?

– Je ne vagabonde pas, je me repens.

Ils m'ont battu encore plus fort. Ils m'ont frappé sur la
tête... De sorte que vous pouvez me présenter comme
Nikolaï, serviteur de Dieu et, désormais, homme libre. »

Le chœur des soldats

Artiom Bakhtiarov, soldat ; Oleg Vorobeï, liquidateur[1] ;
Vassili Goussinovitch, conducteur-explorateur ; Guennadi
Demenev, milicien ; Vitali Karbalevitch, liquidateur ;
Valentin Komkov, conducteur, soldat ; Edouard Korotkov,
pilote d'hélicoptère ; Igor Litvine, liquidateur ; Ivan Louka-
chouk, soldat ; Alexandre Mikhalevitch, dosimétriste ; Oleg
Pavlov, pilote d'hélicoptère ; Anatoli Rybak, commandant
d'une unité de garde ; Victor Sanko, soldat ; Grigori Khvo-
rost, liquidateur ; Alexandre Chinkievitch, milicien ; Vladi-
mir Chved, capitaine ; Alexandre Iassinski, milicien[2].

« Notre régiment fut réveillé par le signal d'alarme. On
ne nous annonça notre destination qu'à la gare de Biélorussie, à Moscou. Un gars protesta – je crois qu'il venait
de Leningrad. On le menaça de cour martiale. Le commandant lui dit, devant les compagnies rassemblées : "Tu
iras en prison ou seras fusillé." Mes sentiments étaient
tout autres. À l'opposé. Je voulais faire quelque chose
d'héroïque. Comme poussés par une sorte d'élan enfantin,
la plupart des gars pensaient comme moi. Des Russes, des
Ukrainiens, des Kazakhs, des Arméniens... Nous étions

1. C'est ainsi que l'on appelait les spécialistes civils ou militaires
chargés de « liquider » les conséquences de l'accident. *(N.d.T.)*
2. Toutes les énumérations de noms de personnes sont dans l'ordre
alphabétique cyrillique. *(N.d.T.)*

inquiets, bien sûr, mais gais en même temps, allez savoir pourquoi !

Eh bien, nous y sommes allés, à la centrale. Chacun d'entre nous a reçu une blouse et une calotte blanche et un masque de gaze. Nous avons nettoyé le territoire. Une journée, nous travaillions en bas, à sortir les décombres et gratter des surfaces, et une journée en haut, sur le toit du réacteur. À la pelle. Les robots ne fonctionnaient plus, les appareils et les machines devenaient dingues, mais nous travaillions. Et nous en étions fiers ! »

« Nous sommes entrés... Une pancarte annonçait "Zone interdite". Je ne suis pas allé à la guerre, mais j'avais le sentiment de quelque chose de connu... C'était quelque part dans ma mémoire. Impossible de dire d'où cela venait, mais c'était lié à la mort...

En chemin, nous croisions des chiens et des chats errants. Parfois, ils se comportaient bizarrement et fuyaient les gens. Je ne comprenais pas ce comportement jusqu'au moment où l'on nous a ordonné de tirer systématiquement sur eux... Les maisons étaient sous scellés, les machines agricoles des kolkhozes abandonnées. C'était un spectacle intéressant. Il n'y avait personne à part nous, les patrouilles de la milice. Nous pénétrions dans certaines maisons. Des photos étaient accrochées aux murs, mais les occupants n'étaient pas là. Des papiers jonchaient le sol : cartes des Jeunesses communistes, certificats, diplômes d'honneur... Dans une maison, nous avons emprunté une télé, mais temporairement. Je n'ai pas vu que quelqu'un ait emporté chez lui un quelconque objet. D'abord, nous avions le sentiment que les gens allaient rentrer. Ensuite, c'était... Tout semblait lié à la mort...

Nous sommes allés faire des photos dans le bloc, près du réacteur. Nous avions envie de nous en vanter, à la maison. Nous avions peur et, en même temps, une curiosité irrésistible nous poussait. Moi, je n'ai pas pris de risques. Je pensais à ma femme qui est jeune, mais beaucoup de gars prenaient un grand verre de vodka et y allaient... »

« Une maison abandonnée. La porte d'entrée était fermée. À l'intérieur, il y avait un chaton sur le rebord de la fenêtre. Je pensais qu'il était en terre cuite. Je me suis approché : il était vivant. Il avait mangé toutes les fleurs des pots. Des géraniums. Comment était-il entré ? À moins qu'on ne l'ait oublié.

Sur la porte, il y avait un mot : "Cher homme, ne cherche pas des objets de valeur, nous n'en avions pas. Utilise ce dont tu as besoin, mais sans marauder. Nous reviendrons." Sur d'autres portes, il y avait des inscriptions à la peinture : "Pardonne-nous, notre maison !" On disait adieu à son foyer comme à un homme. D'autres écrivaient : "Nous partons ce matin" ou bien "Nous partons ce soir". Parfois, ils ajoutaient la date et même les heures et les minutes. J'ai vu également des mots sur des pages de cahier arrachées : "Ne tue pas la chatte. Les rats vont tout manger." Une écriture d'enfant : "Ne tue pas notre Julka. Elle est gentille." »

« Quand j'étais sous les drapeaux, notre tâche était de ne pas laisser les habitants du coin retourner dans les villages interdits. On dressait des barrages sur les routes, on construisait des postes, des miradors. Les gens nous appelaient les "partisans", allez savoir pourquoi. Une vie tranquille... Mais nous étions de garde, en uniforme. Les paysans ne comprenaient pas pourquoi ils ne pouvaient pas prendre un seau, une scie ou une hache dans leur propre cour. Ou encore, sarcler leur potager. Comment leur expliquer ? En effet, d'un côté de la route, il était interdit de passer et, de l'autre, les vaches paissaient, les moissonneuses-batteuses travaillaient et les camions transportaient les céréales. Des femmes se rassemblaient et nous suppliaient : "Les gars, laissez-nous passer... C'est notre terre... Nos maisons..." Et ils nous apportaient des œufs, du lard, du tord-boyaux... »

« Je suis un militaire. Quand on me donne des ordres, je dois obéir... Mais il y a eu tout de même un élan héroïque. Bien sûr, il n'était pas totalement spontané : les adjoints politiques faisaient des discours. On en parlait à la radio, à la télé. Chacun répondait à des motivations propres : les uns voulaient qu'on parle d'eux, qu'on les interviewe, d'autres voyaient tout cela comme un travail, d'autres encore... J'en ai rencontré, ils vivaient avec le sentiment d'accomplir des actes héroïques. On nous payait bien, mais la question de l'argent ne se posait pas réellement. Mon salaire était de quatre cents roubles et, là-bas, j'en touchais mille. On nous a reproché cela, plus tard. "Vous avez ramassé de l'argent à la pelle et, à votre retour, vous avez voulu en plus des voitures et des meubles importés, sans faire la queue." C'était vexant, bien sûr. Il y avait aussi l'élan héroïque...

Avant d'y aller, j'avais peur. Mais cela n'a pas duré longtemps. Une fois sur place, la peur a disparu. Il y avait les ordres, le travail, la mission. J'étais intéressé par le réacteur vu du ciel : que s'était-il passé en réalité ? De quoi cela avait-il l'air ? Mais il était strictement interdit de le survoler. Sur ma fiche, il est écrit que j'ai reçu vingt et un röntgens, mais je ne suis pas certain que ce soit vrai. Le principe était très simple : nous arrivions dans le centre du district, à Tchernobyl (c'est une minable petite ville et non pas cette chose grandiose que j'imaginais), et là, un dosimétriste mesurait le fond de la radiation. Or, nous nous trouvions tout de même à dix ou quinze kilomètres de la centrale. Ce chiffre était ensuite multiplié par le temps que nous avions volé dans la journée. Mais dans notre travail, nous survolions régulièrement le réacteur à bord de nos hélicoptères. Et, à la centrale, la radioactivité variait : un jour quatre-vingts röntgens, le lendemain, cent vingt... Dans la nuit, je passais deux heures au-dessus du réacteur. Nous filmions la centrale dans les infrarouges et des morceaux dispersés de graphite apparaissaient sur la pellicule, comme si le film avait été exposé. Dans la journée, on ne pouvait pas les voir.

J'ai discuté avec des scientifiques. L'un me disait : "Je pourrais même lécher votre hélicoptère, cela ne me ferait pas le moindre mal." Et un autre me tançait : "Mon gars, il ne faut pas voler sans protection. Vous vous abrégez la vie. Fabriquez-vous des protections, avec du métal !" Nous avons mis des feuilles de plomb sur les sièges et nous avons découpé des plaques de protection pour la poitrine, dans le même métal. Bien sûr, cela nous protégeait contre certains rayons, mais pas contre tous. Nous volions du matin au soir. Il n'y avait là rien de fantastique. Le travail... Un dur travail. La nuit, nous nous installions près de la télé. C'était le mondial et la plupart des conversations tournaient autour du foot...

Nous n'avons commencé à réfléchir que... Comment vous dire ? Trois ans plus tard, je crois. L'un est tombé malade, puis un autre. L'un est mort, l'autre est devenu fou, le troisième s'est suicidé. C'est alors que nous avons gambergé pour de bon. Mais nous ne comprendrons vraiment ce qui s'est passé que dans vingt ou trente ans. L'Afghanistan, où j'ai passé deux ans, et Tchernobyl ont été les deux moments de ma vie où j'ai vécu le plus intensément.

Je n'ai pas dit à mes parents qu'on m'avait envoyé là-bas. Un jour, mon frère a acheté les *Izvestia* et y a trouvé mon portrait. Il l'a montré à ma mère : "Regarde, notre héros !" Elle s'est mise à pleurer... »

« En y allant, vous savez ce qu'on voyait sur le chemin ? Sur les bas-côtés, sous les rayons du soleil : de petits éclats. De petits cristaux qui brillaient... Des particules minuscules. Nous allions vers Kalinkovitchi par Mozyr. Ça brillait... Nous en avons parlé. Dans les villages où nous travaillions, nous avons aussitôt remarqué ces petits trous brûlés sur les feuilles, surtout sur celles des cerisiers. Lorsque nous ramassions des concombres ou des tomates, dans les potagers, il y avait aussi ces petits trous noirs sur les feuilles. Nous pestions, mais nous les mangions.

J'y suis allé... Je pouvais l'éviter, mais je me suis porté volontaire. Dans les premiers jours, je n'ai pas rencontré de gens indifférents. Ce n'est que par la suite que j'ai vu des yeux vides... Lorsque tout le monde s'est habitué. Décrocher une décoration ? Des privilèges ? Des bêtises ! En ce qui me concerne, je n'avais besoin de rien. Un appartement, une voiture, une datcha... J'avais déjà tout cela. En fait, il s'agissait d'une affaire d'hommes. Les vrais hommes ne refusent pas les missions vraiment dangereuses. Les autres ? Ils restent dans les jupes de leurs femmes... Pour l'un, sa femme doit accoucher ; l'autre a des enfants en bas âge ; le troisième souffre de brûlures d'estomac... On lançait une bordée de jurons, et on y allait.

Nous sommes retournés chez nous. J'ai enlevé tous les vêtements que je portais et les ai jetés dans le vide-ordures. Mais j'ai donné mon calot à mon fils. Il me l'a tellement demandé. Il le portait continuellement. Deux ans plus tard, on a établi qu'il souffrait d'une tumeur au cerveau... Vous pouvez deviner la suite vous-même. Je ne veux plus en parler. »

« Je rentrais d'Afghanistan. J'avais envie de vivre, de me marier. Je voulais me marier tout de suite. Et là, j'ai reçu une convocation spéciale, barrée de rouge : se présenter à telle heure à telle adresse. Ma mère a éclaté en sanglots. Elle pensait que l'on me renvoyait à la guerre.

Où nous allions et pour quoi restait un mystère total. À Sloutsk, on nous a distribué des uniformes et nous avons su notre destination : Khoïniki, le centre du district. Lorsque nous sommes arrivés, les habitants locaux n'étaient au courant de rien. On nous a amenés plus loin, dans un village. On y fêtait un mariage : les jeunes mariés s'embrassaient, la musique jouait, les convives buvaient. Et nous avions l'ordre de gratter le sol et d'enlever la terre jusqu'à la profondeur d'une baïonnette...

Le 9 mai, pour la fête de la Victoire, un général est venu nous congratuler. Un soldat a osé lui demander, devant toute l'unité : "Pourquoi nous dissimule-t-on les mesures de radiation ? Quelles doses recevons-nous ?" Après le départ du général, le commandant de l'unité a convoqué le soldat pour lui passer un savon : "C'est de la provocation ! Tu sèmes la panique !" Quelques jours plus tard, nous avons reçu des masques à gaz, mais personne ne les portait. On nous a montré des dosimètres à deux reprises, mais sans nous les donner. Trois fois par mois, on nous laissait passer deux jours à la maison. Ceux qui restaient demandaient aux permissionnaires de leur rapporter de la vodka. Moi, j'ai rapporté deux sacs à dos remplis de bouteilles : on m'a porté en triomphe, comme un héros.

Avant notre retour définitif à la maison, nous avons été convoqués à tour de rôle par un collaborateur du K.G.B. qui nous a conseillé instamment de ne jamais raconter à personne ce que nous avions vu. Lorsque je suis rentré d'Afghanistan, je savais que j'allais vivre. Mais Tchernobyl, c'était le contraire : cela ne tuerait qu'après notre départ... »

« Ce que j'ai retenu ? Ce qui est resté gravé dans ma mémoire ?

Je passais des journées entières en voiture, d'un village à l'autre, avec les dosimétristes... Et aucune femme ne me proposait une pomme... »

« Dix ans ont passé. J'aurais vraiment l'impression que rien de tout cela n'était arrivé, si je n'étais pas tombé malade...

Il faut servir la patrie ! C'est une cause sacrée. J'ai reçu du linge de corps, des chaussettes russes, des bottes, des épaulettes, un calot, un pantalon, une vareuse, une ceinture et un sac à vêtements. Puis, en route ! On m'a affecté à un camion-benne. Je transportais du béton. Nous étions tous jeunes, célibataires. Nous avions foi en notre étoile et ne portions pas nos respirateurs. Un conducteur seulement, un homme âgé, portait toujours son masque. Pas nous. Les types du contrôle routier non plus. Nous, au moins, nous travaillions dans les cabines, alors qu'eux restaient dehors à respirer la poussière radioactive huit heures par jour. Tout le monde était bien payé : trois fois le salaire mensuel plus des frais de mission. Et puis, on buvait... Vous savez, la vodka, ça aide... Elle enlève le stress. Il y avait bien une raison si, pendant la guerre, on distribuait aux soldats ce fameux verre de vodka, avant l'attaque...

Ne mentionnez pas trop les miracles de l'héroïsme soviétique. Bien sûr, il y en a eu quelques-uns. Mais avant tout, ce que l'on voyait, c'était l'incurie et le désordre. Et après seulement, les miracles. Boucher de sa poitrine l'embrasure d'un nid de mitrailleuse [1]... Mais personne ne précise qu'il n'y a pas eu besoin de donner un tel ordre. Nous, on nous jetait comme du sable sur le réacteur... Chaque jour, dans le journal mural, baptisé *Journal de combat*, on écrivait : "Les gens travaillent avec courage et abnégation", "Nous tiendrons et nous vaincrons !"...

Pour cet exploit, j'ai reçu mille roubles et un diplôme d'honneur... »

« Au début, cela semblait un jeu... Mais c'était une vraie guerre. Une guerre atomique... Une guerre que nous ne connaissions pas : qu'est-ce qui était dangereux et qu'est-ce qui ne l'était pas ? De quoi fallait-il avoir peur ? Personne ne le savait... C'était une véritable évacuation. Dans les gares... Comment décrire ce qui se passait dans les gares ? Nous aidions à pousser les gosses pour les faire entrer par les fenêtres dans les compartiments des voitures. Nous faisions respecter l'ordre dans les queues, aux caisses pour les billets, dans les pharmacies pour l'iode. Dans les files d'attente, les gens s'injuriaient et se battaient. Ils forçaient les portes des kiosques et des magasins où l'on vendait de l'alcool. Ils arrachaient les grilles métalliques aux fenêtres. Les personnes déplacées... On les installait dans des clubs, des écoles, des jardins d'enfants. Elles étaient à moitié affamées. L'argent était vite épuisé.

Je n'oublierai jamais les femmes qui lavaient notre linge. L'intendance n'avait pas pensé à rapporter les machines à laver du cantonnement. Des femmes âgées se chargeaient, à la main, de tout le travail de blanchisserie. Elles avaient les mains couvertes d'ampoules, de croûtes et d'escarres. Mais il ne s'agissait pas seulement de linge sale : ces affaires contenaient des dizaines de röntgens. "Allons, les gars, mangez ! nous disaient-elles. Les gars, dormez... Vous êtes jeunes, il faut vous ménager." Elles avaient pitié de nous et pleuraient.

1. Allusion à un acte héroïque d'un jeune membre du Komsomol, pendant la Seconde Guerre mondiale, cité en exemple à des générations de jeunes Soviétiques. *(N.d.T.)*

Sont-elles seulement encore en vie ?

Tous les ans, les anciens de Tchernobyl, nous nous réunissons pour échanger des souvenirs, le 26 avril. À la guerre, nous sommes des soldats. Nous avons une utilité. Les mauvaises choses s'oublient, mais cela reste. Le sentiment d'être indispensable. Notre système – un système militaire – fonctionne parfaitement dans des circonstances extraordinaires. C'est dans ces occasions que l'on se retrouve enfin libre et utile. La liberté ! Dans ces occasions, le Russe peut montrer à quel point il est grand ! Il est même unique ! Nous ne deviendrons jamais des Hollandais ou des Allemands. Nous n'aurons jamais d'asphalte correct ou des gazons soignés. Mais nous aurons toujours des héros ! »

« J'ai reçu des ordres et j'y suis allé. Il le fallait ! J'étais membre du parti. Les communistes, en avant. Telle était la situation. J'étais sergent-chef de la milice. On m'a promis une étoile d'adjudant. C'était en juin 1986... Il fallait impérativement passer un contrôle médical, mais on m'y a envoyé sans m'examiner. Quelqu'un, comme on dit, a mieux tiré son épingle du jeu. Il a fourni un certificat attestant qu'il souffrait d'un ulcère et l'on m'a envoyé d'urgence à sa place.

Nous y allions en tant que brigade de la milice mais, dans les premiers temps, on nous a surtout utilisés comme maçons. Nous bâtissions une pharmacie. J'ai rapidement ressenti des faiblesses. J'avais tout le temps envie de dormir. Je suis allé voir le médecin, mais il ne m'a pas laissé finir : "Tout cela est normal. C'est la chaleur." À la cantine, nous mangions ce que l'on nous apportait : de la viande, du lait, de la crème fraîche. Le toubib, lui, ne touchait à rien. Lorsqu'il devait analyser des aliments, il marquait que tout était normal, mais ne procédait à aucun examen. Nous l'avons tous remarqué. Voilà donc quelle était la situation. Nous étions téméraires. C'était l'époque des fraises. Les ruches étaient pleines de miel.

Des maraudeurs sont apparus. Nous avions beau clouer les fenêtres et les portes, les magasins étaient pillés : les grilles arrachées pendaient des fenêtres, le sol était couvert de farine, de sucre et de bonbons écrasés, de boîtes éparpillées. On avait délogé les habitants d'un village, mais d'autres, à cinq ou dix kilomètres, restaient peuplés. Des objets et des meubles du village abandonné se retrouvaient vite chez leurs habitants.

Telle était la situation. Nous étions de garde et voici qu'arrive l'ancien président du kolkhoze avec des gens du coin. On les avait déjà installés ailleurs, dans de nouvelles maisons, mais ils revenaient ici pour récolter ou semer. Ces gars emportaient du foin en tas entiers mais, dans ces tas, nous trouvions des machines à coudre, des motos... On procédait à des échanges en nature : une bouteille d'alcool contre la permission de sortir une télé. On échangeait ainsi même des tracteurs et des semeuses. Une bouteille, dix bouteilles... L'argent n'intéressait personne... *(Il rit.)* Comme si l'on vivait sous le communisme... Il y avait un tarif pour chaque chose : un jerrican d'essence, c'était un demi-litre d'alcool ; un manteau d'astrakan, deux litres ; une moto, le prix était à débattre...

Je suis parti au bout de six mois, lorsque la relève est enfin arrivée. On nous a retenus un peu parce que des soldats des Pays baltes refusaient de venir. Mais je sais que l'on a volé et sorti de la zone contaminée tout ce qui était transportable. En fait, c'est la zone elle-même que l'on a transportée ici. Il suffit de regarder dans les marchés, dans les magasins d'occasions, dans les datchas... Seule la terre est restée derrière les barbelés... Et les tombes... »

« En arrivant à destination, nous avons changé d'uniforme. Le capitaine nous a rassurés : "La catastrophe a eu lieu il y a trois mois. Maintenant, il n'y a plus de danger." Le sergent nous a dit : "Tout va bien, lavez-vous simplement les mains avant de manger."

J'étais dosimétriste. À la tombée de la nuit, des types en voiture venaient nous voir dans notre wagon de service. Ils nous offraient de l'argent, des cigarettes et de la vodka contre la permission de fouiller tout un bric-à-brac d'objets confisqués. Ils remplissaient de gros sacs. Sans doute emportaient-ils tous ces objets dans les marchés de

Kiev, ou de Minsk. Nous enterrions ce qui restait : des robes, des chaussures, des chaises, des accordéons, des machines à coudre... Nous les balancions dans des trous que nous appelions "fosses communes".

De retour chez moi, je suis allé au bal. Une jeune fille m'a plu :

– Et si nous faisions connaissance ? lui ai-je proposé.

– Pour quoi faire ? Tu es désormais un Tchernobylien. J'aurais peur d'avoir un enfant de toi ! »

« Je me souviens très bien. Là-bas, je commandais une unité de garde. En quelque sorte, j'étais le directeur de la zone d'apocalypse... *(Il rit.)* Vous pouvez le noter.

À un certain moment, nous avons arrêté un camion en provenance de Pripiat. La ville avait déjà été évacuée et il ne devait y rester personne. "Vos papiers !" Ils n'en avaient pas. La plate-forme du camion était couverte d'une bâche. Nous l'avons soulevée : elle dissimulait vingt services à thé, un ensemble de meubles de salon, une télé, des tapis, des vélos...

J'ai dressé un procès-verbal.

Une autre fois, c'était le bétail abattu que nous devions enterrer dans les fosses. Dans les cadavres des bœufs, les filets manquaient.

Procès-verbal.

Des cochons devenus sauvages gambadaient dans les villages vides. Sur les bâtiments administratifs des kolkhozes et les clubs des villages, il y avait encore des banderoles : "Donnons du pain à la patrie !", "Gloire au travailleur des champs soviétiques !", "L'exploit du peuple est immortel !"

Des fosses communes abandonnées. Une pierre fissurée avec des noms : capitaine Borodine, lieutenant-chef Untel, de simples soldats... Des bardanes, des orties.

Un potager. Le propriétaire marchait derrière sa charrue. En nous voyant, il s'écria :

– Hé ! Le gars ! Ne nous engueulez pas. Nous avons signé l'engagement de partir au printemps.

– Pourquoi labourez-vous ?

– Mais ce sont les travaux de l'automne...

Je le comprenais, mais je devais rédiger un procès-verbal... »

« Ma femme a pris notre enfant et elle est partie, la chienne ! Mais je ne vais pas me pendre comme Ivan Kotov. Et je ne vais pas me jeter du septième étage ! La chienne ! Lorsque je suis revenu avec une valise pleine d'argent et qu'on a acheté une voiture, cette salope voulait bien vivre avec moi. Elle n'avait pas peur. *(Soudain, il se met à chanter.)*

> *Même une dose de mille röntgens*
> *Ne fera pas plier une verge russe...*

C'est un bon couplet, de là-bas. Vous voulez que je vous raconte une blague ? Un mari rentre à la maison après avoir travaillé près du réacteur. Sa femme demande au médecin :

– Que dois-je faire avec mon mari ?

– Laver, embrasser, désactiver.

La chienne ! Je lui faisais peur... Elle m'a volé mon gosse. *(Soudain, il prend un ton grave.)* Les soldats travaillaient près du réacteur... Je les emmenais au travail et les ramenais. Comme tout le monde, j'avais un dosimètre accroché au cou. Après le travail, je ramassais tous ces appareils et les remettais à la première section secrète. Là, on reportait les données sur nos fiches individuelles, mais la quantité de radiations que nous avions reçue demeurait "strictement confidentielle". Et même au moment de mon départ, ils ne m'ont pas dit combien j'en avais reçu. Les chiens ! Maintenant, ils se battent pour le pouvoir... Ils ont des élections !

Et comment nous soignerait-on ? Nous n'avons pas rapporté le moindre document. À ce jour, on les cache toujours, à moins qu'on ne les ait détruits à cause de leur caractère secret. Comment informer les médecins ? Si seulement j'avais un certificat : combien, quoi... J'aurais pu le montrer à ma chienne. Je vais lui prouver que nous pouvons survivre dans n'importe quelles conditions, que nous pouvons nous marier et avoir des enfants. Allez tous vous faire foutre ! »

« On nous a fait signer un document de confidentialité...
Je me suis tu. En sortant de l'armée, je suis devenu invalide au deuxième degré. J'ai fait ma part. Nous transportions le graphite dans des seaux... Dix mille röntgens !
Nous le ramassions avec des pelles ordinaires, en chan-
geant jusqu'à trente fois par jour le filtre de nos masques.
Les "muselières", comme disaient les gens. Nous avons
élevé un sarcophage, une tombe gigantesque où ne gît
qu'une seule personne : le chef opérateur Valeri Khodemtchouk qui est resté sous les décombres tout de suite après
l'explosion. Une pyramide du XXe siècle...

Il nous restait trois mois de service. Lorsque nous sommes retournés dans nos casernes, on ne nous a même pas
changé nos uniformes. Nous avons gardé les mêmes
vareuses et les mêmes bottes que nous avions en travail-
lant près du réacteur. Jusqu'à notre démobilisation...

Et même si l'on m'avait autorisé à parler, à qui
aurais-je bien pu raconter tout cela ? J'ai travaillé à
l'usine. Le contremaître m'a dit un jour : "Arrête tes
congés de maladie : tu vas te faire virer !" Et l'on m'a viré.
Je suis allé voir le directeur : "Vous n'avez pas le droit.
J'ai travaillé à Tchernobyl. Je vous protégeais !" Et il m'a
répondu : "Nous ne t'avons pas envoyé là-bas."

Dans la nuit, je suis réveillé par la voix de ma mère :
"Mon fils, pourquoi tu ne dis rien ? Tu ne dors pas, tu
restes étendu, les yeux ouverts, la lumière allumée." Je me
tais. Personne ne trouve les mots qui me feraient répondre. Dans ma langue à moi... Personne ne comprend d'où
je suis revenu... Et il m'est impossible de le raconter ! »

« Je n'ai pas peur de la mort en elle-même, mais je ne
sais pas comment je vais mourir. J'ai vu agoniser un ami.
Il a gonflé. Il est devenu énorme, comme un tonneau... Et
un voisin. Il était là-bas, lui aussi. Opérateur d'une grue.
Il est devenu noir comme du charbon et a rétréci jusqu'à
la taille d'un enfant. Je ne sais pas comment je vais mourir. La seule chose que je sache avec certitude, c'est que
ma vie ne sera pas longue, avec ce que j'ai. Si seulement
je pouvais sentir l'approche du moment, je me tirerais une

balle dans la tête... J'ai fait l'Afghanistan, également. C'était plus simple d'y recevoir une balle...

Je conserve une coupure de journal à propos de l'opérateur Leonid Toptounov. Il était de service à la centrale cette nuit-là. C'est lui qui a appuyé sur le bouton de sécurité, quelques minutes avant l'accident. Mais le système n'a pas fonctionné. On l'a soigné à Moscou. Les médecins disaient : "Pour le sauver, il lui faudrait un nouveau corps." Il ne lui restait qu'un petit morceau de peau non irradié dans le dos. Il a été enterré, comme les autres, au cimetière de Mitino. L'intérieur du cercueil était bardé de feuilles de métal... Il est couvert d'un mètre et demi de blocs de béton doublé de plomb. Son père pleurait, mais les gens lui disaient : "C'est ton salaud de fils qui a tout fait sauter !"

Nous sommes seuls. Nous sommes des étrangers. On ne nous enterre pas comme tout le monde, mais séparément, comme des visiteurs de l'espace... Mieux aurait valu pour moi de mourir en Afghanistan ! Je vous le dis très sincèrement : ce sont là les pensées qui me viennent à l'esprit. Là-bas, la mort était une chose banale... Compréhensible... »

« De là-haut, de l'hélicoptère, lorsqu'il volait bas au-dessus du réacteur, j'observais... Des chevreuils, des sangliers, maigres et somnolents. Ils bougeaient comme s'ils étaient filmés au ralenti. Ils mangeaient l'herbe qui poussait là et ne comprenaient pas. Ils ne comprenaient pas qu'il fallait partir... Partir avec les gens...

Partir ou ne pas partir ? Décoller ou non ? J'étais membre du parti, comment aurais-je pu ne pas décoller ? Deux navigateurs ont refusé. Ils ont prétendu que leurs femmes étaient très jeunes et qu'ils n'avaient pas encore eu d'enfants. On leur a fait honte. On les a sanctionnés. Leur carrière était finie ! C'était une question d'hommes. Une question d'honneur : lui, il n'a pas pu, mais moi, je vais le faire ! Maintenant, après neuf opérations et deux infarctus, je suis d'un avis différent. Je ne les condamne pas, je les comprends. De jeunes gars. Mais moi, j'aurais volé de toute façon. Ça, c'est sûr. "Lui, il ne peut pas, mais moi, j'y vais." Un enthousiasme d'homme !

Du ciel, j'étais frappé par la quantité de moyens de transport ; des hélicoptères lourds, des hélicoptères moyens... Le MI-24 est un hélicoptère de combat... Que pouvait-on faire avec des engins de combat à Tchernobyl ? Les pilotes, tous des jeunes. Des vétérans de l'Afghanistan... Ils avaient cet état d'esprit : l'Afghanistan leur avait amplement suffi. Ils en avaient assez de la guerre. Et ils étaient stationnés dans la forêt, près du réacteur, à accumuler les röntgens. Les ordres ! Il ne fallait pas envoyer une telle quantité de gens. Les soumettre à l'irradiation. Il fallait des spécialistes et non pas seulement du matériel humain. Le bâtiment détruit, les décombres et... une quantité incroyable de petites silhouettes humaines. Il y avait là une grue importée de R.F.A. Morte. On l'avait installée et elle était morte. Les robots mouraient aussi : les nôtres, ceux de l'académicien Loukatchev pour les recherches sur la planète Mars, et ceux fournis par les Japonais. Visiblement, les radiations étaient telles que tous les équipements brûlaient, mais les petits soldats en combinaison et gants de caoutchouc couraient dans tous les sens...

Avant notre départ, on nous a prévenus que les intérêts de l'État exigeaient le maintien du secret sur ce que nous avions vu. À part nous, personne ne sait ce qui s'est vraiment passé là-bas. Nous n'avons pas tout compris, mais nous avons tout vu. »

LA COURONNE DE LA CRÉATION

Monologue sur de vieilles prophéties

« Ma fillette... Elle n'est pas comme tout le monde. Quand elle aura grandi, elle me demandera : "Pourquoi ne suis-je pas comme les autres ?"

À la naissance, ce n'était pas un bébé, mais un sac fermé de tous les côtés, sans aucune fente. Les yeux seuls étaient ouverts. Sur sa carte médicale, on a noté : "Née avec une pathologie multiple complexe : aplasie de l'anus, aplasie du vagin, aplasie du rein gauche..." C'est ainsi que l'on dit dans le langage scientifique, mais dans la langue de tous les jours, cela signifie : pas de foufoune, pas de derrière et un seul rein. Au deuxième jour de sa vie, je l'ai portée jusqu'au bloc opératoire... Elle a ouvert les yeux et elle a souri ! J'ai d'abord pensé qu'elle allait pleurer, mais elle m'a souri ! Les bébés comme elle ne survivent pas : ils meurent tout de suite. Mais elle n'est pas morte parce que je l'aime. En quatre ans, quatre opérations. En Biélorussie, c'est le seul enfant qui ait survécu avec une pathologie aussi complexe. Je l'aime énormément... *(Elle se tait.)* Je ne pourrai plus avoir d'enfant. Je n'oserais pas. Depuis que je suis rentrée de la maternité, je tremble chaque fois que mon mari m'embrasse, la nuit. Nous n'avons pas le droit... Le péché... La peur... J'ai entendu les médecins parler entre eux : "Si l'on montre cela à la télé, aucune mère ne voudra plus accoucher." Voilà ce qu'ils ont dit de notre fille... Comment faire l'amour après cela ?

Je suis allée à l'église. J'ai tout raconté au pope. Il a dit qu'il faut prier pour expier ses fautes. Mais dans notre famille, personne n'a commis de crime... De quoi donc serais-je coupable ? Au début, on voulait évacuer le village, mais il a été rayé de la liste par la suite : l'État n'avait pas assez d'argent. C'est à ce moment-là que je suis tombée amoureuse et me suis mariée. J'ignorais qu'il ne fallait pas s'aimer, ici... Il y a des années, ma grand-mère a lu dans la Bible que viendrait une époque d'abondance où tout fleurirait et porterait des fruits. Les rivières seraient pleines de poissons et les forêts de bêtes, mais l'homme ne pourrait pas en profiter car il ne pourrait plus donner naissance à ses semblables, perpétuer la race. J'écoutais ces vieilles prophéties comme un conte terrible. Je n'y croyais pas. Mais parlez de ma fille à tout le monde. À quatre ans, elle chante, danse et récite des poèmes par cœur. Son développement intellectuel est normal. Elle ne diffère en rien des autres enfants, elle a seulement des jeux bien à elle. Avec ses poupées, elle ne joue pas "au magasin" ou "à l'école", mais "à l'hôpital" : elle leur fait des piqûres, leur met le thermomètre, les place sous perfusion, et lorsque la poupée meurt, elle la couvre d'un drap blanc. Depuis quatre ans, nous vivons à l'hôpital, elle et moi. On ne peut pas la laisser seule là-bas, et elle ne sait pas qu'il faut vivre à la maison. Lorsque je la prends chez nous, pour un mois ou deux, elle me demande quand nous allons retourner à l'hôpital. Elle a des amis qui y vivent et y grandissent. On lui a fait des fesses... On est en train de lui former un vagin... Après la dernière opération, l'évacuation d'urine a totalement cessé et les chirurgiens ne sont pas parvenus à lui insérer un cathéter. Il faut encore d'autres interventions. Mais on nous conseille de la faire opérer à l'étranger. Mais où trouver les dizaines de milliers de dollars nécessaires alors que mon mari n'en gagne que cent vingt par mois ?

Un professeur nous a donné un discret conseil : "Avec une telle pathologie, votre enfant représente un grand intérêt pour la science. Écrivez à des cliniques étrangères. Cela doit les intéresser." Et depuis, je n'arrête pas d'écrire... *(Elle tente de retenir ses larmes.)* J'écris que l'on presse l'urine toutes les demi-heures, avec les mains, que l'urine passe à travers des trous minuscules dans la région du vagin. Si on ne le fait pas, son rein unique cessera de fonctionner. Est-ce qu'il y a un enfant dans le monde à qui l'on doit presser les urines toutes les demi-heures ? Et combien de temps peut-on supporter cela ? Personne ne connaît l'importance des petites doses de radiations sur l'organisme d'un enfant. Je leur demande de prendre ma fillette, même pour des expériences... Je ne veux pas qu'elle meure... Je suis d'accord pour qu'elle devienne un cobaye, comme une grenouille ou un lapin, pourvu qu'elle survive. *(Elle pleure.)* J'ai écrit des dizaines de lettres... Ô Mon Dieu !

Pour l'instant, elle ne comprend pas, mais, un jour, elle nous demandera pourquoi elle n'est pas comme tout le monde, pourquoi aucun homme ne pourra l'aimer, pourquoi elle ne pourra pas avoir d'enfants, pourquoi elle ne connaîtra jamais ce que connaissent les papillons, les oiseaux... Tout le monde, sauf elle... Je voulais... Il me fallait trouver des preuves, obtenir des documents, pour qu'en grandissant elle sache que ce n'est pas notre faute, à mon mari et à moi... Que ce n'est pas la faute de notre amour... *(Elle s'efforce encore de retenir ses larmes.)* J'ai lutté pendant quatre ans... Contre les médecins, contre les fonctionnaires... J'ai frappé aux portes de gens bien placés. Cela m'a pris quatre ans pour obtenir un certificat qui confirmait le lien entre des petites doses de radiations ionisantes et sa terrible maladie. Pendant ces quatre années on me le refusait : "Les malformations de votre fille sont congénitales. Elle est invalide de naissance." Mais de quoi parlaient-ils ? Elle est invalide de Tcherno-byl. J'ai étudié mon arbre généalogique : on n'a jamais eu ce type de pathologie dans la famille. Tout le monde a toujours vécu jusqu'à quatre-vingts ou quatre-vingt-dix ans. Mon grand-père est mort à quatre-vingt-quatorze ans. Les médecins se justifiaient : "Nous avons des instruc-tions. Pour le moment, nous devons considérer de tels cas comme des maladies habituelles. Dans vingt ou trente ans, lorsque l'on aura accumulé suffisamment de données sur Tchernobyl, on établira un lien entre ces maladies et les radiations ionisantes. Mais, pour l'instant, la médecine et la science ne disposent pas d'assez d'éléments." Or, moi, je ne voulais pas attendre aussi longtemps. Je voulais faire un procès à l'État... On me traitait de folle. On riait. On disait que des gosses comme ma fille naissaient même dans la Grèce antique. Un fonctionnaire hurlait : "Vous voulez des privilèges en tant que victimes de Tchernobyl ! Vous voulez de l'argent !" J'ai failli m'évanouir dans son bureau...

Ils ne pouvaient pas comprendre une chose. Ou ne le voulaient pas... Je devais savoir que ce n'était pas notre faute... La faute de notre amour... *(Elle ne peut plus se retenir et pleure.)*

Cette fillette grandit. Elle est petite, quand même... Je ne veux pas que vous donniez mon nom... Même nos voisins de palier ne savent pas tout. Je lui mets une robe, je lui fais une natte, et ils me disent : "Votre petite Katia est si mignonne." Et moi, je regarde bizarrement les femmes enceintes... Comme de loin... Comme si je les épiais depuis le coin d'une rue. Je ressens un mélange d'étonnement et d'horreur, d'envie et de joie et même de désir de revanche. Une fois, je me suis surprise à penser que j'observe de la même manière la chienne enceinte des voisins ou une cigogne dans son nid...

Ma fille... »

Larissa Z., une mère.

Monologue à propos d'un paysage lunaire

« Je me suis soudain mis à avoir des doutes. Que valait-il mieux : se souvenir ou oublier ? J'ai posé cette question à des amis. Les uns ont oublié, les autres ne veulent pas se souvenir parce qu'on n'y peut rien changer. Nous ne pouvons même pas partir d'ici...

De quoi puis-je me souvenir ? Dans les premiers jours qui ont suivi la catastrophe, les livres sur les radiations, sur Hiroshima et Nagasaki et même sur la découverte de Röntgen ont disparu des bibliothèques. On disait que c'était sur ordre des autorités, pour éviter la panique. Il y avait même une blague : si Tchernobyl avait explosé chez les Papous, le monde entier en aurait eu peur... sauf les Papous. Il n'y avait aucune recommandation médicale, aucune information. Ceux qui le pouvaient achetaient des comprimés d'iodure de potassium (il n'y en avait pas dans les pharmacies de notre ville : il fallait avoir beaucoup de piston pour s'en procurer). Certains prenaient une poignée de ces comprimés en les avalant avec un verre d'alcool pur. Les secours d'urgence sauvaient ces gens de justesse.

Et puis on a trouvé un signe auquel tout le monde prêtait attention : tant qu'il y avait des moineaux et des pigeons, la ville pouvait être habitée aussi par l'homme. Un jour, j'ai pris un taxi et le conducteur s'étonnait de la manière dont les oiseaux se cognaient contre le pare-brise, comme des aveugles. Comme des fous... Comme s'ils se suicidaient...

Je me souviens que je rentrais de mission. De part et d'autre de la route, c'était un véritable paysage lunaire... Jusqu'à l'horizon, les champs étaient couverts de dolomie blanche. La couche supérieure du sol, contaminée, avait été enlevée et enterrée. À la place, on avait versé du sable de dolomie. Comme si ce n'était pas de la terre... J'ai longtemps souffert de cette vision et j'ai même essayé d'en tirer une nouvelle. J'imaginais ce qui se passerait dans cent ans : un homme mutant saute en se propulsant sur ses longues pattes arrière, aux genoux retournés. Dans la nuit, il voit clairement avec son troisième œil et sa seule oreille, sur la nuque, entend même la course d'une fourmi. Et à part ces êtres et les fourmis, tout ce qui était vivant sur la terre et dans le ciel était mort...

J'ai envoyé mon texte à une revue et l'on m'a répondu que ce n'était pas une œuvre littéraire, mais le récit d'un cauchemar nocturne. Bien sûr, je n'ai pas assez de talent, mais je crois qu'il y avait une autre raison. Je me demande pourquoi on écrit si peu sur Tchernobyl. Pourquoi nos écrivains continuent-ils à parler de la guerre, des camps et se taisent sur cela ? Est-ce un hasard ? Je crois que, si nous avions vaincu Tchernobyl, il y aurait plus de textes.

Ou si nous l'avions compris. Mais nous ne savons pas comment tirer le sens de cette horreur. Nous n'en sommes pas capables. Car il est impossible de l'appliquer à notre expérience humaine ou à notre temps humain...

Alors, vaut-il mieux se souvenir ou oublier ? »

Evgueni Alexandrovitch Brovkine,
enseignant à l'Université de Gomel.

Monologue sur un témoin qui avait mal aux dents et qui a vu Jésus tomber et gémir

« Je pensais alors à tout autre chose... Cela vous paraîtra bizarre, mais, à cette époque, j'étais justement en instance de divorce.

Soudain, on vient me chercher, on me remet une convocation et l'on m'annonce qu'une voiture attend en bas. Une sorte de fourgonnette spéciale, comme en 1937[1]... Là aussi, on surprenait les gens la nuit, dans leur lit tout chaud, et on les emmenait. Par la suite, ce schéma ne marchait plus : les femmes n'ouvraient pas la porte ou prétendaient que leurs maris n'étaient pas là. Elles refusaient même de prendre les convocations. Alors, ils ont changé de tactique : ils allaient voir les gens au travail, ou les coinçaient dans la rue ou dans les cantines des usines, pendant la pause. Comme en 37 !

Mais moi, à l'époque, j'étais presque fou... Ma femme me trompait et tout le reste n'avait plus d'importance. Je me suis installé dans cette fourgonnette. Les deux types venus me chercher étaient en civil, mais leur maintien était clairement militaire. Ils m'encadraient comme s'ils avaient peur que je ne cherche à m'enfuir. En m'asseyant dans la voiture, j'ai pensé, je ne sais pourquoi, aux astronautes américains partis pour la Lune. À leur retour, l'un serait devenu prêtre et l'autre aurait perdu la raison. J'ai lu quelque part qu'il leur avait semblé voir des villes, des

---

1. Allusion aux grandes purges staliniennes. *(N.d.T.)*

traces d'hommes. Des bribes d'articles de journaux m'ont traversé l'esprit : "Nos centrales nucléaires ne présentent aucun risque. On pourrait les construire même sur la place Rouge. Elles sont plus sûres que des samovars." Mais ma femme m'avait quitté... Je ne pensais pratiquement qu'à cela. J'ai tenté de me suicider à plusieurs reprises... Nous sommes allés au même jardin d'enfants, à la même école, au même institut... *(Il se tait, allume une cigarette.)*

Je vous ai prévenue... Je n'ai rien de bien héroïque à raconter, rien pour la plume d'un écrivain. Je me disais que nous n'étions pas en guerre. Pourquoi devais-je prendre des risques pendant que quelqu'un couchait avec ma femme ? Pourquoi moi et pas lui ? En toute honnêteté, je n'ai pas vu de héros, là-bas. Tout juste des fous qui n'en avaient rien à foutre, de leur vie. Il y avait aussi pas mal de crâneurs, mais ce n'était pas ce dont nous avions besoin. J'ai obtenu des diplômes d'honneur et des remerciements... Mais c'était parce que je n'avais pas peur de mourir. Parce que je m'en foutais ! Cela me semblait même une solution : on m'aurait enterré avec les honneurs, sur le compte de l'État...

Là-bas, on entrait dans un monde fantastique, un mélange de fin du monde et d'âge de pierre. Je percevais tout d'une manière particulièrement aiguë, épidermique... Nous vivions dans des tentes, au milieu de la forêt, à vingt bornes du réacteur. Comme des partisans. On appelait d'ailleurs ainsi les réservistes qui avaient été convoqués comme moi. Des hommes entre vingt-cinq et quarante ans, beaucoup avec une éducation supérieure ou technique. Moi, j'enseigne l'histoire. En guise de fusils, nous avions des pelles. Nous retournions les décharges, les potagers. Dans les villages, les femmes nous regardaient et se signaient. Nous portions des gants, des masques, des tenues de camouflage... Le soleil était chaud... Nous apparaissions dans leurs potagers, comme des diables. Elles ne comprenaient pas pourquoi nous retournions leurs parcelles, arrachant les plants d'ail et les choux alors qu'ils semblaient parfaitement normaux. Les grand-mères se signaient et criaient : "Petits soldats, est-ce la fin du monde ?"

Dans une maison, le four était allumé et une bonne femme y faisait frire du lard. On a approché le dosimètre : ce n'était pas un four, mais un véritable petit réacteur. Ils nous ont invités : "Restez manger un morceau, les gars !" Nous avons refusé. Mais eux : "Nous allons trouver de la vodka. Asseyez-vous ! Racontez." Mais que pouvions-nous bien raconter ? Près du réacteur, les pompiers marchaient directement sur le combustible mou. Il luisait et ils ne savaient même pas ce que c'était. Alors, nous autres, que pouvions-nous savoir ?

Nous y allions. Nous avions un seul dosimètre pour une unité entière. Et la radiation n'était jamais la même à des endroits différents : l'un de nous travaillait là où il n'y avait que deux röntgens, et un autre là où il y en avait dix. D'un côté régnait l'arbitraire, comme dans les camps, et de l'autre la peur. Moi, je voyais tout comme de l'extérieur.

Un groupe de scientifiques est arrivé en hélicoptère. Ils portaient des vêtements spéciaux de caoutchouc, des bottes hautes, des lunettes de protection. Comme pour un débarquement sur la Lune... Une vieille femme s'est approchée de l'un d'eux.

– Qui es-tu ?

– Un scientifique.

– Un scientifique ? Voyez comment il est affublé. Et nous alors ?

Elle l'a poursuivi avec un bâton. Je me suis dit à plusieurs reprises que l'on finirait par faire la chasse aux savants pour les noyer, comme au Moyen Âge.

J'ai vu un homme dont on enterrait la maison devant ses yeux... *(Il s'arrête.)* On enterrait des maisons, des puits, des arbres... On enterrait la terre... On la découpait, on en enroulait des couches... Je vous ai prévenue... Rien d'héroïque.

Nous rentrions tard le soir parce que nous travaillions douze heures par jour. Sans congés. Nous ne nous reposions que la nuit. Nous retournions donc au campement, en véhicule blindé, lorsque nous avons vu un homme traverser le village vide. On s'est rapprochés : c'était un jeune gars avec un tapis sur les épaules. Une Jigouli était garée près de là, le coffre plein de télés et de postes téléphoniques. Nous avons fait faire demi-tour à notre blindé pour éperonner la voiture. Elle s'est pliée en accordéon, comme une boîte de conserve. Personne n'a bronché.

Nous enterrions la forêt. Nous sciions les arbres par tronçons d'un mètre et demi, les entourions de plastique et les balancions dans une énorme fosse. Je ne pouvais pas dormir, la nuit. Dès que je fermais les yeux, quelque chose de noir bougeait et tournait, comme si la matière était vivante. Des couches de terre vivantes... Avec des insectes, des scarabées, des araignées, des vers... Je ne savais rien sur eux, je ne savais même pas le nom de leurs espèces... Ce n'étaient que des insectes, des fourmis, mais ils étaient grands et petits, jaunes et noirs. Multicolores. Un poète a dit que les animaux constituaient un peuple à part. Je les tuais par dizaines, centaines, milliers, sans savoir même le nom de leurs espèces. Je détruisais leurs antres, leurs secrets. Et les enterrais...

L'écrivain Leonid Andreïev, que j'aime beaucoup, a une parabole sur Lazare qui a regardé derrière le trait de l'interdit. Après cela, il est devenu étranger parmi les siens, même si Jésus l'a ressuscité...

C'est assez, peut-être ? Je comprends que vous soyez curieuse : ceux qui n'ont pas été là-bas le sont tous. Mais c'était le même monde d'hommes. On ne peut pas vivre tout le temps dans la peur. C'est impossible. Un peu de temps passe et la vie ordinaire reprend le dessus. *(Il s'emballe.)* Les hommes buvaient de la vodka, jouaient aux cartes, draguaient les femmes, faisaient des gosses, parlaient beaucoup d'argent, mais ne travaillaient pas là pour de l'argent. Peu d'entre eux le faisaient par intérêt. Ils travaillaient parce qu'il le fallait : on nous l'avait ordonné. Et ils ne posaient pas de questions. Ils rêvaient de promotions. Ils trichaient, volaient en espérant jouir des privilèges promis : un appartement sans attendre son tour, l'inscription d'un enfant à la crèche, la possibilité d'acheter une voiture. Chez nous, un seul homme avait vraiment peur. Il craignait de quitter la tente, dormait dans sa combinaison de caoutchouc. Un lâche ! Il a été exclu du parti. Il criait : "Je veux vivre !"

Tout était mélangé... J'ai rencontré des femmes venues de leur plein gré. Elles avaient envie d'être là. On les dissuadait en leur expliquant qu'on avait besoin de conducteurs, de métalliers, de pompiers, mais elles venaient tout de même. Tout était mélangé... Des milliers de volontaires et on traquait tout de même les réservistes avec une fourgonnette spéciale ! Des détachements d'étudiants, des versements au fonds de solidarité avec les victimes, des centaines de gens qui proposaient bénévolement leur sang ou leur moelle épinière... Et, en même temps, on pouvait tout acheter pour une bouteille de vodka : un diplôme d'honneur, un congé pour rentrer à la maison... Le président d'un kolkhoze apportait une caisse de bouteilles aux dosimétristes pour qu'ils n'inscrivent pas son village sur la liste des lieux interdits, alors que son collègue d'un autre patelin apportait une caisse semblable, justement pour obtenir l'évacuation, parce qu'on lui avait déjà promis un trois-pièces à Minsk. Personne ne contrôlait les mesures de radiations. Le bordel russe habituel. C'est ainsi que nous vivons... On rayait des listes, on vendait des choses... D'un côté c'est dégoûtant, mais de l'autre... Allez tous vous faire foutre !

On nous a envoyé des étudiants. Ils déplantaient l'arroche dans les champs, ramassaient le foin en tas. Quelques jeunes couples se trouvaient parmi eux. Ils se tenaient encore par la main. C'était difficile à supporter.

Tous les jours, nous recevions les journaux. Je me contentais de lire les titres : "Tchernobyl, lieu d'exploit", "Le réacteur est vaincu", "La vie continue". Notre *zampolit*, l'adjoint politique de notre unité, organisait des réunions et nous disait que nous devions vaincre. Mais vaincre qui ? L'atome ? La physique ? L'univers ? Chez nous, la victoire n'est pas un événement, mais un processus. La vie est une lutte. Il faut toujours surmonter quelque chose. C'est de là que vient notre amour pour les inondations, les incendies, les tempêtes. Nous avons besoin de lieux pour "manifester du courage et de l'héroïsme". Un lieu pour y planter un drapeau. Le *zam-*

polit nous lisait des articles qui parlaient de "conscience élevée et de bonne organisation", du drapeau rouge qui flottait au-dessus du quatrième réacteur quelques jours après la catastrophe. Il flamboyait. Au propre : un mois plus tard, il était rongé par la radiation. Alors on a hissé un nouveau drapeau. Et un mois plus tard, un troisième... J'ai essayé de me représenter mentalement ces soldats qui grimpaient sur le toit... Des condamnés à mort... Le culte païen soviétique, me direz-vous ? Un sacrifice humain ? Mais, à l'époque, si l'on m'avait donné ce drapeau, j'y serais allé moi-même. Je suis incapable de vous expliquer pourquoi. Je ne craignais pas la mort. Ma femme ne m'a même pas écrit. Pas une seule fois en six mois... *(Il marque une pause.)*

Je vais vous raconter une histoire drôle. Un prisonnier évadé se cache dans la zone de trente kilomètres autour de Tchernobyl. On finit par l'attraper. On le fait passer au dosimètre. Il "brille" à un point tel qu'il est impossible de le mettre en prison ou à l'hôpital. Mais on ne peut pas le laisser en liberté, non plus. Vous ne riez pas ? *(Il rit.)*

Je suis arrivé lorsque les oiseaux faisaient leurs nids et je suis reparti lorsque les pommes gisaient sur la neige... Nous n'avons pas pu tout enterrer. Nous enterrions la terre dans la terre... Avec les scarabées, les araignées, les larves... Avec ce peuple différent... Avec ce monde... Voilà la plus forte impression que j'aie gardée : ce petit peuple !

Je ne vous ai pas raconté grand-chose... Des bribes éparses... Je me souviens d'une autre nouvelle d'Andreïev : lors de la passion, Jésus passe près de la maison d'un habitant de Jérusalem qui a une rage de dents. Le Christ tombe, en portant la croix, et gémit. L'homme voit tout et entend tout – cela se passe devant chez lui – mais, à cause de sa rage de dents, il ne sort pas dans la rue. Deux jours plus tard, lorsque sa névralgie a cessé, on lui raconte que le Christ est ressuscité. Et il pense alors : "J'aurais pu assister à tout cela, mais j'avais mal aux dents."

C'est peut-être toujours ainsi ? Mon père a défendu Moscou en 1941. Mais il n'a compris qu'il avait participé à un très grand événement que des dizaines d'années plus tard, grâce aux livres et aux films. Quant à ses souvenirs :

"J'étais dans une tranchée. Je tirais. Une explosion m'a enseveli. Des infirmiers m'ont tiré de là, à moitié mort." C'est tout...

Moi, au moment de Tchernobyl, ma femme venait de me quitter... »

Arkadi Filine, liquidateur.

Trois monologues sur « la poussière qui marche » et « la terre qui parle »

Viktor Iossifovitch Verjikovski, président de l'association des chasseurs et des pêcheurs de Khoïniki, et deux chasseurs, Andreï et Vladimir, qui n'ont pas voulu dire leurs noms.

« La première fois, j'ai tué un renard. J'étais encore gosse. La deuxième fois, c'était une biche... J'ai juré de ne plus jamais en tuer. Elles ont des yeux tellement expressifs...

– Nous autres, les humains, nous comprenons des choses, mais les animaux, eux, se contentent de vivre. Et les oiseaux...

– En automne, le chevreuil a beaucoup de flair. Et si, en plus, le vent souffle de la direction où se trouve l'homme, c'est fini. Jamais le chasseur ne s'approchera de lui... Quant au renard, il est rusé...

– On prétend qu'un homme rôdait dans le coin. Quand il buvait, il faisait des conférences à tout le monde. Il a fait ses études à la faculté de philosophie avant d'aller en prison. Lorsque l'on rencontre un homme dans la zone, il ne dit jamais la vérité sur lui-même. Cela n'arrive que très rarement. Mais celui-là, c'était un type intelligent. Il disait que Tchernobyl était destiné à faire naître des philosophes. Il appelait les animaux la "poussière qui marche", et les hommes, la "terre qui parle"... La terre qui parle, parce que nous sommes issus de la terre...

– La zone attire... Je vous le dis. Celui qui y est allé... Il est attiré...

100

– Procédons par ordre, les gars.

– Vas-y, président. Nous allons fumer un coup.

– Alors, voilà... J'ai été convoqué au comité exécutif de la région. "Écoute, chasseur en chef, m'a-t-on dit, il reste beaucoup d'animaux domestiques dans la zone, des chiens et des chats. Il faut les liquider pour éviter des épidémies. Fais ce qu'il faut !" Le lendemain, j'ai convoqué tous les chasseurs et leur ai expliqué la situation. Personne ne voulait y aller : on ne nous avait fourni aucun moyen de protection. J'ai contacté la défense civile, mais ils n'avaient rien à nous donner. Même pas un seul masque. J'en ai trouvé à la cimenterie. Les filtres étaient fins. Contre la poussière de ciment.

– Nous avons rencontré des soldats. Eux, ils étaient équipés : ils avaient des masques, des gants et se déplaçaient en blindés. Nous, nous étions en chemise, avec des bouts de gaze sur le nez. Et nous rentrions chez nous, dans nos familles, avec ces mêmes chemises et ces bottes.

– J'ai organisé deux brigades de vingt personnes. À chacune d'elles, les autorités ont affecté un vétérinaire et un employé du centre local d'épidémiologie. Nous disposions aussi d'un tracteur et d'une benne à ordures. C'est tout de même pas normal qu'on ne nous ait pas donné de moyens de protection. Personne ne pensait aux gens...

– En revanche, nous avions des primes. Trente roubles par personne. Et, à l'époque, une bouteille de vodka coûtait trois roubles. Nous nous "désactivions" nous-mêmes... Il y avait plein de recettes : une cuillerée de fiente d'oie diluée dans une bouteille de vodka, laisser infuser deux jours avant de boire. C'était... pour rester un homme... Vous vous souvenez des couplets d'alors : "La Zaporojets n'est pas une voiture, l'Ukrainien n'est pas un mâle", "si tu veux être père, enveloppe de plomb tes roustons". C'est drôle, non ?

– Nous avons parcouru la zone pendant deux mois. Un village sur deux était abandonné. Des dizaines de villages : Babtchine, Toulgovitchi... La première fois, lorsque nous sommes arrivés, les chiens gardaient encore leurs maisons. Ils attendaient le retour des gens. Ils étaient heureux de nous voir. Ils couraient vers nous en entendant des voix humaines... Nous tirions sur eux dans les maisons, les remises, les potagers... Nous les traînions dans la rue et les jetions dans la benne à ordures. C'était désagréable. Ils ne comprenaient pas pourquoi nous les tuions. C'était facile de les avoir... Les animaux domestiques n'ont pas peur des armes. Ils n'ont pas peur de l'homme. Ils accourent lorsqu'ils entendent des voix...

– Une tortue rampait près d'une maison abandonnée. Des aquariums dans les appartements, avec les poissons...

– Nous ne tuions pas les tortues. Lorsqu'on en écrase une avec la roue avant d'une Jeep, la carapace ne craque pas. Bien sûr, nous ne le faisions pas exprès. Cela n'arrivait que lorsque nous étions ivres. Dans les cours, des cages ouvertes... Les lapins couraient. Les loutres enfermées, nous les relâchions dans les rivières ou les lacs à proximité. Tout avait été abandonné à la hâte... On avait dit aux gens qu'ils ne partaient que pour trois jours. On mentait aux gosses : "Nous allons au cirque." Ils pleuraient. Et les gens pensaient qu'ils allaient revenir. C'était comme à la guerre. Les chats essayaient de capter le regard des gens, les chiens hurlaient et tentaient de suivre leurs maîtres dans les autobus. Mais les soldats ne les laissaient pas monter et leur donnaient des coups de pied. Ils couraient longtemps derrière les voitures... L'évacuation... Que Dieu nous garde !

– Et donc, les Japonais ont eu leur Hiroshima. Ils ont devancé tout le monde. Ils sont les premiers. Alors...

– Bien sûr que l'on peut tirer dans les êtres vivants qui courent. C'est une question d'instinct. De passion. On boit un coup, et on y va. Au boulot, on me comptait une journée de travail. On me payait mon salaire. Plus la prime : trente roubles... Avec cet argent, à l'époque communiste...

– Cela se passait comme ça... Au début, les maisons étaient sous scellés. Nous n'y entrions pas. On voyait des chats derrière les fenêtres, mais on n'avait aucun moyen de les attraper. Plus tard, après le passage des pillards, les portes et les fenêtres étaient brisées. Ils avaient tout emporté : les télés et les magnétophones, les vêtements... Il ne restait que des cuillères en maillechort, par terre. Et les chiens survivants s'étaient installés à l'intérieur. Ils se jetaient sur nous lorsque nous entrions. Ils ne faisaient déjà plus confiance aux hommes. Dans une maison, une chienne gisait dans la pièce commune, entourée de chiots. Dommage ! C'était désagréable... En réalité, nous nous comportions comme les détachements punitifs pendant la guerre. Nous suivions le schéma d'une opération militaire : nous arrivions, encerclions le village et les chiens s'enfuyaient vers la forêt au premier coup de feu. Les chats sont plus rusés et ils ont plus de facilité pour se cacher. Un chaton s'était glissé dans un pot de terre. J'ai dû le secouer pour l'en faire sortir... Ils se cachaient même sous le four... C'était désagréable : nous entrions dans une maison et un chat passait comme un boulet près de nos bottes. Il fallait leur courir après avec les fusils. Ils étaient maigres et sales. Dans les premiers temps, les chiens et les chats se nourrissaient d'œufs. Il y en avait beaucoup car les poules étaient restées. Puis, lorsque les œufs se sont faits rares, ils ont mangé ces dernières. Les renards aussi mangeaient les poules. Ils s'étaient installés dans les villages, avec les chiens. Après les poules, les chiens ont mangé les chats. Il nous arrivait de trouver des cochons dans les remises. Nous les relâchions. Dans les caves, il y avait beaucoup de réserves alimentaires : des cornichons, des tomates. Nous versions le contenu des bocaux dans l'auge des cochons. Nous ne les tuions pas...

– Une vieille grand-mère était seule dans un village. Elle s'était enfermée dans sa maison avec cinq chats et trois chiens. Elle ne voulait pas les donner... Elle nous injuriait. Nous les avons pris de force. Nous lui avons tout de même laissé un chat et un chien. Elle nous a maudits. Elle nous traitait de bandits et de gardes-chiourme.

– Des villages vides... Comme des Khatyn[1]... Deux

1. Village de Biélorussie dont les habitants furent exterminés par les Allemands pendant la Seconde Guerre mondiale. Ne pas confondre avec Katyn où, en 1940, le N.K.V.D. procéda à l'exécution sommaire de milliers d'officiers et de civils polonais faits prisonniers l'année précédente, lors de l'invasion par l'U.R.S.S. de la partie orientale de la Pologne, en application des protocoles secrets du Pacte germano-soviétique. (N.d.T.)

vieilles femmes assises au milieu d'un Khatyn. Et elles n'avaient pas peur. Un autre aurait perdu la raison !

– Eh oui ! "Sous le mont laboure le tracteur, sur le mont fume le réacteur. Si les Suédois ne l'avaient pas annoncé, jamais on ne nous aurait informés !" Ha ! Ha !

– C'était bien comme ça... Des odeurs... Je ne parvenais pas à comprendre pourquoi cela sentait comme ça, au village de Massaly, à six kilomètres du réacteur. Cela sentait l'iode ou un acide... Comme dans un cabinet de radiologie... J'ai dû tirer à bout portant. Une chienne, au milieu de la route, des chiots autour d'elle. Elle s'est jetée sur moi et je lui ai mis une balle. Les chiots me léchaient les mains, jouaient... J'ai dû tirer à bout portant... Et ce chien... Un caniche noir... Je le regrette encore aujourd'hui. Nous en avons rempli une benne entière... À ras bord. Nous l'avons déchargée dans la fosse. C'était, à vrai dire, une fosse profonde. Il y avait des instructions : creuser de préférence dans des endroits élevés, pas trop profondément pour ne pas atteindre les nappes phréatiques, et couvrir le fond d'une bâche en plastique. Mais vous pensez bien qu'elles n'ont pas été respectées à la lettre : il n'y avait pas de plastique et l'on ne se fatiguait pas à chercher des endroits convenables. Quant aux animaux, lorsqu'ils n'étaient que blessés, ils gémissaient, piaulaient... Nous vidons donc la benne dans la fosse et ce caniche tente de grimper, de remonter. Nous n'avions plus de balles, alors nous l'avons repoussé dans la fosse et l'on a jeté de la terre par-dessus. Je le regrette encore à ce jour.

Il y avait nettement moins de chats que de chiens. Ont-ils suivi les gens ? Se sont-ils mieux cachés ? Ce petit caniche était un chien domestique, gâté...

– Il vaut mieux tuer de loin, pour ne pas supporter leur regard.

– Il faut apprendre à viser juste, pour ne pas être obligé de les achever.

– Nous autres, les hommes, nous comprenons quelque chose, mais eux, ils se contentent de vivre. La "poussière qui marche"...

– On prétend que les animaux n'ont pas de conscience, qu'ils ne pensent pas. Mais ce n'est pas vrai. Un chevreuil blessé... Il a envie qu'on ait pitié de lui, mais tu l'achèves. À la dernière minute, il a un regard tout à fait conscient, presque humain. Il te hait. Ou il te supplie : Je veux vivre, moi aussi ! Vivre !

– Je vais vous dire, il est plus désagréable d'achever que de tuer. La chasse est un sport. Personne ne blâme les pêcheurs et tout le monde s'en prend aux chasseurs. C'est injuste !

– La chasse et la guerre sont les deux occupations principales de l'homme. D'un vrai homme.

– Je n'ai pas eu le courage de dire à mon fils où j'étais et ce que je faisais. C'est encore un gosse. Il croit toujours que son père a défendu les gens, à son poste ! À la télévision, on montrait les moyens de transport, beaucoup de militaires, et mon fils m'a demandé : "Papa, tu étais comme un soldat !"

– Un cadreur de télévision nous accompagnait avec sa caméra. Vous vous souvenez ? Il pleurait. Un mec. Et il pleurait... Il avait envie de voir un sanglier à trois têtes...

– Eh oui ! Un renard voit une boule de pain rouler dans la forêt : "Où vas-tu, boule de pain ? – Je ne suis pas une boule de pain, mais un hérisson de Tchernobyl !" Ha ! Ha ! Comme on disait : que l'atome pacifique pénètre dans chaque maison !

– Je vais vous dire : l'homme meurt comme un animal. Je l'ai vu à plusieurs reprises, en Afghanistan... J'étais blessé au ventre et je gisais là, au soleil. La chaleur était insupportable. Je n'avais qu'une seule idée : boire ! Et je pensais : "Je vais crever comme une bête." Je vais vous dire : le sang coule de la même manière... Et la douleur...

– Un milicien nous accompagnait... Il a perdu la raison. Il regrettait les chats siamois parce qu'ils se vendent cher, au marché. Et ils sont beaux. Il est devenu complètement dingue...

– Les vaches et les veaux, nous ne les tuions pas. Nous ne tirions pas non plus sur les chevaux. Ils avaient peur des loups, mais pas de l'homme. Le cheval peut se défendre, mais les vaches ont été les premières à souffrir des loups. La loi de la jungle.

– Certains vendaient en Russie le bétail biélorusse. Ces vaches avaient la leucémie. Mais on ne les vendait pas cher.

– C'étaient les vieux qui nous apitoyaient le plus. Ils venaient nous voir : "Mon gars, jette un œil sur ma maison." Ils nous confiaient les clés : "Rapporte-moi mon manteau, mon chapeau !" Ils nous donnaient de l'argent... "Comment va mon chien ?" Or, le chien était mort et la maison pillée. Et ils n'y retourneraient jamais. Mais comment leur dire cela ? Je ne prenais pas les clés. Je ne voulais pas les tromper. D'autres les prenaient : "Dis, grand-père, où as-tu caché le tord-boyaux ?" Et le bonhomme parlait. On en trouvait dans d'énormes bidons de lait.

– On nous a demandé de rapporter un sanglier pour un mariage. Une commande ! Le foie du sanglier s'effilochait, mais les gens ont continué à nous en commander quand même... Pour un mariage, pour un baptême...

– Nous tuons aussi pour la science, une fois par trimestre : deux lapins, deux renards, deux chevreuils. Tous contaminés. Mais nous chassons aussi pour nous-mêmes, et nous mangeons notre gibier. Au début, nous avions tous peur. Puis nous nous sommes habitués. Il faut bien manger quelque chose. Nous n'allons tout de même pas déménager sur la Lune, ou sur une autre planète.

Il paraît qu'un homme s'est acheté une chapka, au marché, et qu'il en est devenu chauve. Et un Arménien se serait acheté une mitraillette et il en serait mort. On raconte tous des histoires de ce genre, pour se faire peur les uns les autres.

– Moi, là-bas, je n'éprouvais rien. Ni dans la tête ni dans l'âme... Des chats, des chiens... Je tirais... C'était un travail...

– J'ai discuté avec le chauffeur d'un camion qui "exportait" des bâtiments de la zone. Ce n'étaient plus des maisons, des écoles ou des jardins d'enfants, mais des objets numérotés en attente d'être désactivés, et il les transportait quand même ! Il m'expliquait que l'équipe arrivait avec son Kamaz et démontait la maison en trois heures. De retour en ville, les gens s'arrachaient le contenu du camion, pour construire leurs datchas. Et les chauffeurs, non seulement ils étaient bien payés, mais encore on les nourrissait à l'œil et on leur offrait à boire...

– Il y a tout de même des rapaces parmi nous... Des chasseurs rapaces... Mais d'autres aiment simplement se promener dans la forêt et chasser de petits animaux, des oiseaux...

– Je vais vous dire... Personne n'a encore avoué combien il y a eu de victimes. Le directeur de la centrale a été mis en prison, puis relâché. Il est difficile de dire qui était coupable, dans le système qui existait alors. Si des ordres arrivaient d'en haut, qu'étiez-vous censé faire ? Ils procédaient à des essais quelconques. J'ai lu dans le journal que les militaires y produisaient du plutonium pour les bombes atomiques... C'est pour cela qu'il y a eu une explosion... Pour parler court, il faut se demander pourquoi il y a eu Tchernobyl. Pourquoi cela s'est-il passé chez nous et non pas chez les Français ou les Allemands ?

– Cela m'est resté en mémoire... C'est dommage que plus personne n'ait eu de balles pour achever ce caniche... Vingt personnes, et plus une seule balle, en fin de journée. Pas une seule... »

Monologue sur la difficulté de vivre sans Tchekhov ni Tolstoï

« Pour qui ou pour quoi je prie ? Vous vous demandez pour quoi je prie ? Je ne prie pas à l'église. Je prie mentalement... Je veux aimer ! J'aime ! Je prie pour mon amour ! Et je... *(Elle s'arrête au milieu de la phrase. Visiblement, elle ne veut pas en parler.)* Me souvenir ? Peut-être ne vaut-il mieux pas... Je n'ai pas lu de livres sur cela. Je n'ai pas vu de films, non plus... La guerre, oui, je l'ai vue au cinéma. Mes grands-parents me disent qu'ils n'ont pas eu d'enfance parce qu'il y avait la guerre. Leur enfance, c'est la guerre. Et la mienne, c'est Tchernobyl. Je viens de là-bas... Vous êtes écrivain, mais jusqu'ici aucun livre ne m'a aidée, ne m'a permis de comprendre. Pas plus que le théâtre ou le cinéma. Alors, je cherche toute seule. Moi-même. Nous vivons tout cela, mais nous ne savons qu'en faire. Je ne peux pas le comprendre avec mon esprit. Ma mère est particulièrement désemparée. Elle enseigne la langue et la littérature russes et m'a toujours appris à vivre d'après des livres. Et soudain, il n'y a plus de livres utilisables. Maman se sent perdue. Elle ne sait pas vivre sans le conseil des livres... Sans Tchekhov et Tolstoï.

Me souvenir ? Je veux me souvenir, mais, en même temps, je ne veux pas... *(Elle semble écouter une voix intérieure ou, peut-être, discuter avec elle-même.)* Si les savants ne savent rien, si les écrivains ne savent pas, alors c'est à nous de les aider par notre vie et notre mort. C'est ce que pense maman... Mais moi, j'aimerais ne pas y penser, j'aimerais être heureuse. Pourquoi ne puis-je pas être heureuse ?

Nous résidions à Pripiat, près de la centrale. C'est là que je suis née. C'est là que j'ai grandi. Nous habitions au cinquième étage d'un grand immeuble. Nos fenêtres donnaient sur la centrale. Le 26 avril... Cela a duré deux jours. Les deux derniers jours que j'ai passés dans ma ville. Une ville qui n'existe plus. Ce qu'il en reste n'est plus à nous. Ce jour-là, notre voisin, installé sur le balcon, observait l'incendie avec des jumelles. Et nous... Garçons et filles, nous allions et revenions à bicyclette entre notre immeuble et la centrale. Ceux qui n'avaient pas de vélo nous enviaient. Personne ne nous grondait. Ni les parents ni les profs. À midi, il n'y avait plus de pêcheurs à la ligne au bord de la rivière. Ils sont rentrés chez eux tout noirs. Impossible de bronzer ainsi, même après un mois à Sotchi[1]. Le bronzage nucléaire ! Au-dessus de la centrale, la fumée n'était ni noire ni jaune. Elle était bleue. Mais personne ne nous disait rien... C'était, semblait-il, l'effet de l'éducation. La notion de danger était uniquement associée à la guerre, alors que là, il s'agissait d'un incendie ordinaire, combattu par des pompiers ordinaires... Les

1. Station balnéaire sur la mer Noire. *(N.d.T.)*

garçons plaisantaient : "Faites la queue pour le cimetière. Les plus grands mourront les premiers." Moi, je suis petite. Je ne me souviens pas d'avoir eu peur, mais de beaucoup de choses bizarres. Une copine m'a raconté qu'elle a aidé sa mère à enterrer dans la cour l'argent et les bijoux en or. Elles avaient peur d'oublier l'endroit précis. En prenant sa retraite, ma grand-mère avait eu un cadeau : un samovar de Toula. C'était pour ce samovar et les médailles de grand-père qu'elle se faisait le plus de souci. Et pour sa vieille machine à coudre Singer. Nous avons été évacués. C'est papa qui a rapporté le mot "évacuation" de son travail. Comme dans les livres sur la guerre. Nous étions déjà installés dans l'autobus lorsque papa s'est rendu compte qu'il avait oublié quelque chose. Il a couru à la maison pour revenir avec ses deux chemises neuves... Sur un cintre... C'était bizarre. Les soldats avaient l'air d'extraterrestres. Ils portaient des tenues de camouflage blanches et des masques. "Qu'allons-nous devenir ?" leur demandaient les gens. "Qu'est-ce que vous avez à nous demander cela à nous ? s'irritaient-ils. Vous voyez les Volga blanches ? Les chefs sont à l'intérieur."

Les bus roulaient. Le ciel était d'azur. Où allions-nous ? Dans leurs sacoches, les gens avaient mis des gâteaux de Pâques et des œufs décorés. Si c'était la guerre, je m'en étais fait une idée différente, dans les livres. Une explosion à droite, une explosion à gauche... Des bombardements... Nous roulions lentement : le bétail nous empêchait de progresser. Les troupeaux de vaches, les chevaux étaient également évacués par la route. Cela sentait la poussière et le lait... Les conducteurs des bus criaient après les garçons de ferme : "Pourquoi les évacuer par la route, putain de ta mère ? Ils soulèvent de la poussière radioactive ! Vous pouviez passer à travers champs !" Les vachers se justifiaient avec des gros mots, eux aussi, en disant que c'était dommage de piétiner les jeunes pousses dans les champs. Personne ne croyait que nous ne reviendrions plus. Un cas pareil ne s'était jamais présenté. La tête me tournait un peu, et j'avais la gorge irritée. Les vieilles femmes ne pleuraient pas, mais les jeunes ne pouvaient pas se retenir. Je voyais des larmes sur les joues de ma mère...

Nous sommes allés à Minsk. Nous avons dû acheter nos tickets de train à la contrôleuse d'une voiture pour le triple du prix normal. Elle servait du thé aux voyageurs, mais elle nous a demandé de fournir nos propres verres. Nous n'avons pas compris tout de suite. Au début, nous pensions qu'elle n'en avait pas assez pour tout le monde. Et puis nous nous sommes aperçus qu'elle avait peur de nous... Un homme est entré dans notre compartiment : "D'où venez-vous ?" Nous lui répondons : "De Tchernobyl." Il s'en est allé, l'air gêné, chercher une place ailleurs. On ne permettait pas aux enfants de s'approcher de nous, en jouant dans le couloir. À Minsk, nous avons été hébergés par une amie de ma mère. J'ai encore honte que nous ayons fait irruption chez elle dans nos vêtements et nos chaussures "sales". Mais nous avons été bien accueillis. Des voisins sont venus.

– Vous avez des invités ? D'où viennent-ils ?

– De Tchernobyl.

Et eux aussi de se presser de partir, gênés.

Un mois plus tard, les gens ont été autorisés à retourner chez eux, pour prendre de menus objets. Mes parents sont revenus avec une couverture chaude, mon manteau d'hiver et la collection complète de Tchekhov, la lecture préférée de maman. Grand-mère ne comprenait pas pourquoi ils n'avaient pas rapporté les deux bocaux de confiture de fraises que j'aimais tant, étant donné qu'ils étaient fermés hermétiquement... On a découvert une "tache" sur la couverture. Maman l'a lavée, nettoyée avec l'aspirateur : cela n'a rien changé. On l'a donnée à la blanchisserie, mais elle "brillait" toujours... Nous avons fini par la découper avec des ciseaux... Les objets rapportés semblaient tellement normaux, naturels... Mais je ne pouvais plus dormir sous cette couverture. Ou enfiler ce manteau. Nous n'avions pas assez d'argent pour en acheter un nouveau, mais je ne pouvais pas... Je haïssais ces affaires ! Comprenez-moi bien, je n'en avais pas peur ! Je les haïssais ! Tout cela pouvait me tuer ! Cette animosité, je ne parviens toujours pas à la comprendre intellectuellement.

Partout, on parlait de la catastrophe : à la maison, à

l'école, dans l'autobus, dans la rue. On la comparait avec Hiroshima, mais personne n'y croyait. Comment croire une chose inconcevable ? On a beau essayer de comprendre, on n'y parvient pas. Je me souviens très bien : nous partions et le ciel était d'un bleu azur.

Grand-mère ne s'est jamais habituée au nouveau logement. Elle était angoissée. Avant de mourir, elle a demandé une soupe à l'oseille. Depuis des années, on lui interdisait de cuire de l'oseille car c'est ce qui accumule le plus de radioactivité. Nous l'avons enterrée à Doubrovniki, son village natal. Il se trouve désormais dans une zone entourée de barbelés et gardée par des soldats armés. On n'a laissé passer que les adultes : papa, maman, quelques parents... Mais pas moi : "Interdit aux enfants." J'ai compris que je ne pourrais jamais rendre visite à ma grand-mère... J'ai compris... Où peut-on lire cela ? Une telle chose s'est-elle déjà produite quelque part ? Maman m'a avoué détester les fleurs et les arbres. Et elle a eu peur d'elle-même. Au cimetière, sur l'herbe... Ils avaient étendu une nappe pour y poser les zakouski, la vodka... Mais les soldats ont pris des mesures avec les dosimètres et ils ont tout jeté ! L'herbe, les fleurs, tout "craquait" ! Mon Dieu ! Où avons-nous laissé grand-mère ?

J'ai peur... J'ai peur d'aimer. J'ai un fiancé. Nous avons déjà déposé notre demande de mariage à la mairie. Avez-vous entendu parler des *hibakushi* de Hiroshima ? Les survivants de l'explosion... Ils ne peuvent se marier qu'entre eux. On n'en parle pas, chez nous. On n'écrit rien à ce sujet. Mais nous existons, nous autres, les *hibakushi* de Tchernobyl... Il m'a présentée à sa maman. Elle est économiste et fréquente tous les meetings anticommunistes. Mais lorsqu'elle a appris que je venais d'une famille de réfugiés de Tchernobyl, elle m'a demandé : "Est-ce que vous pouvez avoir des enfants ?" Nous avons déjà déposé la demande à la mairie... Il tente de me remonter le moral : "Je vais quitter la maison. Nous louerons un appartement." Mais les mots de sa mère résonnent toujours à mes oreilles : "Pour certains, c'est un péché d'enfanter." Le péché d'aimer...

Avant cela, j'ai eu un autre ami. Un artiste. Il peignait.

Nous voulions également nous marier. Tout allait bien jusqu'au jour où je l'ai entendu, par hasard, parler au téléphone avec un ami. Je suis entrée dans son atelier alors qu'il criait dans le combiné : "Quelle chance ! Tu ne te rends même pas compte de la chance que tu as !" C'était surprenant de le voir aussi agité, lui qui était tellement calme et flegmatique d'habitude. J'ai vite compris ce qui motivait son enthousiasme. Son copain habitait dans un foyer d'étudiants et, dans une pièce voisine, il venait de voir une jeune fille qui s'était pendue. Il l'avait décrochée. Et mon ami me racontait cela avec des trémolos d'excitation dans la voix : "Tu ne peux pas t'imaginer ce qu'il a vu ! Ce qu'il a vécu ! Il l'a portée dans ses bras ! Il a touché son visage... Elle avait de l'écume aux lèvres... Viens ! Viens vite, on arrivera peut-être à temps pour la voir !" Il n'a pas eu la moindre compassion pour la fille morte. Il voulait juste la voir et la graver dans sa mémoire pour la dessiner... Je me suis aussitôt rappelé les questions qu'il me posait : quelles étaient les couleurs de l'incendie de la centrale, si j'avais vu des chiens et des chats abattus, dans les rues, comment les gens pleuraient, si j'en avais vu mourir... Après cela, je n'ai pas pu rester avec lui... *(Après un silence.)* Je ne sais pas si je serai d'accord pour vous revoir. Il me semble que vous me percevez de la même manière que lui. Que vous m'observez, tout simplement. Que vous essayez de garder mon image, comme pour une expérience... Je ne peux pas me défaire de cette impression. Je ne le pourrai plus...

Est-ce que vous savez sur qui tombe ce péché ? Le péché d'enfanter... Auparavant, jamais je n'avais entendu de tels mots. »

Katia P.

Monologue sur ce que saint François prêchait aux oiseaux

« C'est mon secret. Personne ne le sait. Je n'en ai parlé qu'à un ami...

Je suis cadreur de cinéma. Je suis allé là-bas en me disant qu'il n'y a qu'à la guerre que l'on devient un véritable écrivain et tout ce genre de choses. Mon écrivain préféré était Hemingway et mon livre de chevet *L'Adieu aux armes*. Je suis arrivé. Les gens s'affairaient dans leurs potagers, des tracteurs et des semeuses travaillaient dans les champs. Je ne savais pas ce qu'il fallait filmer. Il n'y avait aucune explosion en vue.

Première séquence. Dans un club de village, un téléviseur est installé sur la scène. On a rassemblé les gens pour écouter Gorbatchev : tout va bien, tout est sous contrôle. Le village était en pleine "désactivation" : on lavait les toits. Mais comment laver un toit qui fuit chez une vieille grand-mère ? Il fallait enlever la surface de la terre jusqu'à la profondeur d'un manche de pelle : couper donc toute la partie féconde. En dessous, chez nous, il n'y a que du sable. Alors, les bonnes femmes, obéissant aux injonctions du soviet, creusaient la terre, mais elles n'enlevaient que l'humus qui était dessus. Dommage que je ne l'aie pas filmé ! Partout où j'allais avec mon équipe, on nous disait : "Ah ! Les cinéastes, on va vous trouver des héros." Par exemple, un vieillard et son petit-fils qui ont mis deux jours pour conduire les vaches du kolkhoze, de leur village situé tout près de Tchernobyl jusqu'à l'endroit où ils ont été évacués. Après le tournage, le vétérinaire du coin m'a montré l'énorme tranchée dans laquelle ces vaches ont été enterrées à l'aide d'un bulldozer. Mais je n'ai pas eu l'idée de filmer ça. Je me suis éloigné de la tranchée pour tourner un épisode dans la meilleure tradition du cinéma documentaire soviétique : les conducteurs du bulldozer lisant la *Pravda* avec un titre en lettres énormes : "Le pays ne vous abandonne pas dans le malheur." De plus, j'ai eu de la chance : une cigogne s'est posée sur le pré, à côté. Tout un symbole ! Nous vaincrons quelles que soient les difficultés ! La vie continue...

Les routes de campagne. La poussière. Je comprenais déjà que ce n'était pas de la poussière toute simple, qu'elle était radioactive. Je protégeais ma caméra comme je pouvais, c'est tout de même un instrument sensible. Le mois de mai était très sec, cette année-là, et je ne sais pas combien de poussière nous avons avalée nous-mêmes. Au bout d'une semaine, nous avions les ganglions lymphatiques enflammés. Nous économisions la pellicule en attendant Sliounkov, le premier secrétaire du Comité central de Biélorussie. Personne ne nous avait dit à l'avance à quel endroit il allait apparaître, mais nous l'avions facilement deviné : un chemin de terre que nous avions emprunté la veille, soulevant des tourbillons de poussière, était en travaux le lendemain : on le couvrait d'une triple couche de bitume ! Tout était clair : voilà donc le chemin de la haute direction ! J'ai pu filmer nos dignitaires lorsqu'ils sont arrivés. Ils prenaient bien soin de ne pas marcher en dehors de l'asphalte, même d'un seul centimètre ! J'ai filmé cela, mais je ne l'ai pas utilisé dans mon sujet...

Personne ne comprenait rien et c'était bien là le plus terrible. Les dosimétristes nous donnaient des chiffres, mais les journaux en publiaient d'autres, totalement différents. J'ai fini par comprendre... Ma femme était restée à la maison, avec notre enfant... J'étais vraiment con de me retrouver là ! Au mieux, j'aurais une médaille. Mais ma femme finirait par me quitter...

L'humour était notre seule planche de salut. On racontait des blagues sans arrêt. Si je veux être sincère jusqu'au bout... Tchernobyl... Voilà. La route s'étire... Le ruisseau coule... Il coule tout simplement. Et cela a eu lieu... J'ai ressenti la même impression lorsque l'un de mes proches est mort. Il y a du soleil, les oiseaux volent... Les hirondelles... Une ondée passe... Et il n'est plus là. Vous comprenez ? Je m'efforce de rapporter par la parole une autre dimension, de transmettre mes sentiments d'alors...

J'ai vu un pommier en fleur et j'ai entrepris de le filmer. Des bourdons vrombissaient... Du blanc, couleur de noces... Devant ma caméra, des gens travaillaient dans les vergers en fleurs, mais je sentais que quelque chose m'échappait. Que quelque chose clochait. Et soudain, cela m'a frappé de plein fouet : il n'y avait pas d'odeurs ! Le verger était en fleurs, mais il ne sentait rien ! Plus tard, j'ai appris que l'organisme réagit aux fortes radiations en bloquant certains organes. Mais sur le moment, je me suis souvenu de ma mère qui, à soixante-quatorze ans, se plaignait d'avoir perdu l'odorat. J'ai pensé que c'était en train de m'arriver aussi à moi. J'ai demandé aux deux autres membres de l'équipe de sentir les pommiers : "Mais ils n'ont pas d'odeur !" m'ont-ils répondu. Indiscutablement, il se passait quelque chose : même les lilas ne sentaient pas ! Les lilas ! J'ai eu alors le sentiment que tout ce qui m'entourait était faux. Que je me trouvais au milieu d'un décor... Je suis encore incapable de comprendre tout à fait. Je n'ai rien lu de tel nulle part...

Dans mon enfance, une voisine qui avait combattu dans les rangs des partisans pendant la guerre me raconta un épisode terrible. Son détachement s'efforçait de rompre un encerclement. Ils avançaient dans les marais, pourchassés par des unités punitives allemandes. Elle tenait dans ses bras un bébé d'un mois. L'enfant pleurait et risquait de les faire découvrir. Alors elle l'a étranglé. Elle en parlait d'une manière très détachée, comme si c'était arrivé à une autre femme. Comme si l'enfant n'avait pas été le sien. J'ai oublié pourquoi au juste elle évoquait ce souvenir, mais je me rappelle très distinctement le sentiment d'horreur que j'ai ressenti. Qu'avait-elle fait là ? Comment avait-elle pu ? Il me semblait que tout le détachement de partisans aurait dû rompre l'encerclement justement pour sauver l'enfant. Alors qu'elle avait étranglé son bébé pour que des hommes grands et forts restent en vie. Quel sens, dès lors, donner à la vie ? Après un tel récit, je n'avais plus envie de vivre. Après cela, moi, jeune garçon, je me sentais gêné de croiser le regard de cette femme. Et elle, que ressentait-elle en me voyant ? *(Il se tait un long moment.)* Voilà pourquoi je n'ai pas envie de me souvenir de ces journées dans la zone... Je m'invente diverses explications... Et je n'ai pas envie d'ouvrir cette porte... J'ai voulu comprendre, là-bas, ce qui était vrai à l'intérieur de moi-même, et ce qui était faux. J'avais déjà un enfant. Un fils. Lorsqu'il est né, j'ai cessé d'avoir peur de la mort. J'ai compris le sens de ma vie...

Une nuit, à l'hôtel, je me suis réveillé. J'entendais un bruit monotone derrière la fenêtre où fulguraient des éclairs bleus, bizarres. J'ai ouvert les rideaux : des dizaines de jeeps passaient dans la rue avec des croix rouges et des gyrophares. À part les vrombissements des moteurs, il n'y avait pas le moindre bruit. J'ai ressenti comme une sorte de choc. Des images d'un film sont remontées dans ma mémoire. D'un film vu dans mon enfance... Nous autres, enfants de l'après-guerre, nous aimions les films de guerre. Et des images pareilles... C'était comme si on était resté tout seul dans une ville abandonnée par tout le monde. Il fallait prendre une décision, mais laquelle ? Faire semblant d'être mort ? Et s'il fallait faire quelque chose, alors quoi ?

À Khoïniki, dans le centre de la localité, se dressait un tableau d'honneur avec les portraits des meilleurs travailleurs de la région. Mais le chauffeur de car qui est allé chercher dans la zone contaminée les enfants d'une crèche, c'était un ivrogne invétéré et non pas celui qui exhibait sa photo sur le panneau. La catastrophe a permis à chacun de montrer sa vraie nature. Ou bien, prenez l'exemple de l'évacuation. Les enfants ont été emmenés en premier, dans de grands cars de tourisme. Je me suis aussitôt rendu compte que j'avais déjà vu cela dans des films de guerre. Et que tous ceux qui se tenaient autour de moi se comportaient exactement de la même manière, comme dans ce film que nous avons tant aimé : *Quand passent les cigognes*. Une larme solitaire, de sobres mots d'adieu... Nous nous efforcions tous, inconsciemment, de calquer notre attitude sur quelque chose que nous connaissions déjà. Cela est resté gravé dans ma mémoire. Et cette fillette qui remuait la main en disant au revoir à sa maman : Tout va bien, elle est courageuse. Nous vaincrons !

Je pensais que Minsk aussi allait être évacuée. Je me demandais comment je me séparerais des miens, de ma femme, de mon fils. Je m'imaginais faisant aussi ce geste : Nous vaincrons. Nous, les chevaliers. Mon père, pour autant qu'il m'en souvient, portait des tenues militaires bien qu'il ne fût pas dans l'armée. Penser à l'argent était perçu comme un acte mesquin, penser à sa propre vie, comme un manque de patriotisme. L'état normal était d'avoir faim. Nos parents avaient vécu des années de ruine et nous étions censés traverser les mêmes épreuves. Sans cela, il était impossible de devenir de vrais hommes. On nous apprenait à lutter et à survivre dans n'importe quelles conditions. Après le service militaire, j'ai moi-même ressenti à quel point la vie civile était fade. Nous nous promenions dans les rues, la nuit, à la recherche de sensations fortes. Dans mon enfance, j'ai lu un livre, *Les Nettoyeurs*, dont j'ai oublié l'auteur. On y attrapait des saboteurs et des espions. La passion ! La chasse ! C'est pour cela que nous sommes faits. Si l'on a tous les jours du travail et de quoi manger à satiété, cela devient inconfortable, ennuyeux.

Nous habitions au foyer d'une école technique où nous avions pour voisins des liquidateurs. De jeunes gars. Pour neutraliser les radiations, on nous avait donné une pleine valise de vodka. Nous avons appris qu'une unité du service médical habitait le même foyer et que des filles en faisaient partie. "On va faire la fête !" se sont écriés les gars. Deux d'entre eux sont partis en reconnaissance et sont revenus avec les yeux écarquillés... Je garde moi-même une image : des jeunes filles dans le couloir... On leur avait donné des caleçons longs, d'homme, qui se lacent aux chevilles. Les lacets sortaient de sous les pantalons et traînaient par terre. Leurs vêtements usés, qui ne correspondaient pas à leur taille, pendaient sur elles comme sur des cintres. L'une portait des chaussons, l'autre de vieilles bottes. Et, par-dessus les vareuses, elles avaient des gilets de protection, imbibés d'une solution chimique et enduits de caoutchouc... Certaines ne les enlevaient même pas pour dormir. C'était horrible à voir...

Pour la plupart, elles n'étaient pas infirmières. C'étaient des étudiantes que l'on avait mobilisées pendant leur stage de préparation militaire. On leur avait dit que c'était juste pour deux jours mais, à notre arrivée, cela faisait déjà un mois qu'elles étaient là. Elles nous ont raconté qu'on les avait emmenées jusqu'au réacteur et qu'elles y avaient vu des gens grièvement brûlés. Mais je n'ai entendu personne d'autre parler de brûlures. Je les revois encore, ces filles, rôder dans le foyer comme des somnambules...

Les journaux ont écrit que le vent, heureusement, soufflait dans l'autre sens. Pas sur la ville... Pas sur Kiev... Mais personne ne soupçonnait qu'il soufflait sur la Biélorussie. Sur mon petit Iouri, sur moi. Le jour de l'accident, nous nous sommes promenés en forêt, lui et moi. Nous coupions ces brins d'herbe dont raffolent les lapins. Mon Dieu ! Pourquoi personne ne m'a prévenu !

En rentrant à Minsk, après mon expédition dans la zone contaminée, j'ai pris le trolley pour aller au travail. J'ai entendu les bribes d'une conversation : un cadreur serait mort en tournant un documentaire à Tchernobyl. Je me suis demandé qui cela pouvait bien être. À côté de moi, on continuait à discuter. Il s'agirait d'un jeune homme, père de deux enfants : Vitia Gourievitch. Quelqu'un de ce nom travaille bien chez nous, un jeune homme. Deux enfants ? Pourquoi nous l'a-t-il caché ? Pas Gourievitch : Gourine, précise un homme, près de moi. Sergueï Gourine. Mon Dieu ! Mais c'est de moi qu'ils parlent ! En allant de l'arrêt du trolley jusqu'aux studios, une pensée complètement incongrue envahissait mon esprit : "Où ont-ils pris ma photo ? Au service du personnel ?" Comment cette rumeur était-elle née ? À cause de la différence d'échelle entre ce qui s'était passé et le nombre de victimes ? Ainsi, la bataille de Koursk avait fait des milliers de victimes... C'était simple à comprendre. Mais à Tchernobyl, dans les premiers jours, seuls sept pompiers étaient morts... Puis quelques personnes de plus. Et quelques définitions trop abstraites pour notre conscience : dans quelques générations, l'éternité, le vide. Des rumeurs ont commencé à se répandre sur des oiseaux à trois têtes, des poules qui tuaient des renards à coups de bec, des hérissons sans piquants...

Et puis, on est venu me trouver : il fallait encore

envoyer quelqu'un là-bas. Un cadreur avait un ulcère, l'autre était en congé...

– Tu dois y aller !

– Mais je viens de rentrer !

– Justement, tu y es déjà allé, cela doit t'être égal. Et puis, tu as déjà des enfants. Alors qu'eux, ils sont jeunes.

Merde alors ! Et si je voulais avoir cinq ou six gosses ?! Les pressions commencent, alors. Bientôt il y aurait des commissions de promotion, ce serait un atout pour moi. Il y aurait des augmentations de salaire... Une histoire à la fois triste et ridicule que j'ai repoussée au fond de ma conscience.

J'ai eu l'occasion de filmer des déportés des camps de concentration. Ils évitaient de se rencontrer entre eux. Je les comprends. Il y a quelque chose de pervers dans le fait de se réunir pour se souvenir de la guerre. Ceux qui ont vécu des humiliations ou qui ont connu la vraie nature de l'homme se fuient inconsciemment les uns les autres. J'ai appris et senti à Tchernobyl quelque chose dont je n'ai pas envie de parler. Peut-être à cause de la relativité de nos représentations humanistes... Dans les situations extrêmes, l'homme n'est pas du tout comme on le décrit dans les livres. Cet homme-là, je ne l'ai pas trouvé dans la réalité. Je ne l'ai pas rencontré. En fait, c'est le contraire. L'homme n'est pas un héros, nous ne sommes tous que des vendeurs d'apocalypse. Plus ou moins grands.

Des bribes de souvenirs me traversent la tête... Des images... Le président du kolkhoze a besoin de deux camions pour évacuer sa famille, ses affaires, ses meubles... Le secrétaire de la section locale du parti exige un camion pour lui tout seul. Et cela, j'en étais témoin, au moment même où les moyens de transport manquaient : on ne parvenait pas à évacuer tous les enfants des crèches ! Mais le président du kolkhoze trouvait que même deux camions n'étaient pas suffisants pour transporter tout son attirail, y compris des bocaux de trois litres de confitures et de conserves maison. J'ai vu charger tout cela. Mais je ne l'ai pas filmé, non plus. *(Soudain, il se met à rire.)* Nous avons acheté du saucisson et des conserves, au magasin du coin, mais nous avions peur de les manger. Nous avons trimballé ces sacs avec nous car nous n'avions pas le cœur à les jeter. *(Il poursuit plus sérieusement :)* Le mécanisme du mal fonctionnera ainsi, même au moment de l'apocalypse. J'en suis sûr. On répandra des rumeurs, on fera de la lèche aux supérieurs, on s'efforcera de sauver sa télé ou son manteau d'astrakan. Même le jour de la fin du monde, l'homme restera tel qu'il est maintenant. Il ne changera pas.

Je suis mal à l'aise de n'avoir pas su obtenir des privilèges pour mon groupe. Un de nos gars avait besoin d'un logement. Je suis allé au comité d'entreprise : "Aidez-le ! Nous sommes restés dans la zone pendant six mois. Nous avons bien droit à quelques avantages." On m'a dit de fournir des certificats avec des tampons. Mais quels certificats ? Lorsque nous arrivions dans les comités du parti de la zone, il ne restait plus que des bonnes femmes avec leurs balais. Tous les autres s'étaient enfuis.

J'ai en tête un grand film que je n'ai pas tourné. Plusieurs séries, même... *(Il se tait.)* Nous sommes tous des vendeurs d'apocalypse...

Nous entrons avec les soldats dans une maison occupée par une petite vieille.

– Viens, grand-mère. Il faut partir.

– D'accord, les enfants.

– Alors ramasse tes affaires, grand-mère.

Nous l'attendons dehors, en fumant. Elle sort très vite avec, dans les bras, une icône, un chat et un petit balluchon. Elle ne veut rien d'autre.

– Grand-mère, tu ne peux pas emporter ton chat. C'est interdit. Ses poils sont radioactifs.

– Non, les enfants, je ne partirai pas sans lui. Je ne peux pas l'abandonner. C'est ma seule famille.

C'est avec cette grand-mère que cela a commencé... Avec ce pommier en fleur... Maintenant, je ne filme que des animaux. Je vous l'ai dit : j'ai découvert le sens de ma vie...

Une fois, j'ai montré à des enfants mes sujets sur Tchernobyl. On m'a fait des reproches : "Pourquoi ? Il ne faut pas ! Ils vivent déjà dans la peur, au milieu de toutes les conversations. Leur formule sanguine a changé. Leur système immunitaire est atteint." J'attendais un auditoire d'une cinquantaine de personnes, mais la salle était pleine. On m'a posé toutes sortes de questions, mais l'une d'entre elles est restée gravée dans ma mémoire : un garçon qui rougissait et balbutiait a pris la parole. Apparemment, il était timide et taciturne. Il m'a demandé : "Pourquoi ne pouvait-on pas sauver les animaux qui sont restés là-bas ?" Je n'ai pas pu lui répondre... Nos livres, nos films parlent seulement de la pitié et de l'amour pour l'homme. Rien que pour l'homme ! Pas pour tout ce qui est vivant. Pas pour les animaux ou les plantes... Cet autre monde... Mais avec Tchernobyl, l'homme a levé la main sur tout...

Je voudrais tourner un film... *Les Otages*... Sur les animaux. Vous vous souvenez de la chanson "Une île rousse voguait sur l'océan" ? Un bateau coule, les gens montent dans les chaloupes de sauvetage, mais les chevaux qui étaient à bord ne savaient pas qu'il n'y avait pas de place pour eux dans les canots...

Ce serait une parabole moderne. L'action se passe dans une planète lointaine. Un cosmonaute dans sa combinaison étanche. Ses écouteurs lui transmettent un bruit. Une chose énorme se précipite vers lui. Un dinosaure ? Sans vraiment comprendre de quoi il s'agit, il fait feu. Un instant plus tard, une nouvelle apparition. Il détruit cet être également. L'instant d'après, c'est un troupeau entier qui déboule dans sa direction. Il fait un carnage. Or, en fait, ces animaux se bornaient à fuir un incendie qui s'était déclaré non loin de là.

Une chose extraordinaire m'est arrivée là-bas. Je me suis approché des animaux... Des arbres... Des oiseaux... Ils me sont plus proches qu'auparavant. La distance entre eux et moi s'est rétrécie... Je suis allé à plusieurs reprises dans la zone, pendant toutes ces années... Un sanglier bondit hors d'une maison abandonnée et pillée... Une biche sort d'une habitation... J'ai filmé tout cela. Je veux faire un film, et tout voir au travers des yeux d'un animal. "Qu'est-ce que tu filmes ? me reproche-t-on. Regarde autour de toi : il y a la guerre en Tchétchénie !" Mais saint

François prêchait aux oiseaux. Il parlait aux oiseaux comme à ses semblables. Et si c'étaient les oiseaux qui lui parlaient dans leur propre langue et non lui qui s'abaissait jusqu'à eux ? Il comprenait leur langage secret. Vous vous souvenez de Dostoïevski ? Il parlait d'un homme qui fouettait un cheval sur ses yeux dociles. Un fou ! Pas sur la croupe, mais sur ses yeux dociles... »

Sergueï Gourine, opérateur de cinéma.

Monologue sans titre – un cri...

« Bonnes gens, laissez-moi tranquille ! Nous autres, nous habitons ici. Vous, vous allez causer et repartir. Mais nous resterons !

Regardez ces cartes médicales. Je les prends. Je les compulse chaque jour !

Ania Boudaï, née en 1985 : 380 rems.

Vitia Grinkevitch, né en 1986 : 785 rems.

Nastia Chablovskaïa, née en 1986 : 570 rems.

Aliocha Plenine, né en 1985 : 570 rems.

Andreï Kotchenko, né en 1987 : 450 rems...

On prétend que ce n'est pas possible. Comment peuvent-ils vivre avec une thyroïde pareille ? Mais c'est la première fois qu'un tel événement se produit dans le monde. Je lis... Je vois... Jour après jour. Pouvez-vous être d'un quelconque secours ? Non ! Alors, à quoi bon venir ? Nous poser des questions ? Nous toucher ? Je ne veux pas faire commerce de leur malheur. Ou philosopher là-dessus. Bonnes gens, laissez-moi ! C'est à nous de rester vivre ici. »

Arkadi Pavlovitch Bogdankevitch,
assistant médecin.

122

Monologue à deux voix pour un homme et une femme

Nina Konstantinovna et Nikolaï Prokhorovitch Jarkov. Il enseigne le travail manuel et elle, la littérature.

Elle :

« J'entends si souvent parler de la mort que je ne vais plus aux enterrements. Avez-vous entendu des conversations d'enfants sur la mort ? En sixième, ils se demandent si cela fait peur ou non. Il n'y a pas si longtemps, à leur âge, ils voulaient savoir comment naissent les bébés. Maintenant, ils s'inquiètent de savoir ce qui se passerait après une guerre atomique. Ils n'aiment plus les œuvres classiques : je leur récite du Pouchkine et ils me regardent avec des yeux froids, détachés... Un autre monde les entoure... Ils lisent de la science-fiction. Cela les entraîne dans un monde différent, où l'homme se détache de la terre, manipule le temps... Ils ne peuvent pas avoir peur de la mort de la même manière que les adultes... Que moi, par exemple. Elle les excite comme quelque chose de fantastique.

Je réfléchis à cela. La mort tout autour oblige à penser beaucoup. J'enseigne la littérature russe à des enfants qui ne ressemblent pas à ceux qui fréquentaient ma classe, il y a dix ans. Ils vont continuellement à des enterrements... On enterre aussi des maisons et des arbres... Lorsqu'on les met en rang, s'ils restent debout quinze ou vingt minutes, ils s'évanouissent, saignent du nez. On ne peut ni les étonner ni les rendre heureux. Ils sont toujours somnolents, fatigués. Ils sont pâles, et même gris. Ils ne jouent pas, ne s'amusent pas. Et s'ils se bagarrent ou brisent une vitre sans le faire exprès, les professeurs sont même contents. Ils ne les grondent pas parce que ces enfants ne sont pas comme les autres. Et ils grandissent si lentement. Si je leur demande de répéter quelque chose pendant le cours, ils n'en sont même pas capables. Parfois, je dis juste une phrase et leur demande de la répéter : impossible, ils ne la retiennent pas... Alors, je pense. Je pense beaucoup. Comme si je dessinais avec de l'eau sur une vitre : je suis seule à savoir ce que représente mon esquisse. Personne ne le devine, ne l'imagine.

Notre vie tourne autour... autour de Tchernobyl. Où était Untel à ce moment-là ? À quelle distance du réacteur vivait-il ? Qu'a-t-il vu ? Qui est mort ? Qui est parti ? Pour où ? Je me souviens que, dans les premiers mois après la catastrophe, les restaurants se sont de nouveau remplis. Les gens organisaient des soirées bruyantes... "On ne vit qu'une seule fois...", "Quitte à mourir, autant que ce soit en musique". Des soldats, des officiers sont venus. Mais Tchernobyl est désormais tout le temps avec nous... Une jeune femme enceinte est morte soudain, sans cause apparente. Le pathologiste n'a pas établi de diagnostic. Une petite fille de onze ans s'est pendue. Sans raison. Une petite fille... Et quoi qu'il arrive, les gens disent que c'est à cause de Tchernobyl. On nous dit : "Vous êtes malades parce que vous avez peur. À cause de la peur. De la phobie de la radiation." Mais pourquoi les petits enfants sont-ils malades ? Pourquoi meurent-ils ? Ils ne connaissent pas la peur. Ils ne comprennent pas encore.

Je me souviens de ces jours... J'avais la gorge irritée et me sentais lourde. "Vous vous faites des idées sur votre santé, m'a dit le médecin. Tout le monde se fait des idées à cause de Tchernobyl." Mais non, je me sentais réellement mal, avec des douleurs partout et les forces qui m'abandonnaient. Mon mari et moi étions gênés de nous l'avouer l'un à l'autre, mais nous commencions à perdre l'usage de nos jambes. Tout le monde autour de nous se plaignait, même nos amis, de ne plus avoir la force de marcher, d'avoir envie de s'allonger au milieu de la route. Les élèves étaient avachis sur les tables et perdaient connaissance pendant les cours. Tout le monde était devenu sombre. On ne rencontrait plus de gens souriants, de visages sympathiques. Les enfants restaient à l'école de huit heures du matin à neuf heures du soir. Il leur était strictement interdit de jouer dehors, de courir dans la rue. On leur avait distribué des vêtements : une jupe et un chemisier aux filles, un costume aux garçons, mais ils rentraient chez eux dans ces vêtements et l'on ne savait pas où ils traînaient avec. Normalement, les mères devaient laver ces vêtements chaque jour, de manière que les enfants aillent tous les matins à l'école avec des habits propres. Mais on n'avait pas distribué de vêtements de rechange. De plus, les mères avaient leurs tâches domestiques. Elles devaient s'occuper des poules, des vaches, des cochons... Elles ne comprenaient pas pourquoi elles devaient se charger de ce surcroît de travail. Pour elles, des vêtements sales devaient porter des taches d'encre, de terre, de graisse et non des isotopes à courte période. Lorsque j'essayais d'expliquer la chose aux parents d'élèves, j'avais l'impression de leur parler en bantou. "Qu'est-ce que c'est que cette radiation ? On ne l'entend pas, on ne la voit pas... Mais moi, je n'ai pas assez d'argent pour finir le mois. Les trois derniers jours avant la paie, nous ne mangeons que des pommes de terre et du lait. Laissez tomber..." Et la mère faisait un geste las de la main. Or, justement, on a interdit de boire le lait et de manger les pommes de terre de la région. Les magasins étaient approvisionnés en conserves chinoises de viande et en sarrasin. Seulement, les villageois n'avaient pas assez d'argent pour se les payer. Les consignes étaient destinées à des individus cultivés. Elles supposaient une certaine éducation. Or, cela manquait cruellement ! Le peuple pour qui les instructions étaient rédigées n'existe pas chez nous. Et il n'est pas si simple d'expliquer la différence entre un röntgen et un rem... De mon point de vue, je qualifierais ce comportement de fatalisme léger. Par exemple, la première année, il était interdit de consommer ce qui poussait dans les potagers. Et pourtant, non seulement les gens en ont mangé, mais ils en ont même fait des conserves. De plus, la récolte était extraordinaire ! Comment expliquer que l'on ne peut pas manger ces cornichons ou ces tomates ? Cela veut dire quoi, on ne peut pas ? Leur goût est normal et ils ne donnent pas mal au ventre... Et personne ne "brille" dans l'obscurité... Pour changer leur plancher, nos voisins ont utilisé du bois local. Ils ont mesuré : la radiation était cent fois supérieure à la normale. Vous croyez qu'ils ont démonté ce parquet pour le jeter bien loin ? Pas du tout, ils ont vécu avec. Les gens se disent que tout cela va se calmer et finir par s'arranger tout seul. Au début, certaines per-

sonnes apportaient des produits alimentaires aux dosimétristes. Le niveau de radiation dépassait systématiquement la norme des dizaines de fois. Mais l'habitude a été
vite perdue. "La radiation, on ne la voit pas, on ne l'entend
pas. Ce sont des inventions des scientifiques !" Les choses
ont repris leur cours : les labours, les semailles, la
récolte... L'impensable s'est produit : les gens se sont mis
à vivre comme avant. Renoncer aux concombres de son
potager était plus grave que Tchernobyl. Pendant tout
l'été, les enfants ont été forcés de rester à l'école. Les
soldats l'ont lessivée à fond et ont enlevé une couche de
terre autour d'elle. Mais, à la rentrée, on a envoyé ces éco-
liers récolter les betteraves, ainsi d'ailleurs que des étudiants et des élèves des écoles techniques. Ils étaient tous
forcés d'y aller. Tchernobyl était moins grave que de laisser des légumes non récoltés dans les champs...

Qui est coupable ? Personne, à part nous-mêmes !

Avant, nous ne voyions même pas le monde autour de
nous. Il était comme le ciel, comme l'air. Comme si
quelqu'un nous l'avait donné à tout jamais et ne dépendait
pas de nous. Comme s'il devait exister toujours. J'aimais
me coucher sur l'herbe, dans la forêt, et admirer le ciel.
Je me sentais heureuse au point d'en oublier mon nom.
Et maintenant ? La forêt est toujours belle, il y a des myr-
tilles à foison, mais personne ne les ramasse. On y entend
rarement une voix humaine à l'époque des champignons.
Nous avons inconsciemment peur de nos sensations. Il
nous reste la télé et les livres. L'imagination... Les enfants
grandissent dans les maisons. Sans la forêt ou la rivière...
Ils ne peuvent que les voir de loin. Ce sont des enfants
différents. Et je leur récite, en classe, des vers de Pouchkine sur le bel automne. Ce Pouchkine qui me semblait
éternel. Parfois, une pensée sacrilège m'envahit : et si
toute notre culture n'était qu'une caisse avec de vieux
manuscrits ? Tout ce que j'aime... »

Lui :

« Vous savez, nous avons reçu une éducation militaire.
On nous enseignait à riposter aux attaques nucléaires et
à en liquider les conséquences. Nous étions censés être

opposés aux guerres chimiques, biologiques et nucléaires. Nous n'apprenions pas à expulser des radionucléides de l'organisme... On ne peut pas comparer cela à une guerre. Ce n'est pas exact, même si tout le monde le fait. Dans mon enfance, j'ai vécu le blocus de Leningrad. Ce n'est pas du tout la même chose. Nous vivions comme au front, sous des tirs permanents. Et l'on a connu la famine pendant des années. L'homme se rabaissait alors jusqu'aux instincts animaux. Alors que maintenant : tout pousse dans les potagers ! Ce n'est pas comparable. Mais je voulais dire autre chose... Sous un bombardement, que Dieu te préserve ! La perspective de la mort est immédiate et non dans un avenir quelconque. En hiver, le froid était glacial. Dans notre appartement, nous avons brûlé tous les objets en bois, tous les livres, tous les vieux vêtements. Un homme s'asseyait dans la rue et, le lendemain, il était mort, gelé, et il restait ainsi jusqu'au printemps... Jusqu'au dégel. Personne n'avait la force de l'extraire de la glace. Les gens s'approchaient rarement de ceux qui tombaient, pour les aider. Les gens passaient à côté. En fait, je me souviens, ils ne marchaient pas, ils se traînaient très lentement. On ne peut comparer cela à rien !

Ma mère vivait encore avec nous lorsque le réacteur a explosé. Elle répétait : "Nous avons vécu la chose la plus horrible. Nous avons survécu au blocus. Rien de plus horrible ne peut nous arriver."

Nous nous préparions à la guerre. À la guerre nucléaire. Nous construisions des abris. Nous voulions nous cacher de l'atome comme des éclats d'obus. Mais il est partout... Dans le pain, dans le sel... Nous respirons de la radiation, nous mangeons de la radiation... Je conçois qu'on puisse ne pas avoir du pain et du sel, qu'on mange n'importe quoi, qu'on puisse faire bouillir une ceinture et en respirer l'odeur, se nourrir d'odeur. Mais ce qui se passe aujourd'hui, je ne parviens pas à me le fourrer dans le crâne... Tout est empoisonné ? L'important, pour nous, c'est de comprendre comment vivre maintenant. Dans les premiers mois, les gens avaient peur. Surtout les personnes cultivées, les médecins, les professeurs. Ils abandonnaient tout et partaient. Ils fuyaient. Mais la discipline militaire... On les excluait du parti. On ne laissait partir personne... Qui est coupable ? Pour savoir comment nous devons vivre, il faut d'abord déterminer les responsabilités. À qui la faute ? Aux scientifiques ? Au personnel de la station ? Au directeur ? Aux opérateurs de service ? Mais, dites-moi, pourquoi ne combattons-nous pas l'automobile de la même manière que le réacteur ? Nous exigeons de fermer toutes les centrales nucléaires et de traîner en justice les spécialistes de l'atome ! Nous les maudissons ! Or, en soi, la connaissance ne peut pas être criminelle. Les scientifiques d'aujourd'hui sont également victimes de Tchernobyl. Je veux vivre après Tchernobyl et ne pas mourir de Tchernobyl. Je veux comprendre...

Les réactions des gens sont tellement différentes. Dix ans ont passé, déjà, et ils mesurent tout à l'aune de la guerre. La guerre, elle, n'a duré que quatre ans... Comptez donc que cela fait plus de deux guerres. Je vais vous énumérer les réactions typiques : "Tout est derrière nous", "Cela va s'arranger", "Après dix ans, ce n'est plus aussi terrifiant", "Nous allons tous mourir ! Ça ne va pas tarder !", "Je veux partir à l'étranger", "On doit nous aider", "Je m'en fous ! Il faut continuer à vivre !" Je crois avoir énuméré l'essentiel. Nous entendons cela tous les jours. De mon point de vue, nous sommes des cobayes pour des expériences scientifiques. Un laboratoire international... Sur les dix millions de Biélorusses, plus de deux vivent en zone contaminée. C'est un gigantesque laboratoire du diable... On vient chez nous de partout... On écrit des thèses... De Moscou et de Saint-Pétersbourg, du Japon, d'Allemagne, d'Autriche... Ils préparent l'avenir... *(Une longue pause.)*

À quoi je pense ? À une nouvelle comparaison... J'ai pensé que je pouvais parler de Tchernobyl, mais pas du blocus. On m'a invité à Saint-Pétersbourg, à une rencontre intitulée "Les enfants du blocus de Leningrad". J'y suis allé, mais je n'ai pas réussi à sortir un seul mot. Parler seulement de la peur ? Cela ne suffit pas... À la maison, nous ne parlions jamais du blocus. Ma mère ne voulait pas que nous nous en souvenions. Mais nous parlons de Tchernobyl. Ou plus exactement... Non... *(Il marque une pause.)* Nous n'en parlons pas entre nous. Cette conversation surgit lorsque quelqu'un vient nous voir : des étrangers, des journalistes, des parents d'autres régions. Pourquoi ne parlons-nous pas de Tchernobyl ? À l'école, avec les élèves ? Les gens en parlent avec eux en Autriche, en France, en Allemagne : là où ils vont en traitement. Il m'arrive de demander aux enfants de quoi on leur parle là-bas. Ce qui intéresse les gens. Mais, pour la plupart, ils ne se rappellent même pas la ville ou les familles qui les ont accueillis. Ils énumèrent seulement les cadeaux qu'ils ont reçus, la bonne nourriture qu'ils ont mangée. Ils font des comparaisons entre eux : qui a reçu un magnétophone, qui autre chose. Ils reviennent dans des vêtements qu'ils n'ont pas gagnés, ni leurs parents. Comme s'ils étaient allés à une exposition, dans un grand magasin... Ils attendent en permanence d'y retourner. Ils veulent voir de jolis endroits, qu'on leur offre des cadeaux. Ils s'y habituent. Ils s'y sont déjà habitués. C'est leur façon de vivre, leur idée de la vie. Et, après ce grand magasin qui s'appelle l'étranger, après cette exposition d'objets précieux, je dois leur faire mon cours. En classe, je vois bien qu'ils sont devenus des observateurs... Ils observent au lieu de vivre. Je les conduis dans mon atelier, rempli de sculptures sur bois. Ces objets leur plaisent et je leur dis : "On peut tout faire à partir d'un simple morceau de bois. Vous n'avez qu'à essayer." Réveillez-vous ! Cela m'a aidé à sortir du blocus. J'ai mis des années à m'en sortir... »

Monologue sur une chose totalement inconnue qui rampe et se glisse à l'intérieur de soi

« Des fourmis courent sur le tronc d'arbre, tandis que des voitures militaires rugissent tout autour. Des soldats. Des hurlements, des jurons. Le vrombissement des hélicoptères... Et elles continuent de courir... Je revenais de la zone et seule cette image est demeurée claire dans ma mémoire le reste de la journée... Nous avons fait une halte dans la forêt et je me suis installé près d'un bouleau pour fumer. Sous mes yeux, les fourmis grimpaient le long du tronc sans me prêter la moindre attention... Nous allons disparaître et elles ne s'en rendront même pas compte. Et moi ? Je ne les avais jamais regardées d'aussi près...

Tout le monde parlait d'abord de la catastrophe, puis d'une guerre nucléaire. J'ai lu des ouvrages sur Hiroshima et Nagasaki, j'ai vu des documentaires. C'est horrible, mais compréhensible : une guerre atomique, le rayon de l'explosion... Tout cela, je peux bien me le représenter. Mais ce qui s'est passé ici n'entre pas dans ma conscience. Nous nous en allons... Je sens qu'une chose totalement inconnue de moi détruit tout mon monde antérieur, rampe, se glisse à l'intérieur de moi-même. J'ai discuté avec un scientifique : "Il y en a pour des milliers d'années, m'expliquait-il. La désintégration de l'uranium, il y en a pour un milliard d'années. Et pour le thorium, quatorze milliards." Cinquante, cent, deux cents ans... Mais plus loin ? Plus loin, ma conscience ne saisit pas. Je ne comprends plus ce qu'est le temps. Et moi, dans tout ça ?

Écrire sur tout cela aujourd'hui, alors que dix ans seulement se sont écoulés ? Écrire ? Je crois que cela n'a pas de sens ! Il est impossible de le comprendre, de le concevoir. Nous allons de toute manière inventer quelque chose qui ressemble à notre vie... J'ai essayé... Cela n'a rien donné. Après Tchernobyl, la mythologie de Tchernobyl est restée... Les journaux et les magazines se sont lancés dans une compétition pour écrire les choses les plus horribles. Il s'agit surtout de gens qui n'ont jamais mis les pieds ici et qui aiment les cauchemars. Tout le monde a lu des articles sur des champignons grands comme des têtes humaines, mais personne n'en a trouvé. C'est pourquoi il ne faut pas écrire, mais prendre des notes. Il n'y a pas de roman de science-fiction sur Tchernobyl. La réalité est encore plus fantastique !

J'ai un carnet spécial dans lequel je note des conversations, des rumeurs, des blagues. C'est ce qu'il y a de plus intéressant, et c'est intemporel. Qu'est-ce qui est resté de la Grèce ancienne ? Les mythes de l'Antiquité grecque...

Voici mon bloc. Quelques conversations :

– Depuis trois mois, on dit à la radio que la situation

se stabilise... La situation se stabilise... La situation se stab...

– Des instructeurs du Comité central sont arrivés. Leur itinéraire : aller-retour, en voiture, de l'hôtel au comité du parti. Ils étudient la situation dans les collections des journaux locaux. Ils ont rapporté de Minsk des sacs entiers de sandwiches. Ils font leur thé avec de l'eau minérale qu'ils ont également apportée de la capitale. C'est une employée de leur hôtel qui m'a raconté cela. Les gens ne prêtent pas foi aux journaux, à la télé, à la radio. Ils cherchent l'information dans le comportement des chefs. C'est cela qui les guide au mieux.

– Le conte le plus populaire de la zone : le meilleur remède contre le strontium et le césium est la vodka Stolitchnaïa.

– Que faire de mon enfant ? J'ai envie de le prendre dans mes bras et de m'enfuir, mais j'ai la carte du parti et je ne peux pas !

– On trouve maintenant dans les magasins des villages des articles qui, d'habitude, font défaut. J'ai entendu le discours du secrétaire du comité régional du parti : "Nous allons vous créer une vie paradisiaque. Il vous suffit de rester et de travailler. Vous aurez du saucisson et du sarrasin en abondance. Vous aurez tout ce que l'on vend dans les meilleurs magasins spéciaux." C'est-à-dire dans les cantines des comités de région. Voilà leur attitude à l'égard du peuple : il se contentera de vodka et de saucisson.

Mais diable ! Avant cela je n'avais jamais vu trois variétés de saucisson dans un magasin de village. Et j'ai pu acheter à ma femme des collants d'importation...

– Il y a eu des dosimètres en vente pendant un mois, et puis ils ont disparu. On n'a pas le droit de l'écrire. Ni de préciser combien et quels radionucléides sont tombés. Ni de rapporter que seuls les hommes sont restés dans les villages. Les femmes et les enfants ont été évacués. Tout l'été, les hommes ont lavé eux-mêmes leur linge, ils ont trait les vaches et se sont occupés des potagers. Bien sûr, ils buvaient, se bagarraient. Un monde sans femmes... On a rayé cette phrase de mon article : "N'oubliez pas que nous avons beaucoup d'ennemis de l'autre côté de l'océan", me menaça le rédacteur. Voilà pourquoi, chez nous, tout va bien. Rien ne va mal. Seulement, quelque part, des trains spéciaux partent, avec les chefs et leurs valises...

– Une vieille femme m'a arrêté près d'un poste de la milice : "Regarde, c'est le moment de récolter les pommes de terre, et les soldats ne me laissent pas passer." Ce sont des personnes déplacées. Des gens dépossédés. Ils se faufilent dans leurs villages à travers les barrages militaires... Par les sentiers de la forêt... À travers les marais... La nuit... On leur donne la chasse, en voiture, avec des hélicoptères, et on les attrape. "Comme sous les Allemands", disent les personnes âgées.

– J'ai vu le premier pillard. Un jeune gars qui portait deux vestes de fourrure, l'une par-dessus l'autre. Il affirmait à une patrouille que c'était le seul moyen de soigner son lumbago. Mais on l'a fait craquer, et il a fini par avouer : "La première fois, on a un peu la trouille. Et puis cela devient une chose normale. Je bois un grand verre et j'y vais." Il a franchi le seuil de l'instinct de conservation. Dans un état normal, ce n'est pas possible. Mais c'est ainsi que les gens accomplissent des exploits. Ou commettent des crimes.

– Peut-on nous venir en aide ? Et comment ? Transférer les gens en Australie ou au Canada ? Il semblerait que de telles idées circulent dans les hauts échelons du pouvoir.

– L'emplacement des églises était choisi en fonction des signes du ciel. Les gens avaient des visions. On organisait des cérémonies religieuses avant de commencer la construction. Mais la centrale nucléaire a été bâtie comme une vulgaire usine. Comme une porcherie. Le toit a été couvert d'asphalte. Et il fondait...

– J'ai lu qu'on avait attrapé, près de Tchernobyl, un soldat évadé. Il s'était construit une hutte et est parvenu à vivre toute une année près du réacteur. Il se nourrissait de ce qu'il trouvait dans les maisons abandonnées : un peu de lard, une boîte de cornichons. Il posait des collets.

Il a déserté parce que les "anciens" le battaient à mort[1].
Il a préféré Tchernobyl aux sévices...

– Nous sommes tous des fatalistes. Nous n'entreprenons rien parce que nous croyons que rien ne peut changer. Notre histoire ? Chaque génération a vécu une guerre... Comment pourrions-nous être différents ? Nous sommes des fatalistes.

– Des mélanges de chiens et de loups sont apparus. Ils sont le fruit de croisements entre les louves et les chiens qui se sont enfuis dans la forêt. Ils sont plus grands que les loups et n'ont pas peur de la lumière, ni de l'homme. Ils ne réagissent pas aux appeaux des chasseurs. Les chats devenus sauvages se rassemblent en bandes et attaquent les humains. Ils se vengent. Les réflexes de soumission à l'homme ont disparu. Et, chez nous, c'est la frontière entre le réel et l'irréel qui s'évanouit...

Des rumeurs :

On construit des camps à quelque distance de Tchernobyl pour interner tous les irradiés. Là, on les gardera, les observera et les enterrera.

On ramène par milliers les morts des villages situés près de la centrale et on les enterre dans d'énormes fosses communes creusées dans les cimetières. Comme pendant le blocus de Leningrad...

Quelques personnes auraient vu, la veille de l'explosion, une lumièrc inexplicable dans le ciel. Quelqu'un serait même parvenu à la photographier. Et, sur la photo, on a vu que c'était un engin extraterrestre qui volait...

À Minsk, on a lavé les trains de voyageurs et de marchandises. On va déporter toute la population en Sibérie. On y répare déjà les baraquements de l'époque stalinienne. Les femmes et les enfants d'abord. Et l'on déporte déjà les Ukrainiens...

Les pêcheurs rencontrent de plus en plus souvent des poissons amphibies qui peuvent vivre aussi bien dans l'eau

---

1. En U.R.S.S., les nouvelles recrues étaient soumises à l'arbitraire et aux brimades, très souvent brutales et particulièrement cruelles, des « anciens » qui finissaient leur service de deux ans. *(N.d.T.)*

que sur la terre. Sur terre, ils se servent de leurs nageoires comme de petites pattes pour se déplacer...

Ce n'était pas un accident, mais un tremblement de terre. Il s'est passé quelque chose dans l'écorce terrestre. Une explosion géologique provoquée par des forces géophysiques et cosmophysiques. Les militaires le savaient d'avance. Ils auraient pu donner l'alerte. Mais, chez eux, tout est couvert par le secret.

Dans les lacs et les rivières, on pêche des brochets sans tête ni nageoires. Des estomacs qui nagent... Quelque chose de semblable va bientôt arriver aux humains. Les Biélorusses vont se transformer en humanoïdes.

Les bêtes de la forêt souffrent du mal des rayons. Elles rôdent tristement. Leurs yeux sont affligés. Les chasseurs ont pitié d'elles et ne les tuent pas. Et les animaux ont cessé d'avoir peur de l'homme. Les renards et les loups entrent dans les villages et jouent avec les enfants.

Les habitants de Tchernobyl parviennent à avoir des enfants. Mais, en guise de sang, ces derniers ont dans les veines un liquide jaune inconnu. Des scientifiques affirment que le singe est devenu intelligent parce qu'il vivait dans un milieu irradié. Les enfants qui naîtront dans trois ou quatre générations seront tous des Einstein. C'est une expérience cosmique que nous subissons... »

Anatoli Chimanski, journaliste.

Monologue sur ce regret du rôle et du sujet

« Des dizaines de livres ont été écrits. De gros pavés. Il y a eu de nombreux commentaires. Mais cet événement déborde le champ de l'analyse philosophique. J'ai lu ou entendu quelque part que le problème de Tchernobyl est d'abord celui de la connaissance de soi-même. J'ai accepté cette façon de voir les choses, car elle correspondait à mes propres sentiments. Mais j'attends sans cesse que quelqu'un d'intelligent m'explique... De la même manière que l'on m'éclaire sans arrêt sur Staline, sur

Lénine, sur le bolchevisme. Ou que l'on me rebat les oreilles avec le marché libre ! Et nous autres, qui avons été élevés dans un monde sans Tchernobyl, nous vivons avec Tchernobyl.

En fait, je suis un spécialiste des fusées, du combustible pour fusées. J'ai travaillé à Baïkonour. Les programmes Cosmos et Intercosmos ont occupé une grande place dans ma vie. Quelle époque merveilleuse que celle-là ! À nous le ciel ! À nous l'Arctique ! À nous les terres défrichées ! Tout le peuple soviétique a volé dans le cosmos avec Gagarine... Je l'aime encore, à ce jour ! Ce bel homme russe ! Avec son éclatant sourire ! Même sa mort m'a semblé théâtrale. Le rêve de naviguer, de voler, d'être libre... Quelle époque merveilleuse ! Pour des raisons de famille, j'ai été muté en Biélorussie. C'est ici que j'ai poursuivi mon travail. Dès mon arrivée, je me suis plongé dans cet espace de Tchernobyl et il a transformé mes sentiments. Comment pouvais-je imaginer une chose pareille, même si j'avais toujours travaillé dans le cadre de la technique spatiale la plus moderne ? Il est encore difficile de se prononcer... Cela défie l'entendement. C'est quelque chose... *(Il réfléchit.)* Il m'a semblé, il y a une seconde, que j'avais saisi le sens... Il y a une seconde. J'ai envie de philosopher. Tous ceux avec qui je parle de Tchernobyl ont envie de philosopher.

Mais je vais plutôt vous parler de mon travail. Que ne faisons-nous pas ! Nous construisons une église... Une église de Tchernobyl. Nous ramassons des dons, rendons visite aux malades et aux mourants. Rédigeons des annales. Constituons un musée. Pendant quelque temps, j'ai cru que je ne pourrais pas, avec le cœur que j'ai, travailler dans un endroit pareil. On m'a confié une première mission : "Voici de l'argent. Partage-le entre trente-cinq familles. Entre trente-cinq veuves." Ils étaient tous liquidateurs. Il fallait le faire avec équité, mais comment ? L'une de ces femmes avait une petite fille malade, une autre deux enfants, la troisième était malade elle-même, une autre louait son appartement sur le marché libre... La nuit, je me réveillais en pensant : "Comment le faire de manière équitable ?" J'ai gambergé, j'ai compté, recompté. Et je n'ai pas pu. Nous avons fini par partager l'argent à égalité. Mais mon œuvre véritable, c'est le musée. Le Musée de Tchernobyl. *(Il se tait.)* Et parfois j'ai l'impression que ce n'est pas un musée, mais un bureau de pompes funèbres. Je travaille dans les pompes funèbres ! Ce matin, je n'avais pas eu le temps d'ôter mon manteau qu'une femme faisait irruption en sanglotant ou, plutôt, en hurlant : "Reprenez sa médaille et ses diplômes d'honneur ! Reprenez tous ses privilèges ! Rendez-moi mon mari !" Elle a crié longtemps. Elle a laissé la médaille et les diplômes. Ils resteront donc sous verre, au musée... Les gens les regarderont... Mais personne à part moi n'a entendu ces cris. Je serai le seul à m'en souvenir, lorsque je disposerai les diplômes.

Le colonel Iarochouk est en train de mourir. C'est un chimiste-dosimétriste. Un gars énorme. Maintenant, il est paralysé. Sa femme le retourne comme un coussin. Elle le nourrit à la cuillère. Il a des calculs rénaux. Il aurait fallu les éliminer, mais nous n'avons pas assez d'argent pour l'opération. Nous sommes des mendiants. Nous n'existons que grâce aux aumônes. Et l'État se comporte comme un escroc qui a abandonné ces gens. Lorsqu'il mourra, on donnera son nom à une rue, à une école ou à une unité militaire. Mais ce sera après sa mort... Le colonel Iarochouk... Il marchait dans la zone en déterminant les limites des points de plus forte contamination. En d'autres termes, on l'employait comme un robot biologique, dans le vrai sens du terme. Il le savait très bien, mais il remplissait son devoir avec ses dosimètres, en partant de la centrale elle-même et en suivant les rayons d'un cercle, secteur après secteur. Dès qu'il découvrait une "tache", il en suivait les contours, pour la porter avec exactitude sur la carte...

Et les soldats qui ont travaillé sur le toit du réacteur ? Au total, deux cent neuf unités militaires ont été envoyées pour liquider les conséquences de la catastrophe. Cela fait près de trois cent quarante mille hommes. Un véritable enfer, pour ceux qui ont nettoyé le toit... On leur donnait des tabliers en plomb, mais la radiation venait d'en bas et, là, ils n'étaient pas protégés. Ils portaient des bottes ordinaires en similicuir... Ils passaient là-haut entre une minute trente et deux minutes par jour... Puis on les versait dans la réserve avec un diplôme d'honneur et une prime de cent roubles. Et ils disparaissaient dans les étendues infinies de notre grande patrie. Sur le toit, il fallait ratisser le combustible nucléaire et le graphite du réacteur mélangés à des morceaux de béton et de charpente... Vingt à trente secondes pour charger un bard et autant pour balancer les décombres du toit. À lui seul, le bard pesait une quarantaine de kilos. Alors, vous pouvez vous imaginer la chose : le tablier de plomb, le masque, le bard et l'allure vertigineuse... Au Musée de Kiev, on peut voir le moulage d'un morceau de graphite, il est grand comme une casquette de base-ball, mais, s'il était vrai, il pèserait seize kilos. Les robots téléguidés refusaient souvent d'exécuter les ordres, ou faisaient autre chose que ce qui leur était demandé : leurs circuits électroniques étaient détruits par les radiations. Les soldats étaient plus sûrs. On les a surnommés les "robots verts" (à cause de la couleur de leur uniforme). Trois mille six cents soldats sont passés par le toit du réacteur. Ils dormaient par terre. Tous racontent qu'au début ils utilisaient du foin pour se faire des paillasses, dans les tentes. Or, ce foin, ils le prenaient dans des meules, près du réacteur.

De jeunes gars. Ils sont en train de mourir actuellement, mais ils comprennent que, s'ils n'avaient pas fait tout cela...

À un moment donné, il existait un risque d'explosion nucléaire. Pour l'éviter, il a fallu vider le réservoir d'eau lourde sous le réacteur, pour qu'il ne s'écroule pas dedans. L'eau lourde est une composante du combustible nucléaire. Vous imaginez ce qui aurait pu se passer. La mission était donc de plonger dans l'eau lourde et d'ouvrir la soupape de vidange. À celui qui y parviendrait, on a promis une voiture, un appartement, une datcha et une pension à ses proches jusqu'à la fin de leurs jours. Et il y a eu des volontaires. Les gars ont plongé à plusieurs reprises et ils sont parvenus à ouvrir la soupape. On a donné sept mille roubles à l'ensemble de l'équipe et l'on a oublié les voitures, les appartements et le reste. Mais ce n'est pas à cause de cela qu'ils ont plongé ! Les biens matériels n'étaient pas leur premier souci ! *(Il est ému.)*

Ces gens ne sont plus de ce monde... Il ne reste que des documents dans notre musée... Des noms... Mais s'ils avaient refusé de le faire ? Le sens de l'abnégation... En cela, personne ne nous arrive à la cheville...

Je me suis disputé avec quelqu'un à ce sujet... Il cherchait à me faire admettre que c'était lié au prix très bas de la vie humaine chez nous. Une sorte de fatalisme asiatique. L'homme qui se sacrifie ne se percevrait pas comme un être unique et exceptionnel. En fait, il souhaiterait simplement avoir un rôle et passer de simple figurant à personnage principal. Il s'agirait également d'une quête de sens. Notre propagande aurait proposé la mort comme moyen de donner un sens à la vie. Elle donnerait une grande valeur à la mort, parce qu'elle préfigurerait l'éternité. Voilà ce qu'il cherchait à me démontrer. Mais je n'étais pas du tout d'accord ! Certes, nous avons été élevés pour devenir des soldats. C'était tout le sens de notre éducation. Nous sommes mobilisés en permanence, toujours prêts à faire l'impossible. Mon père était bouleversé lorsque j'ai voulu faire des études supérieures civiles. "Je suis un militaire de carrière et tu vas te promener en costume ? Il faut défendre la patrie !" Il ne m'a pas adressé la parole pendant des mois, jusqu'au jour où je me suis inscrit dans une école militaire. Il avait fait la guerre. À sa mort, il n'avait pratiquement aucun bien matériel, comme toute sa génération. Et moi, qu'est-ce que j'ai de lui ? La sacoche d'officier qu'il avait reçue avant la campagne de Finlande où nous conservons ses décorations. Et un sac en plastique où je garde trois cents lettres qu'il a envoyées à ma mère, du front, à partir de 1941. C'est tout ce qui reste de lui... Mais, pour moi, c'est un capital inestimable !

Vous comprenez maintenant comment je vois notre musée. Là, dans un petit bocal, une poignée de terre de Tchernobyl. Un casque de mineur et des outils de paysan venant de la zone... On ne peut pas admettre de dosimètre ici. Le fond de radiation est élevé, mais tout, ici, doit être authentique. Pas de moulages. On doit être crédible et les gens ne croiront que ce qui est vrai, car il y a eu trop de mensonges autour de Tchernobyl. Et il y en aura encore. On s'est servi de la tragédie pour créer des fonds de commerce...

Puisque vous écrivez un livre sur cela, vous devriez voir nos documents vidéo. Ils sont uniques. Nous constituons des archives par petits morceaux. Il n'y a pas de véritable chronique de Tchernobyl dans la mesure où personne ne pouvait vraiment filmer : tout était couvert par le secret militaire. Et si quelqu'un parvenait à filmer ou à photographier quelque chose, le matériel lui était confisqué et la pellicule détruite. Il n'existe pas de chronique de l'évacuation des gens ou du bétail... La seule chose que l'on pouvait filmer, c'étaient les actes d'héroïsme. Certes, des albums sur Tchernobyl ont été publiés, mais combien de fois a-t-on détruit les caméras des cadreurs ! On les traînait même devant les instances administratives... Pour raconter honnêtement Tchernobyl, il fallait avoir du courage. D'ailleurs, il en faut toujours, croyez-moi ! Mais vous devriez voir ces images... Les visages des premiers pompiers, noirs comme du charbon. Et leurs yeux... Les yeux de gens qui savent qu'ils nous quittent. Sur un fragment, on voit les jambes d'une femme qui, le matin après la catastrophe, est allée travailler dans son potager, près de la centrale. Elle a marché dans l'herbe couverte de rosée... Ses jambes ressemblent à un tamis. Elles sont couvertes de petits trous, jusqu'aux genoux... Il faut le voir, si vous écrivez un tel livre...

Quand je rentre à la maison, je ne peux pas prendre mon petit-fils dans mes bras. Je dois boire un verre de vodka avant de pouvoir le faire...

Une section entière du musée est consacrée aux pilotes d'hélicoptère... Le colonel Vodolajski... Un héros de la Fédération de Russie enterré en terre biélorusse. Lorsqu'il a dépassé la dose maximale, il n'a pas voulu être évacué. Il est resté pour apprendre la technique à trente-trois équipages supplémentaires. Il a fait lui-même cent vingt vols et balancé sur la centrale entre deux cents et trois cents tonnes de sable. Quatre à cinq vols par jour. À trois cents mètres au-dessus du réacteur, la température dans la carlingue atteignait soixante degrés. Vous pouvez vous imaginer ce qu'il en était en bas, pendant la durée de l'opération. La radioactivité atteignait 1 800 röntgens par heure. Les pilotes avaient des malaises en plein vol. Pour balancer leurs sacs de sable dans l'orifice brûlant de la centrale, ils sortaient la tête de la carlingue et faisaient une estimation visuelle. Il n'y avait pas d'autre moyen... Aux réunions de la commission gouvernementale, on rapportait les choses d'une manière très simple : "Pour cela, il faut mettre une vie. Et pour ceci, deux ou trois vies..." Une manière très simple. La banalité du quotidien...

Le colonel Vodolajski est mort. Sur sa fiche médicale, les médecins ont noté six rems. En vérité ce sont six cents !

Et les quatre cents mineurs qui creusaient jour et nuit une galerie sous le réacteur ? Il fallait creuser ce tunnel pour y verser de l'azote liquide et congeler un coussin de terre, comme disent les ingénieurs. Autrement, le réacteur aurait risqué de s'enfoncer dans les eaux souterraines. Ces mineurs venaient de Moscou, de Kiev, de Dnieprope-trovsk. Ils ne sont mentionnés nulle part. Nus, accroupis, ils poussaient devant eux des wagonnets. La température atteignait cinquante degrés, et la radiation, des centaines de röntgens.

Maintenant, ils agonisent... Et s'ils n'avaient pas fait cela ? Ce sont des héros et non pas des victimes de cette guerre qui semble ne pas avoir eu lieu. On parle de catastrophe, mais c'était une guerre. Les monuments de Tchernobyl ressemblent à des monuments de guerre.

Il y a des choses dont on ne parle pas, chez nous. La pudeur slave. Vous le savez sans doute, puisque vous écrivez un livre sur tout cela... Ceux qui travaillaient à proximité immédiate du réacteur sont généralement atteints... Il y a d'ailleurs un symptôme très proche chez ceux qui travaillent sur les fusées... Disons que le système génito-urinaire est atteint. Mais on n'en parle pas, chez nous... Cela ne se fait pas. J'ai accompagné une fois un journaliste anglais. Il avait préparé des questions très pertinentes à ce propos. Il s'intéressait au côté humain du problème : les conséquences sur l'homme, à la maison, dans la vie quotidienne, dans la vie intime. Mais il ne parvint à nouer aucune conversation franche. Il rencontra, par exemple, un groupe de pilotes d'hélicoptère. Il voulait leur parler entre hommes. Certains, à trente-cinq ou quarante ans, bénéficiaient déjà de leur retraite. Un ancien pilote était venu avec une jambe cassée : il avait une fracture de vieille femme car ses os avaient été ramollis par la radiation... L'Anglais leur posa des questions : Comment êtes-vous en famille, avec vos épouses ? Les pilotes restèrent muets. Ils étaient venus parler de leurs cinq vols par jour et pas de... ces choses. Ils répondirent en chœur : la santé est bonne, l'État nous apprécie, l'amour règne dans nos familles... Pas un seul ne s'ouvrit. Après leur départ, l'Anglais était visiblement déçu. "Tu comprends maintenant, me dit-il, pourquoi personne n'a foi en vos dires ? Vous vous mentez à vous-mêmes." Cette rencontre eut lieu dans un café. Deux jolies serveuses s'occupaient des clients. Au moment où elles rangeaient les tables, il leur demanda de répondre à quelques questions. Et les deux filles lui déballèrent tout : elles rêvaient toutes d'épouser un étranger pour donner naissance à des enfants sains. Et lui d'insister : "Vous avez des partenaires ? Comment sont-ils ? Êtes-vous satisfaites ? Vous voyez bien de quoi je veux parler ?" Elles rirent. "Il y avait des gars ici, des pilotes d'hélicoptère. Ils sont grands et bardés de médailles, mais ils ne sont bons que pour s'asseoir à des tribunes officielles. Au lit, ils ne valent rien."

Il a pris ces filles en photo et m'a répété la même phrase : "Vous comprenez pourquoi personne ne vous croit ? Parce que vous vous mentez à vous-mêmes."

Nous nous sommes rendus dans la zone. Les statistiques sont bien connues : il y a huit cents "sépulcres" autour de Tchernobyl. Il s'attendait à des fortifications d'une complexité inouïe alors que ce ne sont que de simples fosses. C'est là que l'on a enterré la "forêt rousse" abattue sur cent cinquante hectares autour du réacteur (dans les deux jours qui ont suivi la catastrophe, les sapins et les pins sont devenus rouges, puis roux). Là gisent des milliers de tonnes de métal et d'acier, des tuyaux, des vêtements de travail, des constructions en béton. Il m'a montré une vue aérienne publiée par un magazine anglais... Des milliers de voitures, de tracteurs, d'hélicoptères... Des véhicules de pompiers, des ambulances... C'était le plus important sépulcre, près du réacteur. Il voulait le photographier dix ans après la catastrophe. On lui avait promis une bonne rémunération pour cette photo. Mais nous avons tourné en rond, d'un responsable à l'autre, et tous refusaient de nous aider : tantôt il n'y avait pas de carte, tantôt il manquait une autorisation. Et puis, j'ai fini par comprendre que le sépulcre n'existait plus que dans les rapports. En réalité, tout a été pillé, vendu dans les marchés, utilisé comme pièces détachées par des kolkhozes et des particuliers. L'Anglais ne parvenait pas à y croire. Lorsque je lui ai dit la vérité, il ne m'a pas cru ! Et maintenant, lorsque je lis l'article le plus audacieux, je n'y crois pas. Il y a toujours une pensée qui tourne au fond de mon esprit : "Et si ce n'étaient que des mensonges ? Des racontars ?" Les mentions de la tragédie sont devenues d'une banalité... Un conte pour faire peur aux enfants ! *(Ces derniers mots contiennent une note de désespoir. Il se tait.)*

Je rapporte au musée tout ce que je peux... Je ramasse... Mais il m'arrive de penser à tout abandonner, à m'enfuir ! Comment puis-je supporter tout cela ?

J'ai parlé à un jeune prêtre.

Nous nous trouvions près de la tombe toute fraîche de l'adjudant-chef Sacha Gontcharov. C'était l'un de ceux qui ont travaillé sur le toit du réacteur... Il neigeait. Il y avait du vent. Un temps exécrable. Le prêtre disait l'office des morts. Il était tête nue. "Vous n'avez pas froid ?" lui ai-je demandé, après. "Non ! m'a-t-il répondu. Dans de tels moments, je me sens tout-puissant. Aucune cérémonie religieuse ne me donne autant d'énergie que l'office des morts." J'ai retenu ces paroles d'un homme qui se trouve toujours en contact avec la mort. J'ai demandé à plusieurs reprises à des journalistes étrangers qui nous rendaient visite – certains sont venus plusieurs fois – ce qui les conduit à visiter la zone. Je savais bien que ce n'était pas seulement pour des raisons de profit ou de carrière. Ils m'ont avoué : "Cela nous plaît de venir ici. Cela nous donne une charge énergétique puissante." C'est une réponse inattendue, n'est-ce pas ? Il est probable que, pour eux, nos sentiments, notre monde, nous-mêmes représentons quelque chose d'inconnu, d'hypnotique... Mais je n'ai pas compris ce qui leur plaisait le plus : nous ou ce qu'il est possible d'écrire à notre sujet, de comprendre à travers nous ?

Pourquoi tournons-nous toujours autour de la mort ?

Tchernobyl... Il n'y aura plus jamais d'autre monde. Nous comprenons maintenant que nous n'avons nulle part où aller. Cela implique une sensation de sédentarité tragique, une autre perception du monde. Souvenez-vous d'Erich Maria Remarque... Comme une génération perdue qui rentre toujours de la guerre. Avec Tchernobyl, il s'agit d'une génération désemparée. Nous sommes désarmés... Seule la souffrance humaine n'a pas changé... Notre seul capital. Qui n'a pas de prix !

Je rentre à la maison... Après tout cela... Ma femme m'écoute, puis elle me dit tout bas : "Je t'aime, mais je ne te donnerai pas mon fils. Je ne le donnerai à personne. Ni à Tchernobyl ni à la Tchétchénie... À personne !" Elle est déjà habitée par cette peur... »

Sergueï Vassilievitch Sobolev,
vice-président de l'Association biélorusse
« Le Bouclier de Tchernobyl ».

Le chœur populaire

Klardia Grigorievna Barsouk, femme de liquidateur ; Tamara Vassilievna Belookaïa, médecin ; Ekaterina Fiodorovna Bobrova, évacuée de la ville de Pripiat ; Andreï Bourtys, journaliste ; Ivan Naoumovitch Vergueïtchik, pédiatre ; Elena Ilinitchna Voronko, résidente du bourg de Braguine ; Svetlana Govor, femme de liquidateur ; Natalia Maximovna Gontcharenko, évacuée ; Tamara Ilinitchna Doubikovskaïa, résidente du bourg de Narovlia ; Albert Nikolaïevitch Zaritski, médecin ; Alexandra Ivanovna Kravtsova, médecin ; Eleonora Ivanovna Ladoutenko, radiologue ; Irina

Iourievna Loukachevitch, sage-femme ; Antonina Maximovna Larivontchik, évacuée ; Anatoli Ivanovitch Polichtchouk, météorologue ; Maria Iakovlevna Saveliova, mère de famille ; Nina Khantsevitch, femme de liquidateur.

« Cela fait bien longtemps que je ne vois plus de femmes enceintes, heureuses... Des mères heureuses...

Lorsqu'une femme accouche, la première chose qu'elle fait, c'est appeler le médecin : "Docteur, montrez-le-moi ! Apportez-moi mon bébé !" Elle tâte sa tête, son front, tout le corps. Elle compte les doigts, les orteils... Elle veut se rassurer : "Docteur, est-ce un enfant normal ?" Plus tard, on le lui apporte pour l'allaiter. Elle a peur : "Je vis non loin de Tchernobyl... J'allais rendre visite à ma mère... Je me suis retrouvée sous cette pluie noire."

On raconte des cauchemars : l'une a accouché d'un veau à huit pattes, l'autre d'un chien à tête de hérisson... Des rêves bizarres. Naguère, les femmes ne faisaient pas de tels rêves. Je n'ai jamais entendu quelque chose de semblable. Et je suis sage-femme depuis trente ans ! »

« À l'école, j'enseigne la langue et la littérature russes. Cela s'est passé, je crois, au début du mois de juin, à l'époque des examens. Soudain, le directeur nous a rassemblés pour nous annoncer : "Demain, chacun devra venir avec une pelle." Nous devions enlever la couche supérieure de terre, contaminée, autour des bâtiments. Des soldats viendraient, plus tard, asphalter la surface. Question : "Quels moyens de protection aurons-nous ? Va-t-on nous apporter des costumes spéciaux et des masques ?" La réponse a été négative. "Vous prendrez simplement des pelles pour creuser." Seuls deux jeunes professeurs ont refusé. Tous les autres, nous avons obéi. Le découragement coexiste en nous avec le sentiment du devoir accompli : il faut être là où il y a du danger, il faut défendre la patrie. Ai-je appris autre chose à mes élèves : aller de l'avant, se jeter dans le feu, défendre, se sacrifier. La littérature que j'ai enseignée ne parlait pas de la vie, mais de la guerre. Cholokhov, Serafimovitch, Fourmanov, Fadeïev, Boris Polevoï... Seuls deux jeunes profs ont refusé, mais ils sont de la nouvelle génération... Ils sont différents...

Nous creusions la terre du matin au soir et, lorsque nous rentrions à la maison, cela nous semblait bizarre que les magasins en ville soient ouverts et que les femmes y achètent des collants ou des parfums. Des sensations de l'époque de la guerre s'étaient déjà réveillées en nous. Et nous aurions mieux compris si les gens avaient fait la queue pour faire des provisions de pain, de sel, d'allumettes... Tout le monde s'est mis à griller des quantités incroyables de pain... Ce comportement m'a semblé familier, bien que je sois née après la guerre. J'ai tenté d'analyser mes sentiments et j'ai été frappée de constater que j'avais assimilé, si incroyable que cela puisse paraître, l'expérience de la guerre. Je savais comment j'abandonnerais ma maison, de quelle manière je partirais avec les enfants, quelles affaires nous emporterions, ce que j'écrirais à ma mère. Et tout cela alors même qu'une vie normale se poursuivait autour de nous et que la télévision diffusait des comédies. Mais nous avons toujours vécu dans l'horreur et nous savons vivre dans l'horreur. C'est notre milieu naturel. Pour cela, notre peuple est sans égal... »

« Les soldats arrivaient dans les villages et évacuaient les gens. Les rues étaient encombrées de véhicules militaires : des voitures de transport blindées, des camions bâchés et même des blindés légers. Les gens quittaient leurs maisons en présence de soldats et cela avait une influence accablante, surtout pour ceux qui avaient vécu la guerre.

Nous comparons sans cesse la catastrophe à la guerre. En fait... On peut comprendre la guerre... Mais cela ? »

« C'est comme si je n'étais pas partie... Chaque jour, je me promène à travers mes souvenirs. Le long des mêmes rues, des mêmes maisons. C'était une bourgade si paisible...

Le dimanche, j'étais étendue dehors, à bronzer. Ma mère vient en courant : "Ma petite, Tchernobyl a explosé, les gens se terrent dans les maisons et toi, tu es là, sous le soleil." J'ai ri : Narovlia se trouve à quarante kilomètres de Tchernobyl.

Dans la soirée, une Jigouli s'est arrêtée près de notre maison : une amie et son mari en descendent. Elle portait une robe de chambre. Lui, un survêtement de sport et de vieux chaussons. Ils s'étaient enfuis de Pripiat à travers la forêt par les petits chemins de terre. La milice et les soldats dressaient des barrages sur les routes : on ne laissait passer personne. La première chose qu'elle m'a criée, c'était : "Il faut acheter d'urgence du lait et de la vodka." Elle répétait tout le temps : "Je viens d'acheter de nouveaux meubles, un nouveau frigo. Je viens de me faire tailler un manteau de fourrure. J'ai tout laissé. J'ai juste couvert les meubles de plastique... Nous n'avons pas dormi de la nuit... Que va-t-il se passer ? Que va-t-il se passer ?" Son mari la calmait. Nous passions des journées entières près de la télé et attendions que Gorbatchev parle au peuple. Les autorités se taisaient... Ce n'est qu'après les fêtes de la Victoire que Gorbatchev a enfin dit : Ne vous inquiétez pas, camarades, la situation est sous contrôle... Il n'y a rien d'horrible... Les gens vivent et travaillent... »

« On amenait tout le bétail des villages évacués chez nous, au centre du district. Des vaches, des brebis, des cochons couraient dans les rues, affolés. Ceux qui voulaient pouvaient les attraper. De l'abattoir industriel, des camions de viande se dirigeaient vers la gare de Kalinovitchi et, là, on chargeait leur contenu dans des trains, vers Moscou. Mais là-bas, personne ne voulait de cette viande et les wagons, transformés en sarcophages, revenaient chez nous. C'est ici qu'on enterrait ces bœufs et ces moutons. L'odeur de la viande pourrie nous poursuivait la nuit... "Est-ce cela, l'odeur de la guerre nucléaire ?" me demandais-je. La guerre dont je gardais le souvenir sentait la fumée...

Dans les premiers jours, on évacuait les enfants la nuit, pour que le moins de gens possible puissent les voir. On voulait dissimuler le malheur, mais les gens savaient tout quand même. Ils guettaient les bus qui passaient et offraient aux enfants de petits bidons de lait, des petits pains. Comme à la guerre... À quoi d'autre pourrais-je bien comparer cela ? »

« Une réunion au comité exécutif du soviet régional. Une situation d'urgence. Chacun attend le discours du responsable de la préparation militaire pour les civils parce que, concernant la radiation, les gens ne se souviennent que de bribes du cours de physique à l'école. Il monte sur la tribune et expose le contenu des manuels sur la guerre atomique : après avoir reçu cinquante röntgens, le soldat doit quitter les rangs. Il explique comment construire des abris, comment utiliser les masques à gaz, quel est le rayon d'une explosion...
Nous sommes partis dans la zone contaminée en hélicoptère. Nous nous étions équipés selon les instructions : pas de sous-vêtements, une combinaison en coton, comme celles des cuisiniers, couverte d'une pellicule de protection, des gants, un masque de gaze sur le visage. Nous étions bardés d'appareils enregistreurs. Nous nous posons près d'un village. Des gosses se roulaient dans le sable comme des moineaux... Avec des brindilles ou des cailloux dans la bouche, sans culottes, les fesses nues... Mais les ordres étaient de ne pas entrer en contact avec la population, ne pas soulever de panique...
Et maintenant je vis avec cela... »

« À la télévision, les émissions se multipliaient... L'un des sujets concernait une vieille femme qui venait traire une vache. Le journaliste s'approchait d'elle avec un dosimètre militaire, le glissait le long du seau de lait. Et le commentaire : Vous pouvez constater que la norme est respectée alors que nous ne nous trouvons qu'à dix kilomètres du réacteur. On montrait aussi la rivière Pripiat où des gens se baignaient et bronzaient... Au loin, on apercevait le réacteur couvert de panaches de fumée... Et toujours le commentaire : Les Occidentaux sèment la panique en diffusant des calomnies délibérées au sujet de l'accident. Quant au dosimètre, tantôt on l'apposait sur une assiette de soupe de poisson, tantôt sur des beignets vendus dans un kiosque en plein air. C'était une imposture. Les dosimètres militaires en usage à l'époque n'étaient pas destinés au contrôle des produits alimentaires. Ils ne mesuraient que le fond de radiation...

L'incroyable quantité de mensonges liés à Tchernobyl n'a pas d'équivalent, sauf pendant la guerre... »

« Nous attendions notre premier enfant. Mon mari voulait un garçon, et moi, une fille. Les médecins tentaient de me convaincre : "Il faut se résoudre à un avortement. Votre mari est allé à Tchernobyl." Il est chauffeur et on l'a appelé là-bas dès les premiers jours. Il transportait du sable. Je ne leur ai pas fait confiance.

Le bébé était mort-né. Et il lui manquait deux doigts. Une petite fille. J'ai pleuré. "Si au moins elle avait tous ses doigts. C'est quand même une petite fille." »

« Personne ne comprenait ce qui s'était passé. J'ai téléphoné au bureau de recrutement, puisque nous autres, les médecins, nous sommes soumis aux obligations militaires. J'ai proposé mon aide. Je ne me souviens pas du nom du *maïor* qui m'a répondu : "Nous avons besoin de jeunes." J'ai tenté de lui faire entendre raison : "D'abord, les jeunes médecins ne sont pas préparés. De plus, ils courent un plus grand danger car les organismes jeunes sont plus sensibles aux radiations." Il m'a répondu : "Nous avons des ordres : engager des jeunes."

Les plaies des malades guérissaient mal. Je me souviens de la première pluie radioactive. Plus tard, on l'a appelée "pluie noire"... D'une part, notre conscience n'était prête à rien de semblable. D'autre part, nous étions toujours les meilleurs, les plus extraordinaires, et notre pays était toujours le plus grand. Mon mari, qui a fait des études supérieures et est ingénieur, m'assurait le plus sérieusement du monde qu'il s'agissait d'un acte terroriste. Une diversion ennemie. Beaucoup de gens le pensaient. Et moi, je me rappelais qu'un administrateur rencontré dans un train m'avait raconté des détails sur la construction de la centrale nucléaire de Smolensk : la quantité de ciment, de planches, de clous, de sable qui était volée sur le chantier et transportée dans les villages voisins. Pour de l'argent. Pour une bouteille de vodka...

Des fonctionnaires des comités du parti parcouraient les villages et les usines pour être en contact avec les gens. Mais ils étaient incapables de répondre aux questions : Qu'est-ce que c'est que la désactivation ? Comment protéger les enfants ? Quels sont les coefficients de passage des radionucléides dans la chaîne alimentaire ? Ils n'avaient aucune notion des particules alpha, bêta et gamma, de radiobiologie, sans parler des isotopes. Pour eux, c'étaient des choses d'un autre monde. Ils faisaient des conférences sur l'héroïsme des Soviétiques, sur les symboles du courage militaire, sur les menées des services secrets occidentaux... Et, lorsque j'ai essayé de dire quelques mots à la réunion du parti, d'exprimer des doutes, on m'a avertie que l'on allait me retirer ma carte du parti... »

« Beaucoup de décès étaient inexplicables, inattendus... Ma sœur était cardiaque. Lorsqu'elle a entendu parler de Tchernobyl, elle nous a dit : "Vous survivrez à cela, pas moi." Elle est morte quelques mois plus tard. Les médecins n'ont pas su réellement de quoi. Même avec sa maladie, elle pouvait vivre encore longtemps... »

« J'ai peur de vivre sur cette terre. On m'a donné un dosimètre, mais à quoi bon ? Je lave le linge, chez moi. Il est si blanc, mais le dosimètre sonne. Je prépare un gâteau, il sonne. Je fais le lit, il sonne. À quoi bon l'avoir ? Je donne à manger aux enfants et je pleure. "Maman, pourquoi pleures-tu ?"

Deux enfants, deux garçons. Ils n'ont pas été à la crèche, ni au jardin d'enfants. Ils passent leur temps à l'hôpital. L'aîné, on ne peut même pas savoir si c'est un garçon ou une fille. Il est chauve. Je l'ai amené chez des médecins et des guérisseurs de toutes sortes. Il est le plus petit de sa classe. Il n'a pas le droit de courir, de jouer. Si quelqu'un le bouscule par hasard, il saigne, il peut mourir. Il a une maladie du sang dont je ne peux même pas prononcer le nom. Je restais près de lui à l'hôpital et je me disais : "Il va mourir." Par la suite, j'ai compris que je ne devais pas penser ainsi. J'allais aux toilettes pour pleurer. Aucune mère ne pleure dans la chambre de son enfant, mais aux toilettes, dans la salle de bains. Je revenais toute gaie.

– Tes joues sont roses. Tu vas guérir.

– Maman, fais-moi sortir de l'hôpital. Je vais mourir. Ici, tout le monde meurt.

Où puis-je pleurer ? Aux toilettes ? Mais il y a la queue, là-bas... Et ils sont tous comme moi... »

« Pour la Toussaint, on nous a permis de nous rendre au cimetière. Mais la milice nous interdisait d'aller ailleurs que sur nos tombes. Au moins, nous avons pu regarder nos maisons de loin... Leur lancer des signes de croix... »

« Je vais vous dire ce qu'est un homme de chez nous. Un exemple : dans les districts contaminés, dans les années qui ont suivi la catastrophe, les magasins ont été remplis de conserves de viande grecques ou chinoises, et les gens s'en réjouissaient. Ils disaient qu'aucune force ne pourrait les faire partir. Ils se trouvaient bien, là ! Le sol était contaminé de manière inégale. Dans le même kolkhoze, il y avait des champs "propres" et des champs "sales". Ceux qui travaillaient dans les champs "sales" étaient mieux payés et tout le monde voulait y aller... Les gens refusaient d'aller dans les champs "propres"...

Récemment, j'ai reçu la visite de mon frère qui habite en Extrême-Orient russe. Il m'a dit que nous sommes comme des "boîtes noires", les enregistreurs de vol des avions... Des "hommes-boîtes"... Nous pensons vivre, parler, marcher, manger, faire l'amour... En fait, nous enregistrons l'information ! »

« Je suis pédiatre. Chez les enfants, tout est différent des adultes. Par exemple, pour eux, le cancer ne signifie pas la mort. Ils n'ont pas cette image. Ils savent tout sur ce qui les concerne : le diagnostic, le nom des procédures, les médicaments... Ils en savent plus que leurs mères. Il me semble que, lorsqu'ils meurent, l'étonnement s'affiche sur leurs visages. Ils gisent avec des visages étonnés... »

« Les médecins m'ont dit que mon mari allait mourir. Il souffrait d'une leucémie. Le cancer du sang.

Il est tombé malade deux mois après son retour de la zone contaminée de Tchernobyl. Son usine l'a envoyé là-bas. Il est rentré de son travail un matin, après l'équipe de nuit :

– Je pars là-bas.

– Que vas-tu y faire ?

– Travailler au kolkhoze.

Ils faisaient des meules de foin dans la zone de quinze kilomètres, récoltaient des betteraves, des pommes de terre.

À son retour, nous sommes allés chez ses parents. Il aidait son père à crépir le four et il a perdu connaissance. On a appelé une ambulance, on l'a transporté à l'hôpital. Et on l'a envoyé à Moscou.

Il est rentré de la capitale avec une seule pensée : "Je vais mourir." Il est devenu taciturne. J'essayais de l'encourager, de le raisonner, mais il ne me croyait pas. À l'époque, je n'interprétais pas mes rêves. Tantôt on me conduisait à l'échafaud, tantôt j'étais habillée de blanc... Je me réveillais le matin, le regardais : comment pouvais-je rester seule ? Il ne faut pas penser à la mort, alors je chassais ces idées... Si j'avais su qu'il allait tomber malade, j'aurais fermé toutes les issues, j'aurais barré la route. J'aurais cadenassé la porte avec dix verrous... »

« Cela fait deux ans que nous allons d'un hôpital à l'autre, mon garçon et moi. Je ne veux plus entendre parler de Tchernobyl. J'ai vu trop de choses...

Dans les chambres d'un hôpital, des petites filles jouent à la poupée. Les poupées ferment les yeux et meurent.

– Pourquoi meurent-elles ?

– Parce que ce sont nos enfants et que nos enfants ne vont pas vivre. Ils vont naître et mourir.

Mon Artiomka a sept ans, mais on lui en donne à peine

cinq. Il ferme les yeux et je pense qu'il s'est endormi. Alors, je pleure, car je crois qu'il ne me voit pas. Et il me dit :

– Maman, est-ce que je meurs déjà ?

Il s'endort et ne respire presque pas. Je m'agenouille devant son lit...

– Artiomka, ouvre les yeux... Dis quelque chose...

Je pense : "Tu es encore chaud."

Il ouvre les yeux. Et s'endort de nouveau. Il est si calme. Comme s'il était mort.

– Artiomka, ouvre les yeux...

Je l'empêche de mourir... »

« Pour le réveillon, nous avons dressé une bonne table. Tout était fait à la maison : viandes fumées, lard, viande, cornichons... Seul le pain venait du magasin. Même la vodka était de fabrication maison. On plaisante chez nous sur le fait que nos produits de Tchernobyl ont un goût spécial : celui du césium et du strontium. Mais que faire ? Les étals des magasins des villages sont vides et, lorsqu'ils sont approvisionnés, nous ne pouvons pas nous payer ce qu'ils vendent avec nos salaires et nos retraites.

Nous avions des invités. Nos voisins. Des jeunes. Un prof et un mécanicien du kolkhoze, avec sa femme. Nous avons bu et mangé. Et nous nous sommes mis à chanter. Sans nous concerter, nous avons entonné des chants révolutionnaires. Des chansons de la guerre. Et ma préférée : "L'aube colore de lumière tendre la muraille du vieux Kremlin." C'était une si bonne soirée. Comme dans le bon vieux temps.

J'ai décrit tout cela à mon fils, par lettre. Il fait ses études dans la capitale. Et je reçois la réponse : "Maman, j'imagine le tableau... Dément... La terre de Tchernobyl, la maison, le sapin qui brille... Et les gens à table qui chantent des airs révolutionnaires et militaires... Comme s'ils n'avaient pas, derrière eux, le Goulag et Tchernobyl !"

J'ai eu peur. Pas pour moi. Pour mon fils. Il n'a nul endroit où revenir... »

ADMIRATION DE LA TRISTESSE

**Monologue sur ce que nous ignorions :
la mort peut être si belle**

« Dans les premiers jours, la question "qui est coupable ?" nous semblait la plus importante. Plus tard, lorsque nous avons appris plus de choses, nous nous sommes demandé : "Que faire ?" Comment se sauver ? Maintenant que nous nous sommes faits à l'idée que cela va durer non pas un an ou deux, mais plusieurs générations, nous avons commencé à retourner mentalement en arrière. À tourner une page après l'autre.

Cela s'est passé dans la nuit du vendredi au samedi... Au matin, personne ne soupçonnait rien. J'ai envoyé mon fils à l'école et mon mari est allé chez le coiffeur. Je préparais le déjeuner lorsque mon mari est revenu : "Il y a un incendie à la centrale. On a donné l'ordre de ne pas éteindre la radio." J'ai omis de dire que nous habitions Pripiat, tout près du réacteur. Je revois tout cela de mes yeux : une lueur framboise, flamboyante. Le réacteur semblait être éclairé de l'intérieur. Ce n'était pas un incendie ordinaire, mais une luminescence. C'était très beau. Je n'ai rien vu de tel, même au cinéma. Le soir, tout le monde était à son balcon. Ceux qui n'en avaient pas sont passés chez les voisins. On prenait les enfants dans ses bras pour leur dire : "Regarde ! Cela te fera des souvenirs !" Et c'étaient des employés de la centrale... Des ingénieurs, des ouvriers, des professeurs de physique... Ils se tenaient là, dans la poussière noire... Ils parlaient... Ils respiraient... Ils admiraient... Certains faisaient des dizaines de kilomètres en bicyclette ou en voiture pour voir cela. Nous ignorions que la mort pouvait être aussi belle. Mais je ne dirais pas qu'elle n'avait pas d'odeur. Ce n'étaient pas les senteurs du printemps ou de l'automne, mais quelque chose de différent. Ce n'était pas, non plus, l'odeur de la terre... J'avais la gorge irritée et les yeux pleins de larmes. Je n'ai pas dormi de la nuit. J'entendais les voisins marcher dans l'appartement du dessus. Insomniaques, eux aussi. Ils tiraient des meubles et tapaient avec un marteau. Ils faisaient peut-être leurs bagages. Moi, j'étouffais une migraine avec des comprimés. Le matin, lorsque le soleil s'est levé, j'ai regardé autour de moi et – je ne l'invente pas maintenant, je l'ai ressenti à ce moment-là – j'ai vu que quelque chose avait définitivement changé. À huit heures, des soldats avec des masques à gaz déambulaient déjà dans les rues. Lorsque nous les avons vus, avec leurs véhicules militaires, nous n'avons pas eu peur. Au contraire, nous nous sommes calmés. Puisque l'armée venait nous aider, tout irait bien. L'idée que l'atome pacifique pouvait tuer n'entrait pas dans nos esprits... Que l'homme était impuissant devant les lois de la physique...

À la radio, on annonçait régulièrement de se préparer à l'évacuation : on allait nous emmener ailleurs pour trois jours pendant lesquels les surfaces seraient lavées et le niveau de radiation vérifié. Les enfants devaient emporter leurs livres de classe. Mon mari a quand même mis dans une serviette nos papiers et nos photos de mariage. Et moi, la seule chose que j'ai emportée, c'est un foulard de coton pour le mauvais temps...

Dès le début, nous avons senti que nous autres, les gens de Tchernobyl, nous étions devenus un peuple à part. L'autobus qui nous transportait s'est arrêté dans un village pour la nuit. Nous avons dormi par terre, dans une école et dans le club local. La place était très limitée et une femme nous a invités chez elle : "Venez, je vais vous faire des lits. Votre garçon me fait de la peine." Mais une autre femme, qui se tenait à côté d'elle, l'a tirée par le bras pour l'éloigner de nous : "Tu es folle. Ils sont contagieux." Plus tard, lorsque nous nous sommes installés à Moguilev et que mon fils est allé à l'école, il est rentré en larmes dès le premier jour de classe. On lui avait dit de s'installer à côté d'une petite fille, mais celle-ci n'avait pas voulu, en disant qu'il était radioactif et qu'on pouvait mourir à rester assis à côté de lui. Mon fils était le seul enfant de Tchernobyl, dans sa classe. Les autres avaient peur de lui et l'appelaient "la luciole". J'ai eu peur que son enfance ne se termine si vite...

Lorsque nous avons quitté Pripiat, des colonnes de véhicules militaires allaient dans la direction opposée. Des blindés... C'est à ce moment que nous avons eu peur. Mais j'avais l'impression bizarre que tout cela ne me concernait pas, moi, mais une autre. Je pleurais, cherchais de la nourriture, embrassais et tranquillisais mon fils. Mais, dans mon for intérieur, j'avais la sensation permanente de n'être qu'une spectatrice.

À Kiev, on nous a distribué de l'argent pour la première fois, mais il était impossible d'acheter quoi que ce soit : avec une migration de centaines de milliers de personnes, les magasins étaient dévalisés. Dans les gares, dans les cars, il y avait beaucoup de crises cardiaques et d'hémorragies cérébrales. C'est l'exemple de ma mère qui m'a sauvée. Pendant sa longue vie, elle a perdu à maintes reprises sa maison et tous ses biens. La première fois, elle a été victime des répressions des années trente. Ils lui ont tout confisqué : la vache, le cheval, la maison. La deuxième fois, c'était un incendie et elle a pu tout juste me prendre dans les bras pour me sauver des flammes.

Je garde certains souvenirs... Cela se passait dans un car. Tout le monde pleurait. Un homme, devant moi, grondait sa femme : "Tu es idiote ! Tout le monde a pris au moins quelques affaires et nous, nous sommes chargés de bocaux vides de trois litres !" Sa femme avait décidé de profiter du voyage pour apporter à sa mère, à Kiev, des récipients pour les compotes. À côté d'eux, des sacs énormes et ventrus étaient posés par terre. Nous nous y heurtions continuellement. C'est avec ces bocaux qu'ils sont arrivés à Kiev.

Je chante à la chorale de l'église. Je lis l'Évangile. Je vais à l'église parce qu'on y parle de la vie éternelle. C'est réconfortant pour les gens. On n'entend pas de tels mots ailleurs et j'ai tellement besoin d'être consolée.

Je fais souvent un rêve : je marche avec mon fils dans Pripiat ensoleillée. Maintenant, c'est une ville fantôme. Nous marchons et regardons les roses. Il y avait beaucoup de roses, là-bas, d'énormes parterres de roses... J'étais si jeune... Mon fils était si petit... J'aimais...

Mais j'ai oublié toute la peur. Comme si je n'étais qu'une spectatrice... »

Nadejda Petrovna Vygovskaïa,
évacuée de la ville de Pripiat.

Monologue sur la légèreté de devenir poussière

« Je me suis efforcé de retenir ces jours dans ma mémoire... Il y avait beaucoup de sensations nouvelles... La peur... Je me suis lancé dans l'inconnu, comme si c'était la planète Mars. Je suis né à Koursk. Là-bas, on a construit une centrale nucléaire en 1969. Dans la ville de Kourtchatov. Les gens de Koursk s'y rendaient pour faire des provisions. On pouvait y acheter du saucisson. Les gens qui travaillaient en relation avec l'atome étaient mieux approvisionnés. Je me souviens d'un grand étang où l'on pouvait pêcher. À proximité du réacteur. Je me suis souvent souvenu de ce détail après Tchernobyl.

Voilà comment les choses se sont passées : on m'a apporté une convocation et moi, en homme discipliné, je me suis présenté le jour même au bureau de recrutement. Le commissaire a feuilleté mon dossier.

– Je constate que tu n'es pas allé une seule fois en manœuvres. Et, actuellement, nous avons besoin de chimistes. Veux-tu aller dans un camp d'entraînement, près de Minsk, pour vingt-cinq jours ?

Je me suis dit : "Pourquoi ne pas me reposer de ma famille, de mon travail ? Je vais faire des marches au grand air."

Le 22 juin 1986, avec mes effets personnels, une

gamelle et une brosse à dents, je suis arrivé au point de rassemblement. Nous étions très nombreux pour un temps de paix et cela m'a surpris. Des images de films de guerre ont défilé devant mes yeux. En plus, c'était une journée spéciale : le 22 juin. Le jour du début de la guerre. Nous sommes montés dans les cars à la tombée de la nuit.

– Ceux qui ont de l'alcool peuvent boire, nous a dit le commandant. Dans la nuit, nous allons prendre le train et, demain matin, nous rejoindrons notre unité. Tout le monde doit être en pleine forme, sans gueule de bois.

Les ordres étant clairs, nous avons fait la fête toute la nuit.

Le lendemain matin, nous avons retrouvé notre unité dans une forêt. On nous a alignés et l'on a fait l'appel pour nous distribuer des vêtements de travail. Chacun a reçu une tenue, puis une deuxième, puis une troisième. Cela semblait sérieux. Ensuite, on nous a distribué à chacun une capote, une chapka, un matelas et un oreiller. Il s'agissait d'affaires d'hiver, or nous étions en été et nous ne devions rester que vingt-cinq jours.

– Mais vous rigolez, les gars, s'est esclaffé le capitaine qui nous accompagnait. Vingt-cinq jours ? Vous allez moisir six mois à Tchernobyl !

L'embarras et l'agressivité lui ont répondu. Alors les gradés ont utilisé la persuasion : celui qui travaillera à vingt kilomètres du réacteur verra son salaire doublé. À dix kilomètres, le salaire sera triplé. Et celui qui sera à proximité immédiate recevra six fois sa paie. L'un a calculé que, en six mois, il rentrerait à la maison dans sa propre voiture, l'autre aurait aimé s'enfuir, mais la discipline militaire...

Quant à la radiation, personne ne savait ce que c'était. Moi, je venais de suivre des cours de défense civile et l'on nous avait donné des informations vieilles de trente ans : 50 röntgens, la dose mortelle. On nous apprenait à tomber pour que l'onde de choc passe au-dessus de nous, sans nous toucher. L'irradiation, la vague de chaleur... Mais personne ne nous avait dit que la contamination radioactive du terrain était le facteur qui affectait le plus l'organisme. Et les officiers de carrière qui nous avaient amenés là n'en savaient pas plus. Ils n'avaient qu'une seule conviction ferme : la vodka aidait à lutter contre les effets des radiations, il fallait donc en boire le plus possible.

Nous demeurâmes stationnés six jours près de Minsk et, pendant ces six jours, nous n'avons pas arrêté de boire. Je collectionnais les étiquettes des bouteilles. D'abord, c'était de la vodka, puis nous passâmes à d'autres boissons bizarres : du Nitkhinol et d'autres solvants. Cela éveillait ma curiosité de chimiste. Après le Nitkhinol, la tête reste claire, mais les jambes deviennent molles comme du coton. Tu veux te lever, mais tu tombes.

Voilà donc la situation. Je suis ingénieur chimiste, docteur ès sciences. On m'a rappelé sous les drapeaux alors que je dirigeais le laboratoire d'un grand complexe industriel. Et comment m'utilisait-on ? On m'a mis une pelle dans les mains. C'était pratiquement mon seul instrument. Nous avons énoncé un aphorisme : la pelle, la meilleure arme antinucléaire. Nos moyens de protection : des masques à gaz que personne n'utilisait. Il faisait 35° à l'ombre : si tu les mets, tu crèves. On a signé une décharge à leur réception pour les oublier aussitôt.

Comment raconter Tchernobyl ? Des véhicules militaires et des soldats. Des postes de lavage. Une atmosphère militaire. On nous a installés dans des tentes, par groupes de dix. Certains avaient de jeunes enfants, la femme de quelqu'un devait accoucher, un autre n'avait pas d'appartement. Mais personne ne se plaignait. Quand il faut y aller, il faut y aller ! La patrie nous a appelés ! Il est comme ça, notre peuple.

Des montagnes de boîtes de conserve vides autour des tentes. Des Everest... C'était la réserve conservée dans les entrepôts en cas de guerre. Des boîtes de singe, de la *kacha* d'orge perlé, des anchois... Il y avait aussi des meutes de chats. Aussi nombreux que des mouches... Des villages évacués, vides... Parfois, un portillon grinçait. On se retournait en s'attendant à apercevoir un homme et l'on voyait sortir un chat...

Nous enlevions la couche contaminée de la terre, la chargions dans des camions et la transportions dans des "sépulcres". Je croyais, au début, que les "sépulcres" étaient des constructions compliquées, conçues par des ingénieurs, mais il s'agissait de simples fosses. Nous soulevions la terre et l'enroulions comme un tapis... L'herbe verte avec les fleurs, les racines, les scarabées, les araignées, les vers de terre... Un travail de fous. On ne peut quand même pas éplucher toute la terre, ôter tout ce qui est vivant... Si nous ne nous étions pas soûlés à mort toutes les nuits, je doute que nous eussions pu supporter cela. L'équilibre psychique était rompu. Des centaines de kilomètres de terre arrachée, dénudée, stérile. Les maisons, les remises, les arbres, les routes, les jardins d'enfants, les puits restaient comme nus... Le matin, il fallait se raser, mais chacun avait peur de se regarder dans un miroir, de voir son propre reflet. De telles idées nous traversaient la tête !

Il était difficile d'imaginer que des gens reviendraient vivre là. Cependant, nous changions les ardoises et lavions les toits. Tout le monde savait que ce travail était inutile, mais nous nous levions tous les matins pour le faire. Parfois, nous rencontrions un vieillard inculte.

– Les enfants, arrêtez ce travail idiot ! Venez vous asseoir à table avec nous. Partagez notre repas.

Le réacteur n'était pas fermé. Une semaine après avoir enlevé la couche de terre, tout était à recommencer. Seulement, il n'y avait plus rien à enlever. Il ne restait plus que du sable, impossible à retirer en couches... Je n'ai vu qu'une seule action raisonnable : pulvériser un liquide spécial qui formait une fine pellicule pour empêcher le sol friable de bouger. Cela, au moins, correspondait à quelque chose. Mais nous, nous creusions et creusions...

Les villages avaient été évacués, mais quelques vieillards étaient restés, ici ou là... Nous avions tellement envie d'entrer dans une maison ordinaire pour partager un repas... Une demi-heure de vie normale. Nous n'avions pas le droit de manger ce qu'ils nous servaient. C'était formellement interdit. Mais nous avions tellement envie de rester à table, dans une vieille maison campagnarde...

Derrière nous, il ne restait que des fossés comblés. Plus tard, on devait les couvrir de dalles de béton et les entourer de barbelés. Nous y laissions les bennes, les jeeps et les grues que nous avions utilisées, car le métal a la propriété d'amasser la radiation, de l'engloutir. On raconte que tout ce matériel a disparu. Volé. Je crois bien que c'est vrai. Chez nous, tout est possible. Une fois, il y a eu une alerte : les dosimétristes ont trouvé que la cantine avait été construite à un endroit encore plus radioactif que celui où nous allions travailler. Or, nous y habitions depuis deux mois. C'est cela, notre peuple. Nous avons enfoncé des poteaux dans la terre pour y fixer des planches, à hauteur de poitrine, en guise de tables. Nous appelions cela la "salle à manger"... Nous mangions debout. Nous nous lavions dans un tonneau. Quant aux toilettes, c'était une longue tranchée dans un champ... Nous avions chacun une pelle pour tout équipement. Et le réacteur était tout près...

Au bout de deux mois de travail, nous avons commencé à comprendre certaines choses. Et nous nous sommes posé des questions. "Nous ne sommes pas des kamikazes. Nous avons travaillé ici deux mois. Il est temps de nous remplacer. Cela suffit." Le général Antochkine est venu nous parler. Il nous a dit franchement :

– Nous n'avons aucun avantage à vous remplacer. Vous avez reçu trois paquets de vêtements, vous avez acquis des aptitudes. Vous remplacer reviendrait cher et provoquerait beaucoup de tintouin !

Il a mis l'accent sur le fait que nous étions des héros. Une fois par semaine, on octroyait un diplôme d'honneur à celui qui creusait le mieux la terre. Sur le front des troupes. Le meilleur fossoyeur de l'Union soviétique. De la démence pure !

Les villages vides... Seulement des poules et des chats. Nous sommes entrés dans une remise. Elle était pleine d'œufs. Nous nous sommes fait une ventrée d'œufs sur le plat. Les soldats sont de braves gens. Ils attrapent facilement une poule. Une bouteille de tord-boyaux. La consommation quotidienne de notre tente était de trois litres d'alcool. Certains jouaient aux échecs, un autre pinçait une guitare. L'homme s'habitue à tout. L'un se soûle, l'autre a envie de crier, de se bagarrer. Deux gars ont emprunté une voiture. Ils étaient ivres. Ils se sont tués. Il a fallu découper la ferraille à l'autogène pour extirper leurs cadavres. Je préservais mon intégrité morale en écrivant de longues lettres à la maison et en tenant un journal. Le chef du service politique l'a remarqué et s'est mis à m'épier : qu'est-ce que j'écrivais, au juste ? Il a demandé à un camarade de chambrée de me surveiller. Celui-ci m'a averti :

– Qu'est-ce que tu écris ?

– J'ai déjà passé une thèse. Maintenant, je travaille mon doctorat d'État.

Il a ri.

– Je vais le transmettre au colonel, mais tu ferais mieux de cacher ce que tu fais.

C'étaient des gars bien. Comme je l'ai déjà dit, pas un seul ne se lamentait. Il n'y avait pas un lâche parmi eux. Croyez-moi, personne ne pourra nous vaincre. Jamais ! Les officiers ne quittaient pas leurs tentes. Ils restaient vautrés sur leurs lits de camp, en pantoufles. Ils se soûlaient. Mais nous nous en foutions. Nous creusions. Ils pouvaient bien s'accrocher de nouvelles étoiles sur leurs épaulettes. Nous n'en avions rien à faire. Il est comme ça, notre peuple.

Les dosimétristes étaient comme des dieux. Les gens se les arrachaient : "Alors, fiston, c'est quoi la radiation, chez moi !" Un soldat un peu filou avait bien compris le truc. Il a pris un simple bâton enroulé de fil de fer pour le promener le long du mur d'une maison. La propriétaire, une vieille femme, est aussitôt sortie.

– Dis-moi ce qu'il y a, mon gars.

– Secret militaire, la vieille.

– Dis-le-moi quand même. Je vais te verser un verre d'alcool.

– D'accord.

Quand il a bu, il lui a lancé : "Tout est en ordre chez toi, la vieille." Et il est allé plus loin trouver une autre poire...

Vers le milieu de notre séjour, nous avons enfin reçu des dosimètres, des petites boîtes avec un cristal à l'intérieur. Certains se sont tout de suite mis à réfléchir : il fallait le laisser le matin près d'un "sépulcre" et le récupérer le soir. Ils se disaient que plus le niveau de radiation serait élevé et plus vite on les laisserait partir. Ou, au moins, ils seraient mieux payés. D'autres l'ont accroché à la sangle de l'une de leurs bottes, pour qu'il soit plus près de la terre. Bref, le théâtre de l'absurde. Or, ces dosimètres n'étaient pas chargés. Il fallait les charger d'une dose de radiation initiale pour qu'ils puissent fonctionner. En d'autres termes, on nous avait donné des joujoux, juste pour faire bien. Une sorte de psychothérapie. En réalité, il s'agissait de vieux instruments de silicium, restés dans les entrepôts pendant près d'un demi-siècle. À la fin, le chiffre inscrit sur nos livrets militaires était le même pour tous : la dose moyenne de radiation multipliée par le nombre de jours. Cette dose était celle des tentes où nous habitions.

J'ignore si l'histoire suivante est vraie ou non. C'est peut-être simplement une blague. Un soldat appelle sa fiancée qui lui demande ce qu'il fait dans la zone. Le gars décide de se vanter : "Je sors de sous le réacteur. Je viens à peine de me laver les mains." Et il entend que la conversation vient d'être coupée. Le K.G.B. était à l'écoute...

Deux heures de repos. Nous nous étendions sous les buissons. Les cerises étaient déjà mûres, si grosses, si juteuses... Nous les essuyions et les mangions. Quant aux mûres... C'était la première fois que je voyais des mûres...

Lorsque nous n'avions pas de travail, nous faisions des marches. Il nous arrivait également de voir des films. Des films d'amour indiens. Jusqu'à trois ou quatre heures du matin. Parfois, le cuistot ne se réveillait pas à temps et la *kacha* n'était pas assez cuite. On nous apportait les journaux où l'on écrivait que nous étions des héros ! Des volontaires. Les articles étaient accompagnés de photos. Si seulement nous avions pu mettre la main sur ces photographes...

Des unités d'autres nationalités étaient stationnées à proximité. Des Tatars de Kazan. J'ai été témoin de leur justice sommaire. On faisait courir un soldat devant une rangée de ses camarades et, dès qu'il s'arrêtait ou tentait de s'enfuir, on le frappait. À coups de pied. Le type s'était rendu coupable de maraudage dans les maisons abandonnées. Il y avait aussi des Lituaniens. Ils se sont révoltés après un mois de présence et ont exigé d'être renvoyés chez eux.

Une fois, nous avons reçu une commande spéciale : il fallait de toute urgence laver une maison dans un village vide. Fantastique, non ?

– Demain, on y fêtera un mariage, nous a-t-on expliqué.

Nous avons arrosé le toit et les arbres, et raclé la couche supérieure de terre. Nous avons fauché la fane des pommes de terre, tout le potager, l'herbe dans la cour. Le lendemain, les fiancés sont arrivés, avec des invités et des musiciens. C'était un vrai mariage. Le couple habitait un autre village, mais on les avait persuadés de venir là, pour être filmés. Pour l'histoire. La propagande fonctionnait. Une usine de rêves... Elle continuait à défendre nos mythes, même dans ces circonstances : nous survivrons partout, même sur la terre morte...

Juste avant mon départ, le commandant m'a convoqué.

– Qu'est-ce que tu écrivais ?

– Des lettres à ma femme.

– Fais gaffe...

Ce qui est resté dans ma mémoire de cette période ? L'ombre de la démence... La manière dont nous creusions... J'ai noté dans mon journal ce que j'ai compris. Dès les premiers jours, j'ai su à quel point il était facile de devenir poussière... »

Ivan Nikolaïevitch Jmykhov, ingénieur chimiste.

Monologue sur les symboles d'un grand pays

« Vers la fin mai, juste un mois après la catastrophe, nous avons commencé à recevoir, à des fins de contrôle, des denrées alimentaires en provenance de la zone de trente kilomètres autour de la centrale. L'Institut fonctionnait jour et nuit. Comme une institution militaire.

À l'époque, nous étions les seuls en Biélorussie à disposer d'appareils spéciaux et de spécialistes. On nous apportait des viscères d'animaux domestiques et sauvages. Nous contrôlions le lait. Dès les premiers tests, il est devenu clair que l'on nous apportait non pas des aliments, mais des déchets radioactifs. On continuait à faire paître des troupeaux là-bas. Les bergers et les vachers travaillaient par roulement et l'on apportait les trayeuses juste au moment de la traite. Nous nous sommes longtemps servis du lait en poudre et des boîtes de lait concentré de l'usine de Rogatchev comme exemples de produits irradiés. Mais, pendant ce temps, ces produits étaient en vente dans les magasins... Lorsque les gens ont cessé d'acheter le lait de Rogatchev et qu'il restait des excédents, l'usine s'est lancée dans la production de boîtes sans étiquette. Je ne pense pas que c'était à cause du manque de papier : on trompait simplement les gens. L'État trompait les gens.

Un premier déplacement dans la zone : dans la forêt, le fond de radiation était cinq à six fois plus élevé que dans les champs et sur la route. Partout des doses élevées, mais les tracteurs travaillaient dans les champs, les paysans s'occupaient de leurs potagers. Dans quelques villages, nous avons pris des mesures de la thyroïde des habitants : entre cent et mille fois supérieures à la normale. Une femme faisait partie de notre groupe. Elle était radiologue. Elle a eu une crise d'hystérie quand elle a vu des enfants jouer dans le sable. Nous avons également contrôlé le lait maternel : il était radioactif... Les magasins étaient ouverts et, comme il est de règle dans les villages, les vêtements et les denrées alimentaires étaient disposés les uns à côté des autres : des costumes, des robes, du saucisson, de la margarine. Les aliments n'étaient même pas couverts de plastique. Nous mesurions le saucisson, des œufs : c'étaient des déchets radioactifs...

Nous demandions des instructions. Que fallait-il faire ? Mais tout ce qu'on nous répondait, c'était : "Continuez les mesures. Et regardez la télé." À la télé, Gorbatchev était rassurant : "Des mesures d'urgence ont été prises." J'y croyais. Moi, avec vingt ans d'ancienneté en tant qu'ingénieur et une bonne connaissance des lois de la physique. Je savais bien qu'il fallait faire partir de là tout être vivant. Même temporairement. Mais nous avons continué à mesurer consciencieusement et à regarder la télé. Nous avions l'habitude de croire. J'appartiens à la génération de l'après-guerre et nous avons grandi dans la foi. Mais d'où venait-elle ? Du fait que nous étions sortis vainqueurs d'une guerre horrible. Tout le monde nous vénérait, alors. C'était ainsi ! Dans les Andes, on a même taillé le nom de Staline sur des rochers. C'était un symbole. Le symbole d'un grand pays.

Voici les réponses à vos questions : Pourquoi avons-nous gardé le silence alors que nous savions ? Pourquoi n'avons-nous pas crié sur la place publique ? Nous avons fait des rapports, écrit des notes explicatives, mais nous nous sommes tus. Nous avons obéi sans un murmure parce qu'il y avait la discipline du parti, parce que nous étions communistes. Je ne me souviens pas qu'un seul des employés de l'Institut ait refusé d'aller en mission dans la zone. Pas par peur d'être exclu du parti. Parce qu'ils croyaient. C'était la foi de vivre dans une société belle et juste. La foi que l'homme, chez nous, était la valeur suprême. Pour beaucoup de gens, l'effondrement de cette foi s'est soldé par des infarctus et des suicides. Certains se sont tiré une balle dans le cœur, comme l'académicien Legassov... Parce que, dès que l'on perd la foi, on n'est plus un participant, on devient un complice et l'on perd toute justification. Je le comprends si bien.

Il y a un signe... Chaque centrale nucléaire de l'ex-U.R.S.S. disposait d'une copie d'un plan de sauvegarde en cas d'accident. Ce plan secret était conservé dans un coffre. Sans un tel plan, il était impossible de faire diverger une centrale. Plusieurs années avant la catastrophe, ce plan avait été mis au point justement à partir de l'exemple de la centrale de Tchernobyl : Que faire et comment ? Qui était responsable ? Où se trouvait la place de chacun ? Et cela, jusqu'au moindre détail... Et c'est justement là que l'accident s'est produit... Faut-il y voir une coïncidence, ou un signe du destin ? Si j'étais croyant... Lorsqu'on veut chercher du sens, on est un religieux. Mais, moi, je suis un ingénieur. Ma foi est différente. Mes symboles sont différents... »

Marat Philippovitch Kokhanov,
ancien ingénieur en chef
de l'Institut de l'énergie nucléaire
de l'Académie des sciences de Biélorussie.

Monologue sur le fait que, dans la vie, des choses horribles se passent de façon paisible et naturelle

« Au début, quelque chose s'est passé quelque part. Je n'ai même pas entendu le nom. C'était quelque part, loin de notre Moguilev... Mon frère est revenu de l'école : on distribuait des comprimés à tous les enfants. Quelque chose de sérieux semblait être vraiment arrivé. Aïe aïe aïe ! La journée du Premier Mai s'est merveilleusement bien passée. Nous sommes rentrés tard le soir à la maison. Le vent avait ouvert la fenêtre de ma chambre. Je m'en suis souvenue plus tard...

Je travaillais à l'inspection pour la préservation de la nature. Nous nous attendions à recevoir des ordres, mais ils ne venaient pas. Parmi le personnel de l'inspection, il n'y avait presque pas de professionnels, en particulier dans la haute direction : des colonels en retraite, des anciens fonctionnaires du parti, à la retraite ou indésirables. Des types qui avaient commis des fautes et qu'on envoyait chez nous, à remuer la paperasse. Les gens ont réellement commencé à en parler après une intervention publique, à Moscou, de notre écrivain biélorusse Ales Adamovitch qui a sonné le tocsin. Comme ils le détestaient ! C'était totalement irréel. Leurs enfants vivaient là, leurs petits-enfants, mais ce n'étaient pas eux, mais l'écrivain qui criait à la face du monde : Sauvez-nous ! L'instinct de préservation aurait dû prévaloir, mais, lors des réunions du parti et même dans des conversations privées, ils exprimaient leur indignation contre ces "écrivaillons" : "De quoi se mêlent-ils ? Ils laissent aller leur langue ! Il y a les ordres ! La subordination ! Et puis, qu'est-ce qu'il y comprend, celui-là ? Il n'est pas physicien. Il y a tout de même le Comité central ! Le secrétaire général !" C'est à ce moment que j'ai réellement compris pour la première fois ce qu'avait été l'année 1937. Comment tout cela avait pu se passer...

Au moment de Tchernobyl, j'avais une idée idyllique des centrales nucléaires. À l'école, à l'institut, on nous apprenait que c'étaient des "usines fantastiques qui fabriquaient de l'énergie à partir de rien", où des gens en blouses blanches, assis devant de grandes consoles, appuyaient sur des boutons. L'explosion de Tchernobyl a eu lieu alors que notre conscience n'y était pas préparée. De plus, il n'y avait aucune information. Nous recevions des montagnes de papiers avec la mention "strictement confidentiel" : "garder secrètes les informations sur l'accident", "garder secrètes les informations sur les résultats du traitement des malades", "garder secrètes les informations sur le degré de contamination radioactive du personnel ayant participé à la liquidation"...

Toutes les rumeurs circulaient : quelqu'un avait lu dans un journal, quelqu'un avait entendu, quelqu'un avait dit... Certains écoutaient les radios occidentales. Elles étaient les seules à dire les comprimés qu'il fallait prendre et comment. Mais la réaction était négative, le plus souvent : Nos ennemis se déchaînent, alors que tout va bien chez nous et que, le 9 mai, les vétérans iront au défilé, comme d'habitude... Même – nous l'avons su plus tard – ceux qui participaient à l'extinction de l'incendie vivaient au milieu des rumeurs : il paraît qu'il est dangereux de prendre le graphite à mains nues... Il paraît...

Une folle est apparue en ville. Elle parcourait le marché en disant : "J'ai vu la radiation. Elle est bleu ciel et luit..." Les gens ont cessé d'acheter au marché le lait et le fromage blanc. Une vieille essayait de vendre son lait, mais personne n'en voulait. "N'ayez pas peur, disait-elle. Je ne sors pas ma vache dans les champs, je lui apporte de l'herbe moi-même." Lors d'un déplacement à la campagne, j'ai vu des épouvantails au bord de la route : une vache couverte d'une bâche plastique broutait l'herbe. À côté d'elle se tenait une vieille, couverte de plastique, elle aussi. On peut en rire ou en pleurer.

Soudain, nous avons éprouvé un sentiment nouveau, inhabituel : chacun de nous avait une vie propre. Jusque-là, nous n'en avions pas besoin. Chacun a commencé à s'interroger à chaque instant sur ce qu'il mangeait, ce qu'il donnait à manger aux enfants, ce qui était dangereux pour la santé et ce qui ne l'était pas... Et il devait prendre ses décisions personnellement. Nous n'étions pas habitués à vivre ainsi, mais avec tout le village, toute la communauté, toute l'usine, tout le kolkhoze. Nous étions des Soviétiques, avec un esprit communautaire. Ainsi, moi, j'ai été une femme soviétique. Très soviétique. Pendant mes études à l'institut, chaque été, j'allais travailler avec un détachement communiste d'étudiants. Nous travaillions dans des chantiers et donnions l'argent gagné à des partis communistes du tiers-monde. Notre détachement aidait celui de l'Uruguay...

Nous avons changé. Tout a changé. Il faut faire de très grands efforts pour le comprendre. Sans parler de l'incapacité de s'exprimer...

Je suis biologiste. Mon mémoire de diplôme portait sur le comportement des guêpes. Pendant deux mois, j'ai vécu sur une île déserte. J'y observais un nid de guêpes. Elles m'ont admise après m'avoir observée pendant une semaine. Normalement, elles ne laissent approcher personne à moins de trois mètres, mais moi, après une semaine, je pouvais rester tout près de leur nid. Je leur donnais à manger de la confiture sur une allumette. Mon professeur avait un dicton favori : "Ne détruis pas une fourmilière, c'est une bonne forme de vie étrangère." Un nid de guêpes est lié à toute la forêt et, graduellement, je suis devenue une partie du paysage, moi aussi. Un souriceau est venu s'installer sur l'une de mes baskets. C'était un souriceau sauvage, mais il me percevait comme un élément de la forêt : j'y étais la veille, j'y étais ce jour-là, j'y serais le lendemain...

Après Tchernobyl... J'ai vu, à une exposition de dessins d'enfants, une cigogne qui se promenait dans un champ noir avec, comme légende : "Personne n'a rien dit à la cigogne." C'étaient également mes sentiments. Mais j'avais mon travail. Nous nous déplacions dans toute la région. Nous prélevions des échantillons d'eau et de terre pour les porter à Minsk. Nos jeunes collaboratrices bougonnaient : "Nous transportons de petits pains bien chauds." Aucune protection, pas de vêtements spéciaux. Nous voyagions sur le siège avant et les échantillons "rayonnaient" dans notre dos. Nous participions également à l'enfouissement de la terre radioactive. Enterrer la terre dans la terre... Une occupation humaine bien bizarre... Nos instructions étaient de faire précéder l'opération par une exploration géologique. Il fallait s'assurer que les eaux souterraines se trouvaient, au minimum, à quatre mètres de la surface et que la fosse elle-même était moins profonde. Il fallait aussi étaler une couche de plastique au fond de la fosse. Dans la réalité, les choses ne se passaient pas du tout comme ça. Comme d'habitude. Il n'y avait généralement aucune exploration. Le chef montrait un endroit du doigt : "Creuse ici !" L'opérateur de l'excavatrice obéissait. Quand il avait fini, on lui demandait :

– Quelle est la profondeur du trou ?

– Le diable le sait. Lorsque j'ai vu de l'eau, j'ai arrêté.

Et l'on jetait les déchets contaminés directement dans les nappes phréatiques.

Il est courant de dire : peuple saint, gouvernement criminel... Je vous dirai tout à l'heure ce que j'en pense, de notre peuple et de moi-même...

Ma plus longue mission se déroula dans le district de Krasnopolie, le plus irradié. De manière à empêcher que les radionucléides soient emportés par les eaux d'écoulement et les rivières, il fallait suivre des instructions précises : creuser des sillons selon une certaine manière. Je devais inspecter les petites rivières. Je suis arrivée en autobus jusqu'au chef-lieu de district. Pour continuer, j'avais besoin d'une voiture. Je suis allée voir le président du comité exécutif local. Il était assis à son bureau et se tenait la tête dans les mains : personne n'avait annulé le plan, personne n'avait changé la rotation des cultures. On avait donc continué à semer des pois, tout en sachant qu'ils engrangeaient particulièrement bien la radiation. Par endroits, le niveau dépassait les quarante curies. Le président avait bien d'autres soucis : les cuisiniers et les nurses des jardins d'enfants étaient partis, abandonnant les bambins à leur triste sort. Les chirurgiens aussi avaient foutu le camp. Pour une simple appendicectomie, il fallait emmener le malade en ambulance jusqu'au district voisin : soixante kilomètres sur une route cabossée comme une planche à linge. Dès lors, quelle voiture aurait-il bien pu m'accorder ? Je me suis donc rendue chez les militaires. Ces jeunes gars sont restés six mois là-bas, et ils sont tous malades, à l'heure actuelle. Mais, à l'époque, cela ne faisait pas très longtemps qu'ils étaient là. Ils ont mis à ma disposition une voiture de reconnaissance blindée, avec une mitrailleuse. L'adjudant qui commandait la voiture se mettait sans cesse en contact avec la base : "Faucon ! Faucon ! Nous poursuivons le travail." Nous avancions en véhicule de combat à travers les forêts et les champs de notre propre pays. Des femmes se tenaient près de leurs maisons. Elles pleuraient. La dernière fois qu'elles avaient vu de tels engins, c'était pendant la guerre, et elles avaient peur d'un nouveau conflit.

Les instructions disaient que la cabine du tracteur qui creusait les sillons de drainage devait être hermétiquement fermée et protégée contre les radiations. J'ai vu l'un de ces tracteurs. La cabine était en effet hermétique, mais l'engin était à l'arrêt et son conducteur couché dans l'herbe. Il se reposait.

– Êtes-vous fou ? Ne vous a-t-on pas averti ?

– Mais je me suis couvert la tête avec mon gilet molletonné.

Les gens ne comprenaient pas. On les préparait à une guerre nucléaire, mais pas à Tchernobyl...

Il y a là-bas de très beaux endroits. La forêt a été préservée des plantations forestières. Une forêt ancienne traversée par de petites rivières à l'eau claire, couleur de thé. L'herbe verte. Les gens s'interpellaient... Pour eux, se promener là semblait aussi naturel que de sortir dans leur jardin. Mais tout cela était contaminé.

Nous avons rencontré une vieille femme.

– Les enfants, est-ce que je peux boire le lait de ma vache ?

Nous avons baissé les yeux. Nos ordres étaient de rassembler des informations et non d'avoir des contacts avec la population.

L'adjudant a trouvé la solution.

– Grand-mère, quel âge avez-vous ?

– Quatre-vingts ans. Et peut-être même plus. Mes papiers ont brûlé pendant la guerre.

– Alors, vous pouvez boire.

C'est pour les villageois que j'éprouve le plus de pitié. Ils ont été des victimes innocentes, comme les enfants. Parce que Tchernobyl n'a pas été inventé par les paysans. Eux, ils avaient leurs propres relations avec la nature. Relations de confiance et non de conquête. Ils vivaient comme il y a un siècle ou un millénaire, selon les lois de la divine providence... Et ils ne comprenaient pas ce qui s'était passé. Ils avaient une foi quasi religieuse dans les scientifiques, dans les gens cultivés. Et nous leur répétions : "Tout va bien. Rien de grave. Il suffit de se laver les mains avant de manger." J'ai compris plus tard, quelques années plus tard, que nous avions tous participé... à un crime... à un complot... *(Elle se tait.)*

Vous ne pouvez pas vous imaginer en quelles quantités sortaient de la zone l'aide qu'on y envoyait, les compensations pour les habitants : conserves de viande, café, jambon, oranges. Par fourgons entiers. À l'époque, de tels produits n'étaient accessibles nulle part dans le pays. Les vendeurs locaux, les contrôleurs, les petits et moyens fonctionnaires du parti s'en mettaient plein les poches. L'homme s'est révélé un être encore plus infâme que je ne le pensais. Et moi aussi... Plus infâme. Je le sais maintenant. *(Elle marque une pause.)* Je le reconnais... Désormais, pour moi, c'est important... Encore un exemple... Un kolkhoze est composé de, disons, cinq hameaux. Trois sont "propres" et deux sont "sales". Ils sont situés à deux ou trois kilomètres les uns des autres. Aux habitants des deux villages "sales", l'État verse des "frais d'enterrement", pas aux autres. On bâtit une ferme d'élevage dans un village "propre" en promettant d'y apporter du fourrage non contaminé. Mais où le prendre ? Le vent souffle la poussière d'un champ à l'autre. La terre est la même. Pour construire la ferme, il faut des autorisations. La commission dont je fais partie les signe, bien que chacun sache que c'est interdit. Que c'est criminel. Finalement, je me suis fait une raison : le problème du fourrage propre n'est pas l'affaire d'un inspecteur chargé de la préservation de la nature.

Chacun s'efforçait de justifier ses actes. De les expliquer. J'ai fait moi-même cette expérience. Et, plus largement, j'ai compris que, dans la vie, des choses horribles se passent de façon paisible et naturelle... »

Zoïa Danilovna Brouk,
inspecteur de la préservation de la nature.

Monologue sur le fait qu'un Russe a toujours besoin de croire en quelque chose

« N'avez-vous pas remarqué que nous n'en parlons pas, même entre nous ? Dans des dizaines ou des centaines d'années, tout cela sera de la mythologie...

Je crains la pluie... Voilà ce que c'est, Tchernobyl. Je crains la neige... Et la forêt. Ce n'est pas une abstraction, une déduction, mais un sentiment qui gît au plus profond de moi-même. Tchernobyl se trouve dans ma propre maison. Il est dans l'être le plus cher pour moi, dans mon fils qui est né au printemps 1987... Il est malade. Les animaux, même les cafards, savent à quel moment il convient d'enfanter. Les hommes ne le peuvent pas. Dieu ne leur a pas donné le sens du pressentiment. Récemment, j'ai lu dans les journaux qu'en 1993 les femmes de Biélorussie ont subi, à elles seules, deux cent mille avortements. Et la cause principale en est Tchernobyl. Nous vivons partout avec cette peur... La nature semble se recroqueviller en attendant. En guettant. "Malheur à moi ! Où le temps est-il passé ?" se serait exclamé Zarathoustra.

J'ai beaucoup réfléchi. Je cherchais le sens... Tcherno-

172

byl est une catastrophe de la mentalité russe. Vous n'y avez jamais pensé ? Bien sûr que je suis d'accord lorsque l'on dit que ce n'est pas le réacteur qui a explosé, mais tout l'ancien système de valeurs. Quelque chose, pourtant, me manque dans cette explication...

Je parlerais plutôt de ce que Tchaadaïev a été le premier à définir : notre hostilité envers le progrès. Notre aversion pour la technologie. Notre anti-instrumentalisme. Regardez l'Europe. À partir de la Renaissance, elle adopte une attitude instrumentaliste à l'égard du monde environnant. C'est rationnel, raisonnable. Comme le respect d'un professionnel, d'un maître, pour l'instrument qu'il tient dans les mains. Leskov a écrit une remarquable nouvelle : *Caractère de fer*. De quoi s'agit-il ? Le caractère russe, c'est de s'en remettre toujours au petit bonheur la chance. C'est le leitmotiv du thème russe. L'Allemand, lui, mise sur l'instrument, sur la machine. Les Allemands tentent de surmonter les événements, de dompter le chaos, alors que nous comptons sur le hasard. Allez où vous voudrez, à Kiji par exemple, et vous entendrez le guide vous expliquer avec orgueil que le temple a été bâti sans un seul clou. Au lieu de construire une bonne route, nous nous vantons d'avoir su ferrer un pou. Les roues des charrettes s'enlisent dans la boue, mais nous tenons l'oiseau de feu dans nos mains. Nous payons aussi le prix d'une industrialisation rapide. Du bond en avant. En Occident, cela a pris du temps : un siècle pour les filatures, un siècle pour les manufactures. La machine et l'homme ont changé de concert. La conscience et la pensée technologiques ont eu le temps de se former. Alors que chez nous... À part ses mains, de quoi dispose un villageois, encore de nos jours ? D'une hache, d'une faux et d'un couteau. Et d'une pelle. Comment un Russe s'adresse aux machines ? En les couvrant d'injures. Il ne les aime pas, les méprise, les hait. En fait, il ne comprend pas ce qu'il a entre les mains. J'ai lu quelque part que le personnel des centrales nucléaires traite les réacteurs de casseroles, de samovars, de cuisinières. Voilà de la superbe : nous allons cuire des œufs au plat sur le soleil !

Il y avait beaucoup de paysans parmi ceux qui travaillaient à Tchernobyl. Dans la journée, ils étaient à proximité du réacteur et, le soir, ils retournaient dans leurs potagers ou dans ceux de leurs parents d'autres villages : ils y plantaient des pommes de terre avec une pelle et distribuaient le fumier avec une fourche... Leur conscience se baladait entre deux époques : l'âge de pierre et l'âge de l'atome. Ils oscillaient sans cesse, comme un balancier. Imaginez un chemin de fer conçu par de brillants ingénieurs. Le train roule à toute vitesse, mais en guise de machinistes, il est conduit par des cochers de diligence. C'est le destin de la Russie de voyager entre deux cultures. Entre l'atome et la pelle. Et la discipline technologique ? Notre peuple la perçoit comme une violence, comme des fers, des entraves. Il est spontané. Il a toujours rêvé non de liberté, mais d'un manque total de contrôle. Pour nous, la discipline est un instrument de répression. Il y a quelque chose de particulier dans notre ignorance qui la rapproche de l'ignorance orientale...

Je suis historien... Auparavant, j'ai beaucoup étudié la linguistique, la philosophie du langage. La langue ne nous permet pas seulement de penser, elle dirige aussi nos pensées. À dix-huit ans, ou peut-être un peu plus tôt, lorsque j'ai commencé à lire le samizdat, j'ai découvert Chalamov, Soljenitsyne, et j'ai soudain compris que, bien qu'élevé dans un milieu cultivé (l'un de mes grands-parents était prêtre et mon père professeur à l'université de Saint-Pétersbourg), toute mon enfance a été pénétrée de la conscience des camps. Mon vocabulaire, alors, était celui des zeks[1]. Pour nous, c'était tout à fait naturel d'appeler son père, le patron, et sa mère, la matrone. "Pour un cul malin, il se trouvera toujours une bitte en vis" : voilà la sagesse que j'assimilais à neuf ans. Même nos jeux, nos dictons, nos devinettes venaient du monde des zeks. Parce que les détenus ne formaient pas un monde à part existant dans un ailleurs imprécis, les prisons. Ce monde était mitoyen avec le nôtre. Comme l'écrivait Akhmatova : "La moitié du pays emprisonnait et l'autre moitié moisissait en prison." Il me semble que cette conscience de zek est

---

1. Contraction russe du mot « détenu ». *(N.d.T.)*

entrée en opposition avec la culture. Avec la civilisation, avec le synchrotron...

De plus, nous avons été élevés dans un paganisme soviétique très particulier : l'homme était considéré comme le maître, la couronne de la création. Et il avait le droit de faire ce qu'il voulait de la planète. Comme dans la célèbre formule de Mitchourine : "Nous ne pouvons pas attendre que la nature nous accorde ses faveurs, notre tâche est de les lui arracher." C'était une tentative d'inoculer au peuple des qualités qu'il n'avait pas. De lui donner la psychologie d'un violeur. Un défi à l'Histoire et à la nature. Aujourd'hui, tout le monde s'est soudain mis à parler de Dieu. Que ne l'a-t-on cherché au Goulag, dans les cellules en 1937, dans les réunions du parti, en 1948, lorsqu'on dénonçait les cosmopolites ! Ou sous Khrouchtchev, lorsqu'on détruisait les églises ? Le contexte contemporain de cette recherche de Dieu par les Russes est faux. On bombarde des maisons civiles en Tchétchénie... On ramasse à la pelle les restes des tankistes russes brûlés vifs dans leurs chars... Et l'on va aussitôt à l'église... Pour la veillée de Noël...

Ce qu'il faut, c'est répondre à une question : Le peuple russe est-il capable de faire une révision globale de toute son histoire, comme l'ont fait les Japonais et les Allemands après la Seconde Guerre mondiale ? Aurons-nous assez de courage intellectuel ? On ne parle presque pas de cela. On parle du marché, des bons de privatisation... Nous survivons pour la énième fois. Toute notre énergie est investie dans ce processus. Mais, pendant ce temps, l'âme est livrée à elle-même... Alors, à quoi tout cela sert-il ? Votre livre ? Mes nuits d'insomnie ? On peut trouver quelques explications, parler de fatalisme primitif. Mais il peut également y avoir des réponses grandioses. Le Russe veut toujours avoir foi en quelque chose : dans les chemins de fer, dans l'idée byzantine, dans l'atome... Et maintenant, dans le marché...

Dans une nouvelle de Boulgakov, l'un des personnages disait : "J'ai péché toute ma vie. J'ai été actrice." La conscience du caractère pécheur de l'art, de l'immoralité de sa nature même. Car c'est jeter un regard dans la vie d'autrui. Mais comme le sérum extrait d'une matière contaminée, ce regard peut devenir le vaccin d'une expérience qu'un autre a vécue. Tchernobyl est un sujet à la Dostoïevski. Une tentative pour donner une justification à l'homme. Et peut-être est-ce tout simple ? Peut-être suffit-il d'entrer dans le monde sur la pointe des pieds et de s'arrêter sur le seuil ? »

Alexandre Revalski, historien.

Monologue sur la physique, dont nous étions tous amoureux

« J'ai l'habitude de tout noter. Lorsque Staline est mort, j'ai marqué ce qui se passait dans les rues, les conversations des gens. Et j'ai noté ce qui se rapportait à Tchernobyl depuis le premier jour. Je savais que beaucoup de choses finiraient par être oubliées, par s'effacer. C'est ce qui s'est passé. Des amis qui se trouvaient au cœur des événements ont oublié ce qu'ils avaient ressenti, ce qu'ils m'avaient raconté. Mais moi, j'ai tout noté.

Ce jour-là, je me suis présenté à mon poste de chef de laboratoire à l'Institut de l'énergie nucléaire de l'Académie des sciences de Biélorussie. Notre Institut se trouve à la campagne, dans la forêt, et le temps était merveilleux. Le printemps. L'air était pur et frais. Je me suis étonné de voir que les mésanges que j'avais apprivoisées pendant l'hiver, en accrochant des morceaux de saucisson à une lucarne, n'étaient pas là. Avaient-elles trouvé une meilleure nourriture ailleurs ?

À mon arrivée, un vent de panique régnait autour de notre réacteur à nous : les dosimètres montraient une aggravation de l'activité. Sur les filtres à air, elle avait augmenté de deux cents fois. La dose à l'entrée des bâtiments était de près de trois milliröntgens par heure. C'était très grave. Cela représente la limite admise dans des locaux soumis à l'irradiation pour une durée de travail ne dépassant pas six heures. Une première idée nous est venue : l'enveloppe de l'un des éléments calorifères avait perdu son étanchéité dans la zone active. Nous avons vérifié : tout était normal. Il était également possible qu'un conteneur eût été endommagé pendant un transport au laboratoire radiochimique. Mais, dans ce cas, allez donc nettoyer l'asphalte ! De plus, on annonçait par les haut-parleurs intérieurs qu'il ne fallait pas quitter les bâtiments. La cour s'est vidée aussitôt. Plus personne. C'était effrayant. Inhabituel.

Les dosimétristes ont contrôlé mon bureau. Ma table, mes vêtements, les murs : tout "luisait". Je me suis levé. Je n'avais pas envie de rester assis sur une chaise. Y avait-il eu un accident, à l'Institut ? Une fuite ? Et comment tout désactiver ? Un vrai casse-tête. J'ai toujours été tellement fier de notre réacteur. J'en connaissais chaque millimètre...

Nous avons téléphoné à la centrale d'Ignalina, en Lituanie, non loin de chez nous. Chez eux, c'est aussi la panique. Nous avons également appelé Tchernobyl, mais personne ne répondait... Vers midi, les choses se sont précisées : un nuage radioactif couvrait tout Minsk. Nous avons pu déterminer qu'il s'agissait d'iode. Un accident dans un réacteur...

Ma première réaction a été d'appeler ma femme et de l'avertir, mais tous les téléphones de l'Institut étaient sur écoute. Oh ! Cette peur éternelle que l'on nous a inculquée pendant des décennies ! Et les miens qui ignoraient tout ! Ma fille, après ses cours au conservatoire, se promenait en ville avec des amis. Elle mangeait des glaces. Téléphoner pouvait m'attirer des problèmes : me valoir le retrait de mon habilitation au secret. Mais je n'ai pas pu me retenir et j'ai décroché le combiné.

– Écoute-moi attentivement !

– Mais de quoi parles-tu ? m'a demandé ma femme, tout fort.

– Parle plus bas. Ferme les fenêtres, mets tous les aliments dans des sacs en plastique. Mets des gants de caoutchouc et essuie tout ce que tu peux avec un chiffon humide. Lave le plancher. Enveloppe le chiffon et la serpillière dans un sac en plastique et jette-le. Remets au lavage le linge qui sèche sur le balcon.

– Qu'est-ce qu'il y a eu, chez vous ?

– Chut ! Dilue deux gouttes d'iode dans un verre d'eau. Lave-toi les cheveux...

– Que...

Mais j'ai raccroché. Ma femme travaillait elle-même pour notre Institut. Elle avait dû comprendre.

À quinze heures trente, nous avons appris qu'il y avait eu un accident à la centrale de Tchernobyl...

Le soir, pendant la demi-heure de trajet de retour à Minsk, dans l'autobus de service, nous avons gardé le silence ou parlé de sujets extérieurs. Nous avions peur de parler de ce qui venait de se passer. Chacun de nous avait en poche sa carte du parti...

Une serpillière mouillée était posée devant la porte de l'appartement. Ma femme avait donc tout compris. En entrant, dans le vestibule, je me suis débarrassé de tous mes vêtements pour rester en slip. J'ai eu soudain une crise de rage... Au diable les secrets ! J'ai pris les carnets d'adresses de ma femme et de ma fille et j'ai entrepris d'appeler tout le monde : Moi, chef de laboratoire de l'Institut de l'énergie nucléaire, je vous annonce qu'un nuage radioactif traverse notre ville... Et j'énumère les mesures à prendre : se laver les cheveux, fermer les fenêtres et les lucarnes, relaver le linge qui sèche dehors, boire de l'iode. J'expliquais aussi comment le boire de manière correcte. Les gens me remerciaient poliment, sans poser de questions supplémentaires. Ils ne semblaient pas le moins du monde effrayés. Je pense qu'ils ne me croyaient pas ou qu'ils étaient incapables de comprendre le caractère terrible de l'événement. Ce manque de réaction me surprit grandement.

Le soir même, un ami me passa un coup de fil. Un physicien, docteur ès sciences, spécialiste du nucléaire... Comme il était insouciant ! Avec quelle foi vivions-nous à l'époque ! Ce n'est qu'aujourd'hui qu'on le comprend... Il m'annonça en passant que, pour le Premier Mai, il emmenait ses enfants chez ses beaux-parents, dans la région de

Gomel... À un jet de pierre de Tchernobyl ! Je me mis à hurler :

– Quelle décision formidable ! Mais tu es fou à lier !

Voilà pour le professionnalisme ! Et pour la foi ! Je hurlais. Il ne se souvient peut-être pas que j'ai sauvé ses enfants... *(Il marque une pause.)*

Nous... Je parle de nous tous... Nous n'avons pas oublié Tchernobyl. En fait, nous ne l'avons pas compris. Qu'est-ce que des sauvages peuvent comprendre aux éclairs ?

Dans son livre, Ales Adamovitch rapporte une conversation qu'il a eue avec Andreï Sakharov sur la bombe nucléaire. "Savez-vous, demandait l'académicien, père de la bombe H soviétique, qu'après une explosion atomique, il y a une fraîche odeur d'ozone, qui sent si bon ?" Il y a du romantisme dans ces mots. Pour moi... Pour ma génération... Excusez-moi, je vois votre réaction s'inscrire sur votre visage... Vous pensez à l'extase devant un cauchemar à l'échelle planétaire... Et non pas devant le génie humain... C'est aujourd'hui que la science de l'énergie nucléaire est humiliée et couverte de honte. À mon époque... J'avais dix-sept ans en 1945, lorsque la première explosion atomique a eu lieu. J'aimais la science-fiction. Je rêvais de voler vers d'autres planètes. Dans mon esprit, l'énergie atomique nous emporterait dans l'espace. Je suis entré à l'Institut de l'énergie de Moscou et là, j'ai appris qu'il y avait une faculté ultra-secrète, celle de l'énergie nucléaire. Pendant les années cinquante et soixante, les physiciens du nucléaire étaient considérés comme une élite... C'était cela, l'extase. Les littéraires étaient repoussés à l'arrière-plan. Notre prof disait que trois pièces de monnaie contiennent assez d'énergie pour faire fonctionner une centrale électrique. J'en avais le souffle coupé. Je lisais le livre d'un Américain qui expliquait comment on avait inventé la bombe atomique et procédé aux essais dont il donnait des détails. Chez nous, de telles choses étaient considérées comme de grands secrets. Je lisais... J'imaginais... Tout le pays a vu le film *Neuf jours d'une année*, consacré aux atomistes soviétiques. Les hauts salaires et le secret ajoutaient au romantisme. Le culte de la physique ! L'ère de la physique ! Mais après Tchernobyl...

On a fait venir des scientifiques jusqu'au réacteur. Avec un vol spécial. Plusieurs n'avaient même pas pris leur rasoir car ils étaient certains de n'y aller que pour quelques heures. L'ère de la physique s'est terminée avec Tchernobyl...

Vous avez un autre regard sur le monde... J'ai lu récemment, chez Konstantin Leontiev, une réflexion selon laquelle les résultats de la débauche de la physique et de la chimie obligeaient un jour l'intelligence cosmique à se mêler des affaires terrestres. Et nous, élevés sous Staline, ne pouvions pas admettre l'existence de forces surnaturelles. Ce n'est que plus tard que j'ai lu la Bible... Et que j'ai épousé une deuxième fois la même femme. Je l'ai quittée et je l'ai retrouvée une fois de plus dans ce monde. La vie est une chose surprenante, mystérieuse ! Aujourd'hui, je crois... En quoi ? Que le monde tridimensionnel est déjà trop étroit pour l'homme moderne... Pourquoi voyons-nous se développer un tel intérêt pour la science-fiction ? L'homme se détache de la Terre... Il manipule d'autres catégories temporelles et pas seulement la Terre, mais d'autres mondes. L'apocalypse... L'hiver nucléaire... Tout cela a été décrit par la littérature occidentale comme une répétition avant le spectacle du futur. L'explosion d'un grand nombre d'armes nucléaires provoquera des incendies gigantesques. L'atmosphère sera saturée de fumée. Les rayons du soleil ne pourront plus arriver à la surface de la terre, ce qui provoquera une réaction en chaîne : il fera de plus en plus froid. La version profane de "la fin du monde" est implantée dans les consciences depuis la révolution industrielle du XIXᵉ siècle. Mais les bombes atomiques ne disparaîtront pas. Même lorsque la dernière ogive sera détruite. La connaissance restera...

Vous vous bornez à poser des questions, et moi, j'argumente tout le temps. C'est un conflit de générations... L'avez-vous remarqué ? L'histoire de l'atome n'est pas seulement un secret militaire, un mystère et une malédiction. C'est aussi notre jeunesse, notre époque... Notre religion...

Cinquante ans ont passé. Seulement cinquante ans...

Aujourd'hui, il me semble parfois que le monde est gouverné par quelqu'un d'autre et que, avec nos canons et nos vaisseaux spatiaux, nous sommes comme des enfants. Mais je n'en ai pas encore la certitude... La vie est une chose étonnante ! J'ai aimé la physique et je pensais que je ne m'occuperais de rien d'autre. Or, maintenant, j'ai envie d'écrire. Tout part, s'évanouit... Nos sentiments changent...

Avant l'opération, je savais déjà que j'avais un cancer. Je pensais qu'il ne me restait que quelques jours à vivre et je n'avais pas envie de mourir. Je remarque soudain chaque feuille, la couleur vive des fleurs, le ciel brillant, l'asphalte d'un gris éclatant et, dans ses fissures, les fourmis qui s'affairent. Je pense : "Non, il faut les contourner." J'ai pitié d'elles. Pourquoi faudrait-il qu'elles meurent ? Et l'odeur ! L'odeur de la forêt me donne le vertige... Je la perçois encore plus fortement que la couleur. Les bouleaux si légers, les sapins si lourds... Et je ne verrai plus tout cela ? Vivre une minute, une seconde de plus ! Pourquoi ai-je perdu tant d'heures et de jours devant la télé ou un tas de journaux ? Le principal, c'est la vie et la mort. »

Valentin Alexeïevitch Borissevitch,
ancien chef de laboratoire
de l'Institut de l'énergie nucléaire
de l'Académie des sciences de Biélorussie.

Monologue sur ce qui est plus insondable que la Kolyma, Auschwitz et l'holocauste

« Dans les premiers jours, nos sentiments étaient mitigés. Les plus forts étaient la peur et l'impression d'outrage. Une chose terrible venait de se produire et aucune information n'était disponible : les autorités se taisaient, les médecins se taisaient. Dans notre district, nous attendions les instructions du comité régional qui lui attendait celles de Minsk. Bien sûr, à Minsk, on attendait celles de Moscou. C'était une très longue chaîne au bout de laquelle quelques personnes prenaient les décisions. Nous étions complètement sans défense. Tel était le sentiment principal, ces jours-là. Le sort de millions de personnes se trouvait entre les mains de quelques individus. De la même manière que quelques personnes se sont révélées capables de nous assassiner. Ce n'étaient ni des maniaques ni des criminels. De simples opérateurs de service dans une centrale nucléaire. Lorsque je l'ai compris, j'ai été bouleversée. Tchernobyl a ouvert un abîme, quelque chose de plus insondable que la Kolyma, Auschwitz et l'holocauste. Avec une hache ou un arc, ou même avec un lance-grenades et des chambres à gaz, l'homme ne peut pas tuer tout le monde. Mais s'il a l'atome à sa disposition...

Je ne suis pas une philosophe et je ne vais pas philosopher. Je vous raconterai plutôt ce dont je me souviens...

La panique des premiers jours : certains se sont rués vers les pharmacies pour y acheter des stocks d'iode. D'autres ont cessé d'aller au marché et d'acheter du lait et de la viande, surtout du bœuf. À cette époque, notre famille a décidé de ne pas économiser sur la nourriture. Nous achetions le saucisson le plus cher en espérant qu'il était fait avec de la bonne viande. Et puis nous avons bientôt appris que l'on ajoutait de la viande contaminée justement dans ce saucisson-là car il n'était consommé qu'en petites quantités à cause de son prix élevé. Nous nous sommes retrouvés sans défense. Mais vous savez déjà tout cela. Je veux écrire autre chose : que nous étions une génération soviétique.

Mes amis sont médecins, enseignants. L'intelligentsia locale. Nous avions notre petit cercle. Nous nous sommes réunis chez moi, à la maison, pour le café. Deux d'entre eux se sont lancés dans une grande discussion. Deux femmes. L'une était médecin, les deux avaient des enfants.

La première :

– Je pars demain chez mes parents. J'amène les enfants. S'ils tombent malades, je ne me le pardonnerai jamais.

La seconde :

– Les journaux disent que la situation redeviendra normale dans quelques jours. Nos troupes se trouvent là-bas. Des hélicoptères, des blindés. On l'a dit à la radio.

La première :

– Je te conseille également de partir. Emmène les enfants ! Très loin ! Ce qui arrive n'est pas une guerre. On n'a même pas idée de ce qui s'est passé.

Elles ont haussé le ton et fini par se brouiller en se lançant des accusations réciproques :

– Où est ton instinct maternel ? Tu es une fanatique !

– Que serions-nous devenus si chacun s'était comporté comme toi ? Aurions-nous gagné la guerre ?

Nous tous qui étions présents, nous avions le sentiment que cette femme nous angoissait. Nous étions habitués à attendre qu'on nous dise les choses, qu'on nous les annonce. Mais elle, médecin, en savait plus : "Vous n'êtes pas capables de défendre vos propres enfants !"

Comme nous la haïssions à ce moment-là ! Elle nous a gâché la soirée.

Le lendemain, elle est partie et nous avons mis à nos enfants leurs plus beaux vêtements pour les emmener aux commémorations du Premier Mai. Nous n'étions pas obligés d'y aller. Nous avions le choix. Personne ne nous forçait. Mais nous avons considéré que c'était notre devoir. Et comment donc ! À un moment pareil ! Nous nous devions d'être tous ensemble... De nous réfugier dans la foule...

Tous les secrétaires du comité du parti étaient debout à la tribune et la fille du premier secrétaire se tenait près de son papa, pour que tout le monde puisse la voir. La fillette portait un imperméable et un chapeau, bien que le soleil fût de la partie. Son père portait un caban militaire. Mais ils étaient là... Je me souviens de cela...

J'écris cette lettre pour que la vérité de ces jours-là – et de ces sentiments – reste. Je n'oublierai jamais cette manifestation du Premier Mai...

Que s'est-il donc passé en nous ? Qu'est-ce qui s'est ouvert en nous ? Je le répète : c'est quelque chose qui dépasse la Kolyma, Auschwitz et l'holocauste. Mais où sont-ils, nos intellectuels, nos écrivains, nos philosophes ? Pourquoi se taisent-ils ? »

Extraits d'une lettre de
Lioudmila Dmitrievna Polenskaïa,
institutrice, évacuée de la zone de Tchernobyl.

Monologue sur la liberté et le rêve d'une mort ordinaire

« C'était la liberté... Là-bas, je me sentais un homme libre... Vous ne pouvez pas comprendre. Seuls le peuvent ceux qui ont fait la guerre. Ceux qui ont fait la guerre boivent un coup et commencent à parler. Je les ai entendus : ils ont encore la nostalgie de cette liberté, de cet envol... "Pas un pas en arrière !" Tel était l'ordre de Staline. Il y avait des détachements de barrage[1]. Mais tu tirais, tu restais en vie. Tu recevais un verre de vodka et du tabac... Tu pouvais mourir cent fois, éclater en mille morceaux, mais si tu faisais des efforts et rasais la barbe du diable, de l'adjudant-chef, du commandant de bataillon, de quiconque portait une baïonnette et un casque étrangers, et même de Dieu tout-puissant, tu pouvais survivre ! La solitude de la liberté, je la connais. Nous la connaissons tous, nous qui travaillions au réacteur. Comme dans une tranchée en première ligne... La peur et la liberté ! Nous respirions pleinement. Vous autres qui avez des vies ordinaires, vous ne pouvez pas le concevoir... Souvenez-vous que l'on nous préparait en permanence à une guerre future. Mais la conscience n'était pas prête. Moi, en tout cas, je n'étais pas prêt. Deux militaires se sont présentés à l'usine où je travaillais. J'ai été convoqué : "Sais-tu faire la différence entre l'essence et le gasoil ?" J'ai demandé aussitôt :

---

1. Détachements du N.K.V.D., postés derrière les troupes engagées dans la bataille et chargés de fusiller ceux qui reculaient. (N.d.T.)

– Où voulez-vous m'envoyer ?

– Où ça ? Mais à Tchernobyl ! Tu partiras comme volontaire.

Ma profession militaire est spécialiste du combustible nucléaire. C'est une spécialité secrète. On m'a embarqué directement de l'usine, avec la chemisette que je portais. On ne m'a même pas autorisé à faire un saut à la maison. J'ai dit :

– Je dois prévenir ma femme.

– Nous nous en chargerons.

Dans le bus, nous étions une quinzaine, tous des officiers de réserve. Les gars m'ont plu : s'il faut y aller, on y va ; s'il faut travailler, on travaille ; si on nous envoie à la centrale, nous grimperons sur le toit du réacteur.

Près des villages évacués, il y avait des miradors avec des soldats en armes. Des barrières. Des panneaux : "Accotements contaminés. Arrêt strictement interdit." Des arbres gris arrosés du liquide de désactivation. Tout cela m'a mis la cervelle sens dessus dessous. Les premiers jours, nous avions peur de nous asseoir par terre, sur l'herbe. Nous ne marchions pas, mais courions. Nous mettions nos masques dès qu'une voiture passait en soulevant la poussière. Et nous restions dans les tentes après le travail. Ha ! Ha ! Deux mois plus tard, nous nous comportions normalement. C'était désormais notre vie. Nous cueillions des prunes, pêchions du poisson. Il y a là-bas des brochets énormes. Et des brèmes. Nous faisions sécher les brèmes pour les manger avec de la bière. Nous jouions au foot. Nous nous baignions ! *(Il rit encore.)* Nous avions foi en notre bonne étoile. Dans notre for intérieur, nous sommes tous des fatalistes et non des pharmaciens. Nous ne sommes pas rationalistes. C'est la mentalité slave... Je croyais en mon étoile... Ha ! Ha ! Me voici invalide au deuxième degré... Je suis tombé malade tout de suite après mon retour. Ce fichu mal des rayons. Avant cela, je n'avais même pas de dossier au centre médical. Mais je m'en fous ! Je ne suis pas le seul... La mentalité...

En tant que soldat, je fermais les maisons des gens et il m'arrivait d'y pénétrer. J'étais assailli par un sentiment très particulier. Une terre sur laquelle il est impossible de

semer... Une vache tente de pousser le portillon, mais il
est fermé. La porte est cadenassée. Des gouttes de lait
tombent par terre... Comment exprimer un tel sentiment !
Dans les villages qui n'avaient pas été évacués, les paysans
produisaient du tord-boyaux. C'était leur gagne-pain. Ils
nous le vendaient. Et de l'argent, nous en avions : trois
fois le salaire mensuel plus des frais de séjour multipliés
par trois. Plus tard, nous avons reçu une menace : ceux
qui continueraient de boire rempileraient pour une autre
période. Mais la vodka était-elle d'un quelconque secours
contre les radiations, ou non ? Au moins, ses effets psy-
chologiques étaient positifs. En tout cas, dans la zone, on
croyait dur comme fer à ses vertus... La vie des paysans
se déroulait en toute simplicité : les gens semaient et
récoltaient. Tout le reste fonctionnait sans eux. Les paysans n'avaient rien à faire ni du tsar, ni du pouvoir soviétique, ni des vaisseaux spatiaux, ni des centrales
nucléaires, ni des meetings dans la capitale. Et ils ne parvenaient pas à croire qu'ils vivaient à Tchernobyl : ils ne
bougeaient pas pour autant... Ils ramassaient des bûches
en cachette, arrachaient des tomates encore vertes pour
en faire des conserves. Comment détruire, enterrer, transformer en déchets tout cela ? C'était cela, notre travail.
Pour eux nous étions des ennemis... Moi, je brûlais d'envie
de monter sur le toit du réacteur. "Ne sois pas si pressé,
m'a-t-on dit. Le dernier mois avant la démobilisation, on
expédiera tout le monde sur le toit." Notre période de
service était de six mois. Le cinquième mois, notre lieu
de cantonnement fut changé. Nous nous trouvions désormais tout près du réacteur. Cela a engendré pas mal de
blagues, mais aussi des conversations sérieuses : nous pré-
voyions le passage sur le toit. Combien de temps nous
resterait-il après cela ? Cela s'est passé sans bruit, sans
panique.

– Les volontaires, un pas en avant.

Toute la compagnie a fait ce fameux pas en avant. Un
moniteur de télévision est installé près du commandant.
Il l'allume. Sur l'écran apparaît le toit du réacteur par-
semé de morceaux de graphite, le bitume fondu.

– Vous voyez, les gars, il y a des décombres sur le toit.

Il faut nettoyer la surface. Et ici, dans ce carré, vous allez faire un trou.

Quarante à cinquante secondes aller-retour. L'un de nous charge le bard, les autres en balancent le contenu dans le réacteur. Nous avions l'ordre de ne pas regarder en bas, mais nous l'avons fait tout de même. Les journaux écrivaient : "Au-dessus du réacteur, l'air est pur." Nous avons ri, nous avons juré. L'air est peut-être pur, mais les doses énormes ! Nous avions des dosimètres. L'un était étalonné jusqu'à cinq röntgens : l'aiguille venait aussitôt buter au maximum. Un autre, qui ressemblait à un stylo, pouvait mesurer jusqu'à deux cents röntgens. Il ne suffisait pas, non plus. On nous a dit que nous pourrions avoir de nouveau des enfants au bout de cinq ans... À condition de ne pas mourir avant ! *(Il rit.)* On nous donnait des diplômes d'honneur. J'en ai deux. Avec Marx, Engels, Lénine et des drapeaux rouges... Un gars a disparu. Nous pensions qu'il s'était enfui. On l'a retrouvé dans les buissons, deux jours plus tard. Il s'était pendu. Le *zampolit* nous a réunis pour nous parler. Il a prétendu que le type avait reçu une lettre de sa famille : sa femme le trompait. C'était peut-être vrai. Qui sait ? Nous devions être démobilisés une semaine plus tard... Notre cuistot avait tellement la trouille qu'il vivait non pas dans sa tente, mais dans l'entrepôt : il s'était creusé une niche sous les caisses de beurre et de conserves de viande. Il y avait installé son matelas et son oreiller. Soudain arrive l'ordre de former une nouvelle équipe et de l'envoyer sur le toit. Mais nous y étions tous passés. Il fallait donc trouver des gens. Et on l'a pris. Il n'y est monté qu'une seule fois... Maintenant, il est invalide au deuxième degré. Il m'appelle souvent. Nous ne perdons pas le contact. Nous maintenons des liens les uns avec les autres. Notre mémoire vivra tant que nous vivrons. Vous pouvez l'écrire.

Dans la presse, tout était mensonge... Je n'ai lu nulle part que nous nous fabriquions une sorte de cotte de mailles... Des chemises de plomb... Des culottes... On nous distribuait des tabliers de caoutchouc recouvert d'une pellicule de plomb pulvérisé. Et nous, nous complétions cela avec des slips de plomb... C'était l'un de nos soucis. Dans un village, il y avait deux maisons closes clandestines. Vous imaginez ? Des hommes arrachés à leurs femmes pendant six mois, dans une situation extrême. Nous y allions tous. Et les filles du coin faisaient la noce. Elles disaient qu'elles allaient mourir bientôt, de toute façon. Des slips de plomb ! On les mettait par-dessus le pantalon. Vous pouvez le noter... On racontait des blagues sans arrêt. En voilà une : on envoie un robot américain sur le toit. Il fonctionne cinq minutes. On envoie un robot japonais. Il fonctionne cinq minutes. On envoie un robot russe. Il fonctionne pendant deux heures. Il avait reçu un ordre par radio : "Soldat Ivanov, dans deux heures, vous pourrez descendre pour fumer une cigarette !" Ha ! Ha !

Avant de monter sur le réacteur, le commandant nous a réunis pour le briefing. Quelques gars se sont rebellés : "Nous y sommes déjà montés. On doit nous renvoyer à la maison." Certains se trouvaient dans le même cas que moi : mon affaire, c'était le combustible, l'essence. Et l'on m'envoyait malgré tout sur le toit. Moi, je n'ai rien dit. Je voulais y aller. Mais d'autres ont refusé. Le commandant a réglé toute l'affaire.

– Les volontaires iront sur le toit, et les autres, chez le procureur.

Alors tout le monde est rentré dans le rang. Les réfractaires ont tenu conseil et ont fini par accepter. Tu as prêté serment, tu as embrassé le drapeau, tu es donc obligé... Il me semble qu'aucun d'entre nous n'avait de doute quant au fait qu'on pouvait nous emprisonner pour refus d'obéissance. On disait que la peine encourue était de deux ou trois ans. En revanche, si le soldat chopait plus de vingt-cinq röntgens, c'est le commandant qui allait en taule. Pour avoir irradié ses soldats. Personne ne devait avoir reçu plus de vingt-cinq röntgens.

Les gars étaient bien. Deux sont tombés malades, alors il s'en est trouvé un pour dire : "J'y vais !" Il y était déjà allé, ce jour-là. On l'a vraiment respecté. La prime était de cinq cents roubles. Un autre était chargé de percer un trou, sur le toit, pour insérer le tuyau qui devait permettre de faire descendre les décombres. On lui a fait signe qu'il était temps de partir, mais il a continué. Il a continué à percer, à genoux. Il ne s'est relevé que lorsqu'il a eu fini. Il a touché une prime de mille roubles. On pouvait s'acheter deux motos avec cela. Aujourd'hui, il est invalide au premier degré... Mais pour la peur, on payait tout de suite...

Lorsqu'on nous a démobilisés, nous sommes montés dans les camions et l'on a traversé toute la zone en klaxonnant. Aujourd'hui, lorsque je me remémore ces journées, je me dis que j'ai éprouvé un sentiment... fantastique. Je ne réussis pas à l'exprimer. Les mots « grandiose » ou « fantastique » ne parviennent pas à tout retranscrire. Je n'ai jamais éprouvé un tel sentiment, même pendant l'amour... »

Alexandre Koudriaguine, liquidateur.

Monologue sur ce qu'il faut ajouter à la vie quotidienne pour la comprendre

« Vous voulez que je vous raconte les détails de ces jours-là ? Ou bien mon histoire ? Ainsi, par exemple, je n'ai jamais fait de photographie et là, soudain, je me suis mis à prendre des photos. J'avais emporté mon appareil par hasard. Et maintenant, c'est mon métier. Je n'ai pas pu me libérer des nouveaux sentiments que j'éprouvais. Ce n'étaient pas de brèves émotions, mais toute une histoire intérieure. Vous comprenez ?

(Tout en parlant, il étale des photos sur la table, les chaises, le rebord de la fenêtre : un tournesol gigantesque, grand comme la roue d'une charrette, un nid de cigogne dans un village vide, un cimetière campagnard avec un panneau "Hautement radioactif – Entrée interdite", une poussette dans la cour d'une maison aux fenêtres condamnées, une corneille posée dessus comme si elle y avait fait son nid, un vol de grues formant un caractère cunéiforme au-dessus d'un champ redevenu sauvage.)

On me demande pourquoi je ne prends pas de photos en couleurs. Mais il s'agit de Tchernobyl... Littéralement, ce nom signifie "la réalité noire"... Les autres couleurs n'existent pas. Mon histoire ? C'est la légende de cela... *(Il montre les photos.)* D'accord, je vais essayer. Vous comprenez, tout se trouve là... *(Il désigne encore une fois ses clichés.)* À cette époque, je travaillais à l'usine tout en suivant mes études par correspondance, à la faculté d'Histoire. J'étais serrurier. J'ai été rappelé avec un groupe de réservistes et l'on nous a fait partir sur-le-champ, en urgence. Comme au front.

– Où va-t-on ?

– Là où on vous le dira.

– Et qu'est-ce qu'on va faire ?

– Ce qu'on vous ordonnera. Mais vous allez construire. Reconstruire.

Nous construisions des bâtiments de service : des lavoirs, des entrepôts, des préaux. J'étais affecté au déchargement du ciment. Comment il était fait et d'où il venait, personne ne le vérifiait. Nous chargions et déchargions. À la pelle, toute la sainte journée. Le soir, seules les dents brillaient. Nous étions des hommes de ciment, tout gris, vêtements compris. En rentrant, nous secouions nos affaires. Le matin, nous les portions encore. Nous avons eu droit à des causeries politiques : héros, exploit, première ligne... Le vocabulaire militaire. Mais nous posions des questions : Qu'est-ce qu'un rem, un curie, un röntgen ? Le commandant était incapable de nous répondre. Il n'avait pas appris cela à l'école militaire. Milli, micro... De l'hébreu !

– Qu'avez-vous besoin de savoir ? Exécutez les ordres. Ici, vous êtes des soldats.

Oui, nous étions des soldats, mais pas des zeks !

Une commission est venue nous calmer. "Dans votre coin, tout va bien. Le fond de la radiation est normal. À quatre kilomètres d'ici, la vie est impossible, on va évacuer la population, mais chez vous, c'est calme." Un dosimétriste les accompagnait. Il a mis en marche son appareil et a promené son capteur le long de nos bottes. Il a brusquement fait un bond de côté... Un réflexe...

Là commencent les choses intéressantes pour vous, en tant qu'écrivain. Combien de temps croyez-vous que nous avons conservé cela en mémoire ? À peine quelques jours. Le Soviétique est incapable de penser exclusivement à lui-même, à sa propre vie, de vivre en vase clos. Nos hommes politiques sont incapables de penser à la valeur de la vie humaine, mais nous non plus. Vous comprenez ? Nous sommes organisés d'une manière particulière. Nous sommes d'une étoffe particulière. Bien sûr nous buvions comme des trous. Le soir, plus personne n'était sobre. Après les deux premiers verres, la plupart soupiraient en se souvenant de leurs femmes et de leurs enfants ou se plaignaient du travail et pestaient contre les chefs. Mais, après une ou deux bouteilles, on ne parlait plus que du destin du pays et de l'organisation de l'univers. De Gorbatchev et de Ligatchev[1]. De Staline. Étions-nous un grand pays ou non ? Allions-nous vaincre les Américains ? L'année 1986... Quels avions étaient les meilleurs et quelles fusées les plus sûres ? D'accord, Tchernobyl avait explosé, mais nous étions les premiers à avoir envoyé un homme dans l'espace ! Nous discutions jusqu'à l'extinction de voix, jusqu'au petit matin. Et ce n'était qu'en passant que nous nous demandions pourquoi nous n'avions pas de dosimètres, pourquoi on ne nous donnait pas de comprimés par prophylaxie, pourquoi nous n'avions pas de machines à laver pour nettoyer nos vêtements de travail tous les jours et non deux fois par mois. Nous sommes ainsi faits, que diable !

La vodka était plus appréciée que l'or. Il était impossible d'en acheter. Nous avons bu tout ce qu'on pouvait trouver dans les villages des alentours : tord-boyaux, lotions, laques, sprays... On posait sur la table un récipient de trois litres de tord-boyaux ou un sac rempli de flacons d'après-rasage et on causait... On causait. Il y avait parmi nous des profs et des ingénieurs... C'était une vraie internationale : des Russes, des Biélorusses, des Kazakhs, des Ukrainiens... Et nous tenions des conversations philoso-

---

1. À l'époque, secrétaire du Comité central et membre du Politburo. Numéro deux du parti, il devint progressivement l'un des principaux opposants à l'élargissement de la perestroïka qui conduisait, à terme, à la perte du pouvoir par le parti. *(N.d.T.)*

phiques... Nous sommes prisonniers du matérialisme,
disait-on, et ce matérialisme nous limite au monde des
objets. Or, Tchernobyl est une ouverture vers l'infini. Je
me souviens aussi de discussions sur le sort de la culture
russe, de son penchant pour le tragique. Impossible de
rien y comprendre sans l'ombre de la mort. La catastrophe n'est compréhensible qu'à partir de la culture russe.
C'est la seule qui s'y prête... Nous craignions la bombe,
le champignon nucléaire et les choses ont pris une autre
tournure... Nous savons comment brûle une maison
incendiée par une allumette ou un obus... Mais ce que
nous voyions ne ressemblait à rien... Les rumeurs disaient
que c'était le feu céleste. Et même pas un feu, mais une
lumière. Une lueur. Un rayonnement. Le bleu céleste. Et
pas de fumée. Avant cela, les scientifiques étaient des
dieux. Maintenant, ce sont des anges déchus. Des
démons ! La nature humaine demeure toujours un mystère pour eux. Je suis russe. Je suis né près de Briansk.
Chez nous, les vieux sont assis sur le seuil de leurs maisons de guingois qui ne vont pas tarder à tomber en ruine,
mais ils philosophent, réorganisent le monde. Ainsi faisions-nous, près du réacteur...

Des journalistes passaient nous voir. Ils prenaient des
photos. Des sujets inventés. Ils posaient un violon devant
la fenêtre d'une maison abandonnée et appelaient cela la
"symphonie de Tchernobyl". En fait, il n'y avait rien à
inventer. Il y avait de quoi faire : un globe terrestre écrasé
par un tracteur dans la cour d'une école ; le linge étendu
sur le balcon depuis un mois, devenu tout noir, des fosses
abandonnées ; l'herbe qui atteignait déjà la hauteur des
soldats en plâtre sur le piédestal des monuments, et des
oiseaux qui avaient fait leur nid sur les mitraillettes de
plâtre ; les portes d'une maison défoncées par les pillards,
mais les rideaux tirés aux fenêtres. Les habitants sont partis, mais leurs photos, chez eux, sont restées vivre à leur
place. Comme leurs âmes.

Il n'y avait rien de superflu, dans tout cela. J'avais envie
de tout mémoriser en détail et avec précision : l'heure à
laquelle j'ai vu telle ou telle chose, la couleur du ciel, mes

sensations. Vous comprenez ? L'homme s'en était allé pour toujours de ces endroits et nous étions les premiers à visiter ce "pour toujours". Nous n'avions pas le droit de laisser échapper un seul détail... Les visages des vieux paysans qui ressemblent à des icônes... Ils ne comprennent vraiment pas ce qui s'est passé. Ils n'ont jamais quitté leur maison, leur terre. Ils venaient au monde, faisaient l'amour, gagnaient leur pain dans la sueur, assuraient la lignée, attendaient les petits-enfants et, ayant vécu leur vie, ils quittaient la terre pour rentrer en elle. La maison biélorusse ! Pour nous, citadins, l'appartement est une machine pour la vie, mais pour eux, la maison représente un monde tout entier. Un cosmos. Et passer à travers des villages vides... On éprouve tellement le désir de rencontrer quelqu'un... Avec mon groupe, nous sommes entrés dans une église abandonnée, pillée... Cela sentait la cire. J'avais envie de prier...

C'est parce que je voulais me rappeler tout cela que je me suis lancé dans la photo... Voilà mon histoire.

Dernièrement, je suis allé à l'enterrement d'un ami qui était là-bas. Frappé de leucémie. Au repas funèbre, nous avons bu et mangé selon la coutume slave, vous voyez. Et les conversations ont duré jusqu'à minuit. On a d'abord parlé du défunt, puis du sort du pays et de l'organisation de l'espace. Les troupes russes vont-elles ou non quitter la Tchétchénie ? Une nouvelle guerre du Caucase est-elle en cours ou va-t-elle seulement commencer ? Quelles chances a Jirinovski de devenir président ? Et celles d'Eltsine de rester à son poste ? Nous avons parlé de la reine d'Angleterre et de la princesse Diana. De la monarchie russe. De Tchernobyl. Nous avons émis des hypothèses... Que les extraterrestres étaient au courant de la catastrophe et nous sont venus en aide... Que c'était une expérience cosmique qui donnerait naissance à des enfants géniaux... À moins que les Biélorusses ne disparaissent de la surface du globe comme d'autres peuples avant eux : les Scythes, les Sarmates, les Cimmériens... Nous sommes des métaphysiciens... Nous ne vivons pas sur terre, mais dans un monde de rêves et de bavardages.

Il nous faut toujours ajouter quelque chose à la vie quotidienne pour la comprendre. Même quand on frôle la mort... »

Victor Latoun, photographe.

Monologue sur un petit monstre qu'on aimerait quand même

« Ma fille m'a dit récemment : "Maman, si j'accouche d'un bébé difforme, je l'aimerai quand même." Vous vous rendez compte ? Elle est en terminale et elle a déjà des idées pareilles. Ses copines aussi, elles pensent toutes à cela... Un garçon est né chez des amis à nous. Il était tellement attendu ! Vous pensez, le premier enfant d'un couple jeune et beau ! Mais le bébé a une énorme fente en guise de bouche et pas d'oreilles... Je ne vais plus chez eux. Je ne passe plus comme avant. Cela m'est impossible, mais ma fille y fait des sauts. Elle a envie de les voir. J'ai l'impression qu'elle veut se faire à l'idée...

Nous aurions pu partir d'ici, mais mon mari et moi, nous avons réfléchi et y avons renoncé. Nous avons peur de l'extérieur. Ici, nous sommes le peuple de Tchernobyl. Nous n'éprouvons aucune crainte. Si quelqu'un nous offre des pommes ou des concombres de son jardin, nous les prenons et les mangeons. Nous ne les cachons pas honteusement dans un sac pour les jeter plus tard. Nous partageons la même mémoire, le même sort. Partout ailleurs, nous sommes des étrangers. Des lépreux. Tout le monde s'est habitué aux expressions : "enfants de Tchernobyl", "évacués de Tchernobyl", mais personne ne sait rien de nous. Il est probable que si on nous avait interdit de partir d'ici, si on avait installé des barrages autour de la zone, beaucoup d'entre vous se seraient calmés. *(Elle s'arrête.)* Ne me dites pas le contraire, j'ai vécu cela. Dans les premiers jours, j'ai pris ma fille et me suis ruée chez ma sœur, à Minsk... Ma propre sœur ne nous a pas laissées entrer chez elle parce qu'elle allaitait son bébé. Vous vous rendez compte ? Nous avons passé la nuit à la gare. Des idées folles me passaient par la tête... Où fuir ? Peut-être valait-il mieux se suicider pour ne pas souffrir... C'étaient les premiers jours... Je m'imaginais des maladies horribles, inconcevables... Or, je suis médecin. Alors, que devaient penser les autres ? Quant aux enfants, où qu'ils aillent, ils se sentent étrangers parmi les autres... À la colonie de vacances où ma fille a passé un été, on avait peur de la toucher : "Un hérisson de Tchernobyl. Une luciole. Elle brille dans le noir." Le soir, on la faisait sortir dans la cour pour voir si c'était vrai.

On dit : la guerre... La génération de la guerre... On fait des comparaisons... La génération de la guerre ? Mais elle était heureuse ! Ces gens avaient la victoire. Ils ont vaincu ! Cela leur a donné une formidable énergie vitale ou, pour utiliser le vocabulaire d'aujourd'hui, une orientation très forte vers la survie. Ils n'avaient peur de rien. Ils voulaient vivre, étudier, faire des enfants... Et nous ? Nous avons peur de tout... Peur pour nos enfants... Pour les petits-enfants que nous n'avons pas encore. Ils ne sont pas encore nés et nous avons déjà peur... Les gens sourient moins. Ils ne chantent plus comme avant au moment des fêtes. Non seulement le paysage change, puisque des forêts poussent de nouveau à la place des champs, mais encore le caractère national. La dépression règne sans partage... Chacun éprouve le sentiment d'être condamné. Tchernobyl est une métaphore, un symbole...

Parfois, je me dis qu'il vaudrait mieux que personne n'écrive plus sur nous. Les gens auraient alors moins peur de nous. Tout comme on ne parle pas de cancer dans la maison de quelqu'un qui en est atteint. Et personne ne parle d'échéance dans la cellule d'un condamné à perpétuité... »

Nadejda Afanassievna Bourakova,
habitante de Khoïniki.

Monologue sur un soldat muet

« Je n'irai plus dans la zone alors que, avant, cela m'attirait... Si je revois cela, si j'y pense, je vais tomber malade et mourir. Vous vous souvenez de ce film où l'on tuait une vache ? Sa pupille occupait tout l'écran. Je n'ai pas pu le regarder jusqu'au bout... Je me suis évanouie. Je n'ai donc pas vu comment on tuait des gens... Non ! L'art, c'est l'amour, j'en suis convaincue ! Je ne veux pas allumer la télé ou lire les journaux... Partout des tueries... En Tchétchénie, en Bosnie... Je perds la raison, ma vue se trouble. La banalité de l'horreur... Chaque jour qui passe, l'ignominie sur l'écran se fait encore plus terrible que la veille. Sinon, cela ne fait plus peur. Nous avons passé la ligne...

Hier, j'ai pris le trolley. Un garçon n'a pas cédé sa place à un vieillard et celui-ci le lui a reproché.

– Qu'est-ce que tu diras quand tu seras vieux et qu'on ne te cédera pas la place ?

– Je ne serai jamais vieux ! a répondu le gosse.

– Et pourquoi donc ?

– Parce que nous mourrons tous bientôt.

Autour de nous, on ne parle que de la mort. Les enfants pensent à la mort, alors qu'il s'agit d'une chose à laquelle on réfléchit à la fin de la vie, pas au début.

Je vois le monde en petites scènes... La rue pour moi, c'est un théâtre... La maison, un théâtre. Je ne me rappelle jamais un événement dans son intégralité, mais je retiens des détails, des gestes.

Tout se confond dans ma mémoire, s'entremêle. S'agit-il d'une scène de cinéma, d'un article de journal... Ou bien l'ai-je vu de mes yeux quelque part ?

Je vois un renard se traîner dans la rue déserte d'un village. Il est doux, câlin. Comme un enfant... Il fait des mamours à des chats sauvages et des poules...

Tout est calme. Et soudain, au milieu du silence, des mots bizarres : "Gocha est gentil ! Gocha est gentil !" Une cage rouillée, la grille ouverte, se balance sur la branche d'un vieux pommier. Un perroquet se parle à lui-même.

Pourquoi je collecte tous ces détails ? Je ne créerai

jamais de spectacle sur Tchernobyl, de la même manière que je n'ai jamais mis en scène de spectacle sur la guerre. Je ne montrerai jamais de mort sur scène, même un hérisson ou un simple oiseau. En m'approchant d'un sapin, dans la forêt, j'ai remarqué quelque chose de blanc entre les racines... Je croyais voir des champignons, mais il s'agissait de moineaux étendus sur le dos, morts. Là, dans la zone... La mort m'est incompréhensible. Je m'arrête devant elle pour ne pas perdre la raison. Il faut montrer la guerre de manière si horrible que les gens vomissent. Qu'ils en soient malades... Ce n'est pas un spectacle...

Dans les premiers jours, alors qu'on n'avait pas encore montré la moindre photo, je m'imaginais déjà les solives écroulées, les murs détruits, la fumée, les vitres brisées. Des enfants silencieux qu'on emmène quelque part. Des convois de camions. Les adultes pleurent, pas les gosses. Et l'on n'avait pas publié de photo... Il est probable que, si on les interroge, les gens ne conçoivent pas d'autres images de l'apocalypse : explosions, incendies, cadavres, panique. Comme ce dont je me souviens de mon enfance... *(Elle se tait.)* Mais j'en parlerai plus tard... À part ça, il y a eu autre chose. Une autre peur. On ne l'entend pas, on ne la voit pas, elle n'a ni odeur ni couleur, mais nous change physiquement et psychologiquement. Notre formule sanguine change, notre code génétique change, le paysage change... Quoi que nous pensions, quoi que nous fassions... Je me lève le matin, je bois du thé, je vais aux répétitions, je rencontre mes élèves... Et cela est suspendu au-dessus de moi. Comme un signe. Comme une question. Je ne peux comparer cela à rien. De mon enfance, je garde des souvenirs qui ne ressemblent guère à cela.

J'ai vu seulement un bon film de guerre. J'en ai oublié le titre. Il racontait l'histoire d'un soldat muet. Il ne parlait pas de tout le film. Il accompagnait une Allemande enceinte, engrossée par un soldat russe. Et l'enfant est né pendant le voyage, dans la charrette. Le soldat le prend dans ses bras et, pendant qu'il le tient, le bébé fait pipi sur sa mitraillette. L'homme rit... Ce rire, c'est comme un discours. Il regarde successivement l'enfant et son arme, et il rit... La fin du film.

Dans cette histoire, il n'y a pas de Russes ou d'Allemands. Il y a un monstre : la guerre. Mais maintenant, après Tchernobyl, tout a changé. Le monde a changé, il ne semble plus éternel, comme avant. Soudain, la Terre est devenue petite. Nous avons été privés de l'immortalité : voilà ce qui nous est arrivé. À la télé, je vois comment on tue tous les jours. On tire. Ce sont des gens privés d'immortalité qui en tuent d'autres. Après Tchernobyl.

Quelque chose de trouble, comme si je regardais au loin... J'avais trois ans lorsque j'ai été déportée avec ma mère, en Allemagne, dans un camp de concentration... Je me souviens d'images d'une grande beauté... Ma vue est peut-être ainsi faite. Des montagnes... Il pleuvait, ou il neigeait. Les gens se tenaient en un énorme demi-cercle. Chacun avait un numéro... Très net, avec de la peinture blanche... Sur les chaussures... Sur le dos... Des numéros, des numéros partout... Des barbelés. Un homme casqué dans un mirador. Des chiens courent et aboient très fort. Deux Allemands : un grand et gros, en noir, et un autre, petit, en marron. Le gros pointe du doigt quelque part... Une ombre surgit du demi-cercle sombre et devient un homme. L'Allemand en noir le frappe...

Je me souviens d'un Italien grand et beau... Il chantait tout le temps...

J'ai essayé d'écrire des scènes de guerre, mais rien n'en est sorti. Je ne pourrai jamais monter un spectacle sur la guerre. Je n'y arriverai pas.

Nous avons donné un spectacle très joyeux dans la zone de Tchernobyl. Il s'intitulait : *Puits, donne de l'eau*. Un conte. C'était à Khotimsk, un chef-lieu de district. Pour les pensionnaires d'un orphelinat. On n'a pas évacué les orphelins.

À l'entracte, personne n'applaudissait. Ils se taisaient tous. À la fin du spectacle, la même chose. Ils n'applaudissaient pas, se taisaient.

Mes étudiants étaient en larmes. Ils se sont rassemblés en coulisse : "Mais qu'est-ce qu'ils ont, ces gosses ?" Plus tard, nous avons compris : ils croyaient tout ce qui se passait sur la scène. Pendant tout le spectacle, ils attendaient un miracle. Les enfants ordinaires, qui vivent dans leurs familles, comprennent que c'est du théâtre. Ceux-là attendaient un miracle...

Nous autres, Biélorusses, nous n'avons jamais eu d'éternité. Nous n'avons même pas de territoire historique. On nous l'a pris tout le temps, effaçant nos traces. Nous ne pouvions même pas vivre avec l'éternité, comme dans l'Ancien Testament : Untel a engendré Untel qui, à son tour... Nous ne savons que faire d'elle, nous ne savons pas vivre avec elle. Nous ne sommes pas capables de la concevoir. Mais elle nous a été enfin concédée. Notre éternité, c'est Tchernobyl... Et nous, nous rions ! Comme dans cette histoire où les voisins viennent consoler un homme dont la maison a brûlé. Et lui leur répond : "Eh oui, j'ai tout perdu, mais que de souris crevées !" Et, d'un geste crâne, il jette son chapeau par terre. Voilà bien le caractère biélorusse.

Nos dieux ne rient pas. Nos dieux sont des martyrs. Les Grecs avaient des dieux gais, rieurs. J'entends partout la même mélodie... Elle traîne là où je vais... Ce n'est pas une chanson, mais une lamentation. La prédestination de notre peuple pour n'importe quel malheur. L'attente ininterrompue d'un désastre. Et le bonheur ? Le bonheur est une chose temporaire, due au hasard. La sagesse populaire dit : "un seul malheur n'est pas un malheur", "contre le malheur, un bâton ne protège pas", "à chaque mouvement, un coup sur les dents", "pas de chanson, quand le malheur assiège la maison". Nous n'avons rien, à part la souffrance. Pas d'autre histoire, pas d'autre culture...

Mes élèves tombent amoureux, font des enfants, mais ils sont calmes et faibles. Après la guerre, je suis rentrée du camp de concentration... J'ai survécu. À l'époque, il suffisait de survivre. Je pouvais manger de la neige en guise d'eau, ne pas sortir de la rivière, l'été, plonger cent fois... Leurs enfants ne peuvent pas manger de la neige. Même la plus propre, la plus blanche qui soit... »

Lilia Mikhaïlovna Kouzmenkova,
metteur en scène, enseignante au conservatoire
théâtral de Moguilev.

Monologue sur l'éternel et le maudit :
que faire et qui est coupable ?

« Je suis un homme de mon temps. Aujourd'hui, c'est
la mode de nous injurier... C'est sans danger... Tous les
communistes sont des criminels. Nous sommes responsables de tout, y compris des lois de la physique. À l'époque,
j'étais premier secrétaire d'un comité de district du parti.
On écrit dans les journaux que les communistes étaient
coupables, car ils construisaient des centrales de mauvaise qualité, par souci d'économie, et ne prenaient pas
en compte les vies humaines. Que l'homme n'était pour
eux que du sable, le fumier de l'Histoire ! Questions mau-
dites : Que faire ? Et qui est coupable ? Questions éternel-
les, immuables. Mais ils sont tous impatients. Tout le
monde veut se venger ! Du sang ! Sus aux communistes !

Si les autres se taisent, moi, je vais parler. On lit
aujourd'hui dans les journaux : les communistes trom-
paient le peuple, lui cachaient la vérité. Mais nous avions
notre devoir... Nous recevions des télégrammes du Comité
central, du comité régional du parti... Notre mission était
d'empêcher la panique. Les gens étaient pendus aux nouvelles. Il n'y a que pendant la guerre que l'on suivait avec
autant d'attention les communiqués du front. Et il y avait
la peur, les rumeurs. C'était cela qui assommait la population, et non la radiation... Nous devions... On ne peut
pas dire que l'on dissimulait les choses volontairement.
En fait, personne ne comprenait les dimensions de ce qui
se passait. On agissait en vertu de considérations politiques supérieures. Mais si l'on met de côté les émotions et
la politique, il faut reconnaître que personne ne croyait
vraiment ce qui venait de se passer. Même les scientifiques ne parvenaient pas à y croire ! Il n'y avait aucun
précédent, ni chez nous ni dans le monde entier. Sur
place, dans la centrale, les savants étudiaient la situation
et prenaient des décisions. Récemment, j'ai regardé
l'émission *Moment de vérité*, avec Alexandre Iakovlev,
membre du Politburo. Celui qui était du côté de Gorbatchev... Il se souvient de quoi ? Eux, au sommet, ils ne
s'imaginaient pas le tableau, non plus... Lors d'une séance

du Politburo, un général disait : "Qu'est-ce que la radiation a de terrible ? Après un test nucléaire, nous avons bu du vin rouge, le soir, sur le champ de tir. Et personne n'a rien eu." On parlait de Tchernobyl comme d'un accident, un accident ordinaire.

Si j'avais déclaré qu'on ne pouvait pas sortir dans la rue, on m'aurait dit : "Vous voulez saboter la fête du Premier Mai ?" Cela serait devenu une affaire politique. J'aurais dû mettre ma carte du parti sur la table... *(Il se calme un peu.)* Ce n'est pas une blague ! C'est ce qui s'est vraiment passé... On raconte que Chtcherbina, le président de la commission du gouvernement, arrivé sur place peu de jours après l'explosion, a exigé d'être immédiatement conduit sur les lieux de l'accident. On lui a parlé des amas de graphite, des champs de radiation affolants, des températures très élevées... Impossible donc de l'y emmener. Mais il se mit à hurler : "Je dois tout voir de mes yeux. Ce soir, je dois faire mon rapport au Politburo." C'est le type même du comportement militaire. Nous ne connaissions rien d'autre. Nous ne comprenions pas que la physique existait... La réaction en chaîne... Et qu'aucun décret du gouvernement ne pouvait la changer. Mais si j'avais osé le dire ! Si j'avais osé annuler la manifestation du Premier Mai ! *(Il s'échauffe de nouveau.)* La presse écrit... Comme si le peuple était dans la rue et nous dans des bunkers souterrains ! Je suis resté debout à la tribune pendant deux heures, sous ce soleil, sans chapeau, sans manteau... Et pareillement le 9 mai, le jour de la Victoire. J'ai défilé avec les vétérans... Il y avait des airs d'accordéon. On buvait, on dansait. Nous faisions tous partie du système. Nous croyions ! Nous avions des idéaux élevés. Nous avions foi en la victoire ! Nous allions vaincre Tchernobyl ! Nous lisions des articles enthousiasmants sur la lutte héroïque pour dompter le réacteur que l'on ne maîtrisait plus. L'homme sans idéal ? C'est horrible... Que voyons-nous se passer, maintenant ? La débâcle. L'anarchie. Les idéaux sont indispensables... Ce n'est qu'avec eux qu'un État fort est possible ! Et nous les avions.

Dans les journaux, à la radio, à la télé, tout le monde criait : la vérité, nous voulons la vérité ! Dans les meetings, on exigeait la vérité ! Mais c'est mauvais, très mauvais ! Nous allons tous bientôt mourir ! Qui a besoin d'une telle vérité ? Lorsque les foules ont fait irruption à la Convention pour exiger la mise à mort de Robespierre, avaient-elles raison ? Se soumettre à la foule... Devenir la foule... Regardez ce qui se passe, maintenant... *(Un silence.)* Si je suis un criminel, alors pourquoi ma petite-fille... Mon enfant... Elle est malade, elle aussi. Ma fille l'a mise au monde ce printemps-là. Elle nous l'a amenée, à Slavgorod, quelques semaines après l'explosion de la centrale... Les hélicoptères faisaient toujours des allers-retours et les véhicules militaires encombraient les routes... Ma femme me suppliait de les renvoyer, de les faire partir. Mais moi, premier secrétaire du comité du parti, je l'ai interdit catégoriquement : "Que diront les gens si je mets ma fille et son bébé à l'abri, alors que leurs enfants restent ici ?" Ceux qui voulaient partir pour sauver leur peau, je les convoquais au bureau du comité de district : "Es-tu communiste ou non ?" C'était une véritable épreuve. Si j'étais un criminel, pourquoi alors est-ce que je condamnais mon propre enfant ? *(Il prononce encore quelques phrases incohérentes.)*

Vous m'avez demandé de vous parler des premiers jours... L'inquiétude régnait en Ukraine, mais tout était calme, en Biélorussie. La campagne des semailles battait son plein. Je ne me cachais pas, je ne restais pas cloîtré dans mon bureau, mais je parcourais les champs, les prés. Nous semions, nous labourions. Avez-vous oublié qu'avant Tchernobyl l'atome était surnommé "le travailleur pacifique" ? Nous étions fiers de vivre à l'ère atomique. Je ne me souviens pas qu'on ait eu peur du nucléaire... Et le premier secrétaire d'un comité du parti, c'était qui ? C'est un homme ordinaire avec un diplôme d'études supérieures ordinaire, généralement ingénieur ou agronome. Certains avaient fait, en plus, des études à l'École supérieure du parti. Sur les radiations, je ne savais que ce qu'on nous avait dit au cours de défense civile. Je n'avais jamais entendu parler de césium dans le lait, ni de strontium... Or, le lait avec le césium, nous le portions dans les laiteries. Et la viande, dans les boucheries industrielles. Nous fauchions de l'herbe à quarante curies. Nous exécutions le plan. Et j'exerçais des pressions pour le remplir. Car personne ne l'avait annulé...

Un détail sur ce que nous étions à l'époque : dans les premiers jours, les gens éprouvaient non pas seulement de la peur, mais aussi de l'enthousiasme. Je suis totalement privé de l'instinct de conservation. *(Après un instant de réflexion.)* J'ai un sens du devoir très développé... J'avais sur mon bureau des dizaines de demandes : "Je vous prie de m'envoyer à Tchernobyl." Des volontaires. Quoi que vous écriviez, le caractère soviétique a existé. Et l'homme soviétique aussi. Quoi que vous écriviez...

Des scientifiques venaient nous voir. J'en pris un à part.

– Est-il nocif pour nos enfants de jouer dans du sable irradié ?

– Vous semez la panique, me répondit-il. Vous êtes des amateurs. Que savez-vous de la radiation ? Moi, je suis un spécialiste. Vingt minutes après un essai nucléaire, j'allais en jeep, vers l'épicentre. Sur le sol vitrifié. Pourquoi semez-vous la panique ?

Je le crus. Je convoquai les gens dans mon bureau : "Les gars, vous allez fuir, je vais fuir. Mais que penseront les gens de nous ? Ne diront-ils pas que les communistes ont déserté ?" Si ces mots ne parvenaient pas à les convaincre, j'agissais différemment : "Es-tu ou non un patriote ? Si tu ne l'es pas, jette ta carte du parti sur la table !" Certains la jetaient...

Ce n'est que plus tard que j'ai eu des soupçons... Nous avions un contrat avec l'Institut de physique nucléaire pour l'analyse de nos terres. Ils ont pris de l'herbe et des couches de terre arable pour les transporter à Minsk. Puis ils m'ont rappelé :

– Venez reprendre votre sol, s'il vous plaît.

Le combiné manqua de me tomber des mains.

– Mais vous plaisantez ? Il y a quatre cents kilomètres jusqu'à Minsk... Reprendre des échantillons de terre ?

– Ce n'est pas une plaisanterie, me répondit-on. Les instructions exigent que ces échantillons soient enterrés dans un sépulcre en béton armé. Mais nous recevons de la terre de toute la Biélorussie. En un mois, nous avons rempli notre sépulcre.

Vous avez entendu ? Et nous labourions cette terre, semions. Nos enfants y jouaient. On exigeait de nous de remplir les plans de livraison de lait et de viande. L'alcool était distillé à partir de notre grain. On préparait des jus avec nos pommes, nos poires, nos cerises !

L'évacuation... Si quelqu'un avait vu cela d'en haut, il aurait pensé que la Troisième Guerre mondiale venait de commencer. On évacue un village et l'on prévient celui d'à côté : évacuation dans une semaine. Et, pendant une semaine, les villageois font des meules, fauchent l'herbe, travaillent dans les potagers, coupent du bois... La vie suit son cours. Personne ne comprend ce qui se passe. Et, une semaine plus tard, on emmène tout le monde dans des camions militaires... Des réunions, des missions, des instructions, des nuits sans sommeil. Il y avait de tout. Je me souviens d'un homme, près du comité municipal du parti, à Minsk. Il tenait une pancarte : "Donnez de l'iode au peuple !" Il faisait chaud, mais il portait un imperméable.

(Il revient au début de notre conversation.)

Vous avez oublié... À l'époque, les centrales nucléaires, c'était l'avenir. J'ai fait plusieurs interventions... De la propagande... J'ai visité une centrale : tout était paisible, solennel. Dans un coin, des drapeaux rouges et des fanions de victoire à l'émulation socialiste. Notre avenir...

Je suis un homme de mon époque, pas un criminel... »

Vladimir Matveïevitch Ivanov,
ancien premier secrétaire du comité du parti
du district de Slavgorod.

Monologue d'un défenseur du pouvoir soviétique

« Qu'est-ce que vous notez là ? Qui vous a donné la permission ? Et vous prenez des photos... Rangez votre appareil ou je le casse... Ce n'est pas croyable ! Ils débarquent ! Nous habitons ici. Nous souffrons. Et vous désorientez les gens... Vous vous insurgez... Vous tentez de nous tirer les vers du nez ! Il n'y a plus d'ordre ! Pas d'ordre ! Et en plus, ils débarquent ! Avec un magnéto-phone...

Parfaitement, je le défends ! Je défends le pouvoir sovié-tique. Notre pouvoir. Le pouvoir du peuple ! Sous le pou-voir soviétique, nous étions forts. Le monde entier avait peur de nous. Tout le monde avait les yeux fixés sur nous ! Certains tremblaient de peur ! D'autres d'envie ! Et merde ! Que se passe-t-il maintenant ? Sous la démocra-tie... On nous vend des friandises et de la margarine aux dates dépassées, des jeans usés, comme aux indigènes qui viennent à peine de descendre des arbres. Je regrette l'État ! Et ils débarquent !

C'était tout de même un bel État, merde alors ! Tant que Gorbatchev n'est pas monté sur le trône... Ce démon marqué sur le crâne ! Gorby... Il agissait selon les plans de la C.I.A. Ce sont eux qui ont fait exploser Tchernobyl : les gens de la C.I.A. et les démocrates... Je l'ai lu dans la presse... Si Tchernobyl n'avait pas explosé, l'État ne se serait pas effondré. Un grand empire ! Merde ! Un pain sous les communistes coûtait vingt kopecks. Maintenant, il coûte deux mille roubles. Pour trois roubles, j'achetais une bouteille, et il me restait de quoi me payer quelque chose à manger... Et maintenant, avec les démocrates ? Ils ont tout vendu ! Tout hypothéqué. Nos petits-enfants n'auront pas de quoi régler tous les comptes...

Je ne suis pas ivre ! Je suis pour les communistes ! Ils étaient bien pour nous, les gens simples. Je n'ai pas besoin de contes ! La démocratie... L'homme libre... Merde ! Quand cet homme libre meurt, il n'y a même pas d'argent pour l'enterrer. Une vieille femme est morte, chez nous. Seule, sans enfants. On l'a laissée pendant deux jours dans sa maison, la pauvre... Dans un vieux gilet molletonné... Sous les icônes... On ne pouvait pas acheter le cercueil ! Jadis, elle était stakhanoviste, chef d'équipe. Pendant deux jours, nous avons refusé de travailler dans les champs. Nous avons manifesté jusqu'à ce que le président du kol-khoze nous promette d'octroyer, pour chaque défunt, un cercueil, ainsi qu'un veau ou un cochon et deux caisses

de vodka pour le repas funèbre. Sous les démocrates...
Deux caisses de vodka... Gratuitement ! Une bouteille
pour chaque homme, c'est une beuverie ; une demi-
bouteille, c'est un remède... contre les radiations...

Pourquoi ne notez-vous pas cela ? Vous notez seulement ce qui vous convient ! Vous embrouillez les gens.
Vous vous insurgez... Vous avez peut-être besoin d'un
capital politique ? Ou de vous remplir les poches avec des
dollars ? Nous, nous vivons ici... Nous souffrons... Et pas
de coupables ! Nommez-moi les coupables ! Je suis pour
les communistes ! Ils vont revenir au pouvoir et retrouver
les coupables ! Merde, alors ! Ils débarquent... Ils
notent... »

(Il n'a pas donné son nom.)

Monologue sur comment deux anges
ont rencontré la petite Olga

« J'ai mes propres archives... J'ai compilé pendant sept
ans des coupures de presse, des notes. J'ai même des chiffres. Je vous donnerai tout cela. Je ne pourrai jamais
abandonner le sujet, mais je suis incapable de l'écrire
moi-même. Je peux lutter, organiser des manifestations,
des piquets de grève, chercher des médicaments, rendre
visite aux enfants malades, mais je ne peux pas écrire...
Faites-le ! Mes sentiments débordent tellement que je ne
peux les maîtriser, ils me paralysent. Tchernobyl a déjà
ses propres écrivains, mais je ne veux pas me joindre au
cercle de ceux qui exploitent le sujet. *(Elle réfléchit.)*

Cette pluie tiède d'avril... Depuis sept ans, je pense à
cette pluie... Les gouttes roulaient comme du mercure. On
dit que la radiation n'a pas de couleur, mais les flaques
étaient vertes ou jaunes, fluorescentes. Une voisine m'a
dit en chuchotant que Radio Liberty parlait d'un accident
à la centrale nucléaire de Tchernobyl. Je n'y ai pas prêté
la moindre attention. J'avais la certitude que, s'il s'était
agi de quelque chose de grave, nous en aurions été informés. Il y avait des moyens techniques spéciaux, une signa-

lisation spéciale, des abris antiatomiques. On nous aurait averti. Nous en étions certains ! Nous avions tous fait des stages de défense civile. J'y avais moi-même enseigné... Le soir du même jour, la voisine nous a apporté des cachets. Elle les avait eus par l'un de ses parents qui travaillait à l'Institut de la physique nucléaire et lui avait expliqué comment les prendre. Il lui avait fait jurer le silence. Muette comme une carpe ! Comme une pierre ! Il avait surtout peur qu'on en parle et qu'on l'appelle pour lui poser des questions...

Mon petit-fils habitait à ce moment chez moi. C'était encore un petit garçon... Et moi, je n'y ai pas cru. Je crois que, chez moi, personne n'a pris ces cachets. Nous étions très confiants. Et pas seulement la vieille génération, mais aussi les jeunes... Je me souviens des premières impressions, des premières rumeurs... Je passe sans cesse d'un temps à l'autre, d'un état à l'autre... D'ici à là... En tant que femme de plume, j'ai réfléchi à ces passages. Ils m'intéressaient. Deux personnes coexistaient en moi : celle d'avant Tchernobyl et celle de Tchernobyl. Mais il m'est désormais difficile de reconstituer cet "avant" avec authenticité. Ma vision a changé...

Je suis allée dans la zone dès les premiers jours... Je me souviens, nous nous sommes arrêtés dans un village et j'ai été frappée par le silence. Pas d'oiseaux, aucun son... Pas un bruit dans les rues... D'accord, les maisons étaient vides, les gens étaient partis, mais tout s'était tu : il ne restait pas un seul oiseau...

Nous sommes arrivés dans le village non évacué de Tchoudiany : cent quarante-neuf curies... À Malinovka : cinquante-neuf curies... La population avait reçu des doses de plusieurs dizaines de milliers de fois supérieures à celles des soldats qui gardent les zones d'essais nucléaires ! Des dizaines de milliers de fois ! Le dosimètre craquait. Il se bloquait au maximum... Et dans les bureaux des kolkhozes étaient affichées des annonces signées par les radiologues locaux selon lesquelles on pouvait manger des oignons, des laitues, des tomates, des concombres. Tout poussait, on mangeait tout...

Où sont-ils maintenant, ces radiologues ? Où sont les

secrétaires des comités du parti ? Comment parviennent-ils à se justifier ?

Dans ces villages, nous rencontrions beaucoup de gens ivres. Même les femmes étaient un peu soûles, surtout celles qui s'occupaient de traire les vaches.

À Malinovka (dans le district de Tcherikovski), j'ai visité le jardin d'enfants. Les gosses jouaient dans la cour... Faisaient des pâtés de sable dans le bac... La directrice nous a expliqué que l'on changeait le sable tous les mois. On l'amenait de quelque part. Mieux valait ne pas se demander d'où. Les enfants étaient tristes. Nous avons tenté de plaisanter avec eux. Sans succès. L'éducatrice pleurait : "Ce n'est même pas la peine d'essayer. Nos enfants ne sourient pas. Et ils pleurent en dormant." Nous avons rencontré dans la rue une femme avec un nouveau-né.

– Qui vous a permis d'accoucher ici ? Cinquante-neuf curies...

– Le radiologue est venu et m'a seulement conseillé de ne pas faire sécher les langes dehors.

Les autorités persuadaient les gens de ne pas partir. De rester. Même dans les villages évacués, on ramenait des gens pour les travaux des champs. Pour récolter les pommes de terre...

J'ai gardé plusieurs instructions... Strictement confidentielles... Je vous les donnerai toutes ! Écrivez un livre honnête... L'une d'elles concernait la manière de traiter les poulets contaminés. Dans la boucherie où on les traitait, il fallait être habillé comme en terrain contaminé : gants de caoutchouc, combinaison de caoutchouc, bottes, etc. Si la radiation atteignait tant de curies, il fallait cuire la volaille dans l'eau salée, jeter l'eau aux égouts et ajouter la viande à celle des pâtés et des saucissons. Si la radiation était encore plus importante, il fallait l'ajouter à la nourriture pour le bétail... Voilà comment on remplissait les plans de livraison de viande. On vendait des veaux des régions contaminées dans d'autres endroits, pour pas cher. Les chauffeurs qui les transportaient racontaient que ces veaux étaient bizarres : leurs poils pendaient à terre et ils avaient tellement faim qu'ils mangeaient de tout, même des chiffons et du papier. Ils étaient faciles à nourrir ! On les vendait aux kolkhozes, mais ceux qui en voulaient pouvaient les prendre pour leur consommation personnelle. C'était criminel ! Criminel !

Nous avons rencontré, sur la route, un camion qui avançait lentement, comme pour un enterrement... Comme s'il transportait un défunt. Nous l'avons arrêté. Un jeune gars était au volant.

– Tu te sens mal ? lui ai-je demandé. Est-ce pour cela que tu roules si lentement ?

– Non, je transporte de la terre radioactive. Et il fait chaud. Et il y a beaucoup de poussière !

– Tu es fou ! Tu es en âge de te marier. De faire des enfants !

– Mais où me donnera-t-on cinquante roubles pour un seul trajet ?

À l'époque, avec cinquante roubles, on pouvait se payer un beau costume. Et les primes comptaient plus que la radiation. Les primes et les combines misérables... Misérables en regard du prix de la vie...

Le tragique et le ridicule se côtoyaient. Ainsi, nous avons rencontré deux grand-mères assises sur un banc, près d'une maison. Des enfants couraient autour d'elles. Nos détecteurs indiquaient soixante-dix curies...

– Qui sont ces enfants ?

– Ils sont venus de Minsk, passer l'été.

– Mais la radiation est très élevée, ici !

– Qu'est-ce que tu as à nous bourrer le crâne ? La radiation, nous l'avons vue.

– On ne peut pas la voir !

– Tu vois cette maison inachevée ? Les gens l'ont abandonnée. Ils sont partis. Ils ont eu la trouille. Un soir, nous y sommes allés voir. Nous avons regardé par la fenêtre... Et elle était assise à l'intérieur, cette radiation. Très méchante avec les yeux qui brillent... Très noire...

– Arrêtez vos bêtises !

– Nous te jurons que c'est vrai ! Tiens, nous nous signons !

Elles se signent. Elles se signent et se marrent. De qui se moquent-elles ? De nous ? Ou d'elles-mêmes ?

À notre retour à la rédaction, nous nous sommes tous

rassemblés pour une réunion. Chacun demande aux autres comment ils vont.

– Tout va bien ! répond l'un d'entre nous.

– Tout va bien ? Mais regarde-toi dans une glace ! Tu es revenu avec les cheveux gris !

Des quantités de blagues sont nées. La plus courte : "Ils formaient un bon peuple, les Biélorusses !"

Quelqu'un vous a-t-il dit qu'il était strictement interdit de prendre des photos à proximité immédiate du réacteur ? Il fallait une autorisation spéciale. On confisquait les appareils. Avant leur départ, on fouillait les soldats qui y avaient fait leur service, pour qu'ils n'emportent pas de photos. Pas de pièces à conviction. Le K.G.B. confisquait même les pellicules aux équipes de télévision. Ils les rendaient après les avoir exposées à la lumière. Que de documents ont ainsi été détruits ! Que de témoignages perdus pour la science et pour l'Histoire ! Si l'on pouvait retrouver ceux qui ont donné ces ordres... Qu'inventeraient-ils pour se justifier, aujourd'hui ?

Je ne leur pardonnerai jamais ! Jamais ! Ne serait-ce qu'à cause d'une fillette... Elle dansait à l'hôpital... Une danse polonaise... Elle avait neuf ans et dansait très joliment... Deux mois plus tard, sa maman m'a appelée : "Ma petite Olga est en train de mourir !" Ce jour-là, je n'ai pas eu la force de me rendre à l'hôpital. Ensuite, c'était trop tard. Olga avait une petite sœur. Elle s'est réveillée, le matin, et a dit :

– Maman, j'ai vu dans mon rêve que deux anges sont venus et ont emporté notre Olga chérie. Ils ont dit qu'elle serait heureuse là-bas. Qu'elle n'aurait mal nulle part. Maman, ce sont deux anges qui ont emporté Olga...

Je ne peux trouver d'excuse à personne. »

Irina Kisseleva, journaliste.

Monologue sur le pouvoir démesuré
d'un homme sur un autre

« Je ne suis pas un homme de plume, je suis physicien. Voilà pourquoi je me bornerai à parler de faits...

Pour Tchernobyl, il faudra bien répondre un jour... Le temps viendra où il faudra payer... Comme pour 1937. Même si ce n'est que dans cinquante ans ! Même s'ils sont vieux ! Même s'ils sont morts ! Ce sont des criminels ! *(Un silence.)* Il faut préserver les faits... On les réclamera !

Ce jour-là, le 26 avril, j'étais à Moscou. En mission. C'est là que j'ai appris pour la catastrophe.

J'ai aussitôt appelé Sliounkov, le premier secrétaire du Comité central de Biélorussie, à Minsk, mais on ne me l'a pas passé. J'ai renouvelé l'appel à plusieurs reprises, jusqu'à tomber sur l'un de ses assistants qui me connaissait très bien.

– Je téléphone de Moscou. Passez-moi Sliounkov ! J'ai des informations urgentes. Au sujet de l'accident...

J'appelais sur une ligne gouvernementale, mais l'affaire était déjà strictement confidentielle. Dès que j'ai mentionné l'accident, la liaison a été coupée. Bien sûr, tout était écouté. Inutile de préciser par qui. Les organes concernés. L'État dans l'État. Et le fait que moi, le directeur de l'Institut de l'énergie nucléaire de l'Académie des sciences de Biélorussie, membre correspondant de l'Académie des sciences, je voulais parler au premier secrétaire du Comité central n'y changeait rien. Le secret s'étendait à moi aussi.

Il me fallut batailler pendant deux heures pour que Sliounkov daigne enfin se saisir du combiné.

– C'est un grave accident. Selon mes calculs (j'avais déjà pu contacter un certain nombre de personnes à Moscou et obtenir des informations), le nuage radioactif avance vers vous. Vers la Biélorussie. Il faut immédiatement traiter préventivement à l'iode toute la population et évacuer ceux qui vivent à proximité de la centrale. Il faut évacuer les gens et le bétail dans un rayon de cent kilomètres.

– On m'a déjà fait un rapport, m'a répondu Sliounkov. Il y a bien eu un incendie, mais il a été maîtrisé.

Je n'ai pas pu me retenir.

– On vous trompe ! C'est un mensonge. N'importe quel physicien vous dira que le graphite se consume à raison de cinq tonnes à l'heure. Vous pouvez déterminer vous-même combien de temps il va brûler !

J'ai pris le premier train pour Minsk. Après une nuit sans sommeil, au matin, j'étais chez moi. J'ai mesuré la thyroïde de mon fils : cent quatre-vingts microröntgens à l'heure ! La thyroïde est un parfait dosimètre. Il fallait de l'iode. De l'iode ordinaire. Deux à trois gouttes pour les enfants dans un demi-verre d'eau. Trois à quatre gouttes pour les adultes. Le réacteur allait brûler pendant dix jours, il fallait faire ce traitement pendant dix jours. Mais personne ne nous écoutait, nous autres, les scientifiques, les médecins. La science a été entraînée dans la politique... La médecine, dans la politique. Et comment donc ! Il ne faut pas oublier dans quelle situation nous nous trouvions, il y a dix ans. Le K.G.B. fonctionnait, on brouillait les radios occidentales. Il y avait des milliers de tabous, de secrets militaires, de secrets du parti... De plus, nous avions été élevés dans l'idée que l'atome pacifique soviétique n'était pas plus dangereux que le charbon ou la tourbe. Nous étions paralysés par la peur et les préjugés. Par la superstition de la foi... Mais restons-en aux faits ! Rien qu'aux faits...

Dès mon retour, le 27 avril, j'ai décidé d'aller constater par moi-même la situation dans la région de Gomel, à la frontière ukrainienne, dans les chefs-lieux de district de Braguine, Khoïniki et Narovlia qui se trouvent à quelques dizaines de kilomètres à peine de la centrale. J'avais besoin d'une information complète. J'ai emporté des instruments pour mesurer le fond. À Braguine : trente mille microröntgens à l'heure ; à Narovlia : vingt-huit mille... Les gens travaillaient la terre, préparaient la fête de Pâques, peignaient des œufs, faisaient des gâteaux... "Quelle radiation ? De quoi s'agit-il ? Il n'y a eu aucun ordre. La direction demande des rapports sur l'avancement et le rythme des semailles." On me prenait pour un fou. "De quoi parlez-vous, professeur ?" Röntgens, micro-röntgens... Un langage d'extraterrestre...

Retour à Minsk. Sur l'avenue principale, on vendait des pirojki farcis à la viande hachée, des glaces, des petits pains. Sous le nuage radioactif...

Le 29 avril. Je m'en souviens avec exactitude... À huit heures du matin, j'attendais déjà dans l'antichambre de Sliounkov. Même si j'insistais, faisais du forcing, personne n'acceptait de me recevoir. À cinq heures et demie du soir, un célèbre poète biélorusse est sorti du bureau de Sliounkov. Nous nous connaissions bien.

– Avec le camarade Sliounkov, me dit-il, nous avons abordé les problèmes de la culture biélorusse.

J'explosai :

– Mais bientôt, il n'y aura plus personne pour dévelop-per cette culture. Il n'y aura plus de lecteurs pour vos livres, si nous n'évacuons pas d'urgence les environs de Tchernobyl. Si nous ne les sauvons pas !

– Mais de quoi parlez-vous ? On m'a dit que l'incendie a déjà été éteint.

Je suis finalement parvenu à me frayer un chemin jusqu'à Sliounkov et à lui décrire le tableau que j'avais vu la veille. Il fallait sauver tous ces gens ! En Ukraine (j'avais téléphoné), l'évacuation avait déjà commencé...

– Pourquoi est-ce que les dosimétristes de votre Institut courent partout dans la ville en semant la panique ? me demande-t-il. J'ai consulté l'académicien Iline, à Moscou. Selon ses services, tout est normal, ici... Une commission gouvernementale est au travail, là-bas. Et le parquet. L'armée, les moyens techniques militaires sont déjà sur place pour colmater la brèche.

Des milliers de tonnes de césium, d'iode, de plomb, de zirconium, de cadmium, de béryllium, de bore et une quantité inconnue de plutonium (dans les réacteurs de type RBMK à uranium-graphite du genre de Tchernobyl, on enrichissait du plutonium militaire qui servait à la pro-duction des bombes atomiques) étaient déjà retombées sur notre terre. Au total, quatre cent cinquante types de radio-nucléides différents. Leur quantité était égale à trois cent cinquante bombes de Hiroshima. Il fallait parler de phy-

sique, des lois de la physique. Et eux, ils parlaient d'ennemis. Ils cherchaient des ennemis !

Tôt ou tard, ils auront à répondre de cela.

– Vous allez vous justifier, disais-je à Slíounkov, en pré-
tendant que vous êtes un constructeur de tracteurs (il
avait dirigé une usine de tracteurs avant de faire carrière
dans le parti) et que vous ne comprenez rien à la radiation. Mais moi, je suis physicien et j'ai une bonne connaissance des conséquences de la catastrophe.

Mais comment ? Un physicien quelconque osait donner
des leçons au Comité central ? Non, ce n'étaient pas des
criminels, mais des ignorants. Un complot de l'ignorance
et du corporatisme. Le principe de leur vie, à l'école des
apparatchiks : ne pas sortir le nez dehors. On devait justement promouvoir Slíounkov à un poste important, à
Moscou. C'était cela. Je pense qu'il a dû recevoir un coup
de fil du Kremlin, de Gorbatchev : Surtout pas de vagues,
ne semez pas la panique, il y a déjà assez de bruit autour
de cela en Occident. Les règles du jeu étaient simples : si
vous ne répondez pas aux exigences de vos supérieurs,
vous ne serez pas promu, on ne vous accordera pas le
séjour souhaité dans une villégiature privilégiée ou la datcha que vous voulez... Si nous étions restés dans un système fermé, derrière le rideau de fer, les gens seraient
demeurés à proximité immédiate de la centrale. On y
aurait créé une région secrète, comme à Kychtym ou
Semipalatinsk [1]... Nous sommes dans un pays stalinien. Il
est encore stalinien à ce jour...

Dans les instructions de sécurité nucléaire, on prescrit
la distribution préventive de doses d'iode pour l'ensemble
de la population en cas de menace d'accident ou d'attaque
atomique. En cas de menace ! Et là, trois mille microröntgens à l'heure... Mais les responsables ne se faisaient pas

1. En 1957, un accident nucléaire (une explosion chimique dans
une cuve contenant des déchets radioactifs) se produisit dans la ville
secrète de Tcheliabinsk-40, près de la localité de Kychtym, dans
l'Oural, contaminant une zone de plus de mille kilomètres carrés. C'est
notamment à Semipalatinsk, au Kazakhstan, qu'étaient testées les bombes nucléaires et thermonucléaires soviétiques. (N.d.T.)

du souci pour les gens, ils s'en faisaient pour leur pouvoir. Nous vivons dans un pays de pouvoir et non un pays d'êtres humains. L'État bénéficie d'une priorité absolue. Et la valeur de la vie humaine est réduite à zéro. On aurait pourtant bien pu trouver des moyens d'agir ! Sans rien annoncer et sans semer la panique... Simplement en introduisant des préparations à l'iode dans les réservoirs d'eau potable, en les ajoutant dans le lait. Les gens auraient peut-être senti que l'eau et le lait avaient un goût légèrement différent, mais cela se serait arrêté là. La ville était en possession de sept cents kilogrammes de ces préparations qui sont restées dans les entrepôts... Nos responsables avaient plus peur de la colère de leurs supérieurs que de l'atome. Chacun attendait un coup de fil, un ordre, mais n'entreprenait rien de lui-même. Moi, j'avais toujours un dosimètre dans ma serviette. Lorsqu'on ne me laissait pas entrer quelque part (les grands chefs finissaient par en avoir marre de moi !), j'apposais le dosimètre sur la thyroïde des secrétaires ou des membres du personnel qui attendaient dans l'antichambre. Ils s'effrayaient et, parfois, ils me laissaient entrer.

– Mais à quoi bon ces crises d'hystérie, professeur ? me disait-on alors. Vous n'êtes pas le seul à prendre soin du peuple biélorusse. De toute manière, l'homme doit bien mourir de quelque chose : le tabac, les accidents de la route, le suicide...

Ils se moquaient des Ukrainiens qui "se traînaient à genoux" au Kremlin en quémandant de l'argent, des médicaments, des dosimètres (dont on ne disposait pas en quantité suffisante). Notre Sliounkov, lui, s'est borné à faire un bref rapport : "Tout est normal. Nous surmonterons les problèmes par nos propres moyens." On le félicita : "Bravo, les petits frères biélorusses !"

Mais combien de vies ont-elles coûté, ces félicitations ?

Je sais bien que les chefs, eux, prenaient de l'iode. Lorsque les gars de notre Institut les examinaient, ils avaient tous la thyroïde en parfait état. Cela n'est pas possible sans iode. Et ils ont envoyé leurs enfants bien loin, en catimini. Lorsqu'ils se rendaient en inspection dans les régions contaminées, ils portaient des masques et des vêtements de protection. Tout ce dont les autres ne disposaient pas. Et aujourd'hui on sait même qu'un troupeau de vaches spécial paissait aux environs de Minsk. Chaque animal était numéroté et affecté à une famille donnée. À titre personnel. Il y avait aussi des terres spéciales, des serres spéciales... Un contrôle spécial... C'est le plus dégoûtant... *(Après un silence.)* Et personne n'a encore répondu de cela...

Lorsque l'on a cessé de me recevoir et de m'écouter, je les ai inondés de lettres et de rapports. J'envoyais des cartes, des chiffres à toutes les instances. J'ai constitué un dossier : quatre chemises de deux cent cinquante feuilles chacune. Des faits, rien que des faits. J'en ai pris une copie. Je gardais l'un des deux exemplaires au bureau et cachais l'autre à la maison. C'est ma femme qui s'en est chargée. Pourquoi cette copie ? Nous vivons dans un pays bien particulier... Je fermais toujours personnellement mon bureau. Au retour d'une mission, mes dossiers avaient disparu... Mais j'ai grandi en Ukraine. Mes ancêtres étaient des Cosaques. J'ai le caractère cosaque. J'ai continué d'écrire. De faire des conférences. Il fallait sauver les gens. Les évacuer d'urgence ! Nous avons multiplié nos missions d'enquête. Notre Institut a dressé la première carte des régions contaminées... Tout le sud de la république.

Mais tout cela, c'est déjà de l'histoire... L'histoire d'un crime !

L'Institut s'est vu confisquer – sans explication – tous les appareils destinés au contrôle des radiations. On me téléphonait à la maison, pour me menacer :

– Arrêtez de faire peur aux gens, professeur. Nous allons vous exiler dans des contrées éloignées. Vous ne devinez pas où ? Eh bien, vous avez la mémoire courte.

On exerçait aussi des pressions sur les employés de l'Institut. On les intimidait de la même manière.

J'ai écrit à Moscou...

Platonov, le président de notre Académie des sciences, m'a convoqué.

– Le peuple biélorusse se souviendra un jour de toi, car tu as beaucoup fait pour lui. Mais tu n'aurais pas dû écrire à Moscou. Tu n'aurais pas dû ! Maintenant, on exige que je te limoge. Pourquoi as-tu écrit ? Ne comprends-tu pas à quoi tu t'attaques ?

J'avais des chiffres, des cartes. Et eux ? Ils pouvaient m'interner en asile psychiatrique. En tout cas, ils m'ont menacé de le faire. Ils pouvaient organiser un accident de voiture. Ils m'ont prévenu de cela, aussi. Ils pouvaient également ouvrir une information judiciaire pour activités antisoviétiques. Ou pour escroquerie, par exemple, à cause d'une caisse de clous qui n'avait pas été enregistrée par l'économe de l'Institut.

Une enquête a été ouverte... Et ils ont obtenu le résultat souhaité : j'ai été victime d'un infarctus... *(Il se tait.)*

J'ai tout marqué. Tout est dans le dossier. Rien que des faits...

Nous examinions les enfants dans les villages... Garçons et filles... Mille cinq cents, deux mille, trois mille micro-röntgens... Plus de trois mille... Ces filles ne pourront jamais être mères. Elles ont des séquelles génétiques... Un tracteur labourait un champ. J'ai demandé au représentant du comité de district du parti, qui nous accompagnait :

– Le tractoriste est-il au moins protégé par un masque ?

– Non, ils travaillent sans.

– Pourquoi ? Vous n'en avez pas ?

– Pas du tout ! Nous en avons, en quantité suffisante au moins jusqu'à l'an deux mille. Mais nous ne les distribuons pas pour éviter la panique. Tout le monde s'enfuirait !

– Vous rendez-vous compte de ce que vous faites ?

– Bien sûr, pour vous c'est facile de discuter, professeur. Si on vous chasse de votre travail, vous en trouverez un autre. Mais moi, où j'irais ?

Vous vous rendez compte de l'étendue de ce pouvoir ! Un pouvoir illimité d'une personne sur quelqu'un d'autre. Ce n'est plus de la tromperie. C'est une guerre. Une guerre contre des innocents !

Nous avancions le long du Pripiat. Des familles entières y passaient leurs vacances, en camping. Les gens se baignaient, bronzaient. Ils ignoraient que, depuis quelques semaines, ils se prélassaient sous un nuage radioactif. Il nous était strictement interdit d'entrer en contact avec la population, mais j'ai vu des enfants... Je me suis approché pour leur parler. Les gens étaient perplexes : "Et pourquoi personne n'en parle, à la radio et à la télé ?" Notre accompagnateur se taisait. Nous étions toujours escortés par un représentant des autorités locales. C'étaient les ordres... Je pouvais voir sur son visage le dilemme qui se posait à lui : cafarder ou ne pas cafarder ? Mais, en même temps, je voyais qu'il avait pitié de ces gens. C'était tout de même un homme normal... Mais j'ignorais quel sentiment l'emporterait, à notre retour. Rapporterait-il ou non ? Chacun faisait son choix... *(Il demeure silencieux.)*

Que devons-nous faire aujourd'hui de cette vérité ? S'il y avait une autre explosion, tout recommencerait. Nous sommes toujours un pays stalinien... Et l'homme stalinien vit toujours... »

Vassili Borissovitch Nesterenko,
ancien directeur de l'Institut de l'énergie nucléaire
de l'Académie des sciences de Biélorussie.

Monologue sur des victimes et des prêtres

« L'homme se lève tôt le matin... Et il ne pense nullement à l'éternité, ses pensées vont à son pain quotidien. Et vous voulez forcer les gens à penser à l'éternité ? Voilà bien l'erreur de tous les humanistes.

Vous voulez savoir ce qu'est Tchernobyl ?

Nous arrivions dans un village à bord d'un minibus allemand qu'on avait offert à notre fondation. Des gosses nous entouraient.

– S'il vous plaît ! Nous sommes des enfants de Tchernobyl. Que nous avez-vous apporté ? S'il vous plaît, donnez-nous quelque chose.

Donnez ! C'est cela Tchernobyl.

En route vers la zone, nous rencontrons une vieille femme en jupe brodée et tablier, un balluchon sur le dos.

– Où vas-tu, grand-mère ? En visite ?

– Je vais chez moi, à Marki...

Il y avait cent cinquante curies là-bas ! Elle avait vingt-cinq kilomètres à faire, rien qu'à l'aller. De toute manière, le retour, elle le ferait le lendemain. Elle allait simplement chercher un bocal vide de trois litres qui était resté pendant deux ans accroché sur sa palissade. Mais au moins, elle a revu sa maison.

C'est cela aussi, Tchernobyl.

Ce dont je me souviens des premiers jours ? Comment c'était ? Il vaut mieux commencer par le début. J'ai mon propre point de départ. Tout à fait autre chose. On fêtait les quarante ans de la Victoire. Il y avait des feux d'artifice, dans ma ville de Moguilev. Après les cérémonies officielles, les gens ne sont pas rentrés chez eux. Ils se sont mis à chanter. C'était assez inattendu. Je me souviens de ce sentiment. Après quarante ans, tout le monde parlait de la guerre et savait interpréter cette expérience commune. Jusque-là, on s'était borné à survivre, à reconstruire, à faire des enfants. Pour Tchernobyl, ce sera la même chose... Nous y reviendrons. Il s'ouvrira à nous encore plus profondément pour devenir un sanctuaire, un mur des lamentations. Pour l'instant, nous n'avons pas de formule, pas d'idées. Parler de curies, de rems, de röntgens, ce n'est pas une interprétation. Ce n'est pas une philosophie. Pas une conception du monde. Chez nous, il n'y a que l'homme au fusil ou l'homme à la croix. À travers toute l'Histoire, il n'y en a pas eu d'autre. Et il n'y en a toujours pas, pour l'instant...

Ma mère travaillait à l'état-major de la défense civile de la ville. Elle a été l'une des premières à apprendre ce qui s'était passé. Tous les appareils ont convenablement fonctionné. Selon les instructions accrochées dans chaque bureau, il fallait immédiatement informer la population et distribuer des masques et tout le reste. Ils ont ouvert les entrepôts secrets, mais tout ce qui s'y trouvait était dans un triste état, hors d'usage. Dans les écoles, les masques à gaz dataient d'avant la guerre et les tailles ne convenaient pas aux enfants. Les aiguilles des appareils enregistreurs restaient bloquées au maximum, mais personne ne comprenait rien. La situation était dantesque. Alors, ils ont simplement débranché les compteurs.

– Si la guerre avait commencé, nous aurions eu des instructions, nous aurions su ce qu'il fallait faire. Mais là...

À la tête de notre défense civile se trouvaient des généraux et des colonels de réserve pour qui la guerre commence par une déclaration du gouvernement à la radio, des alertes aériennes, des bombardements... Ils n'ont pas compris que le siècle n'est plus le même. Il aurait fallu un changement psychologique... D'une certaine manière ce dernier s'est produit. Nous savons maintenant que nous pouvons boire du thé autour d'une table, parler et rire sans nous apercevoir que la guerre a commencé... Que nous n'allons même pas nous rendre compte de notre propre disparition...

La défense civile est un jeu auquel excellaient de grands hommes... Ils organisaient des défilés, des manœuvres... On nous arrachait au travail pour trois jours, sans la moindre explication. Nous allions faire des exercices. Le jeu s'appelait "En cas de guerre atomique". Les hommes jouaient aux soldats et aux pompiers, les femmes aux infirmières. Nous recevions des combinaisons, des bottes, des trousses de premiers secours, des bandages. Et comment donc ! Le peuple soviétique devait riposter dignement à l'attaque ennemie. Des cartes secrètes, des plans d'évacuation étaient conservés dans des coffres-forts, sous scellés. Ces plans prévoyaient d'avertir la population entière en quelques minutes et de l'évacuer dans la forêt, en zone sûre... La sirène hurle... Attention ! La guerre...

Les meilleurs recevaient des coupes, des drapeaux. Et, bien entendu, on organisait un banquet sur l'herbe. Les hommes buvaient à notre future victoire ! Et aussi aux femmes, cela va de soi !

Récemment, il y a une semaine, il y a eu une alerte dans notre ville. Attention ! Défense civile ! Les gens ont peur, mais différemment... Ils ne pensent plus à une attaque des Américains ou des Allemands, mais à Tchernobyl. Y aurait-il eu un nouvel accident ?

L'année 1986... Qui étions-nous ? Comment nous sommes-nous comportés face à cette version high-tech de la fin du monde ? Moi. Nous. L'intelligentsia locale. Nous avions notre petit cercle. Nous vivions notre propre vie, en nous isolant de ce qui nous entourait. C'était une forme de protestation. Nous ne lisions pas la *Pravda*, mais nous nous passions de main en main le magazine *Ogoniok*[1]. C'était l'époque où l'on commençait à relâcher les rênes et cela nous procurait une joie intense. Nous lisions le samizdat qui avait enfin fini par atteindre le pays profond. Nous nous plongions dans Soljenitsyne, Chalamov. Nous allions chez les uns ou les autres et nous lancions dans des discussions infinies autour de la table. Nous étions nostalgiques. De quoi ? Quelque part vivaient des acteurs et des stars de cinéma... J'avais envie d'être Catherine Deneuve, de mettre une robe idiote et d'aller chez le coiffeur... La nostalgie de la liberté... Cet autre monde... Ce monde étranger... Comme une forme de liberté... Mais c'était aussi un jeu. Une fuite de la réalité. Dans notre cercle, quelqu'un a sombré dans la boisson... Un autre est entré au parti, pour faire carrière. Personne ne croyait que l'on pouvait abattre le mur du Kremlin... Qu'il allait s'effondrer... Et puisqu'il en était ainsi, nous nous foutions de ce qui se passait ailleurs que chez nous... Nous vivions dans notre monde illusoire...

Tchernobyl ? Au début, nous avons tous eu la même réaction. Qu'est-ce que ça peut nous faire ? Que les autorités s'en occupent ! C'est leur rôle... Et puis, c'était loin. Nous n'avons même pas consulté la carte. Cela ne nous intéressait pas. Nous n'avions plus besoin de la vérité... C'est lorsque des étiquettes "Lait pour adultes" et "Lait pour enfants" sont apparues sur les bouteilles que... Voilà ! Nous avons senti que quelque chose approchait... Certes, je n'ai jamais été membre du parti, mais j'étais quand même une Soviétique. Je me suis mise à avoir peur : "Pourquoi les radis ont-ils des feuilles comme celles des betteraves, cette année ?" Mais le soir, à la télé, on nous disait : "Ne cédez pas aux provocations." Et tous nos

---

1. Ce magazine se trouvait alors à la pointe de la perestroïka. *(N.d.T.)*

doutes se dissipaient. Et la manifestation du Premier Mai ? Personne ne nous obligeait à y aller. Nous avions le choix. Mais nous y sommes allés. Je ne me souviens pas d'y avoir jamais vu autant de monde que cette année-là. Nous étions tous inquiets, nous avions envie, naturellement, de faire partie du troupeau, d'être avec tout le monde. Nous avions envie d'injurier quelqu'un... Les supérieurs, le gouvernement, les communistes... Aujourd'hui, je me remémore tout cela et je me demande à quel endroit le fil s'est cassé. En fait, il s'est cassé dès le début... À cause de l'absence de liberté... Nous n'avions plus besoin de la vérité. Voilà le sommet de la pensée libre : "Peut-on manger des radis ou non ?" L'absence de liberté en nous, dans notre for intérieur...

J'étais ingénieur à l'usine Khimvolokno. Un groupe d'Allemands travaillaient avec nous. Ils mettaient en marche de nouveaux équipements. J'ai vu comment d'autres gens se conduisaient. Un autre peuple. Dès qu'ils ont appris l'accident de Tchernobyl, ils ont immédiatement exigé des médecins, des dosimètres et des contrôles alimentaires. Ils écoutaient la radio de chez eux et savaient ce qu'il fallait faire. Naturellement, leurs demandes n'ont pas été satisfaites. Ils ont alors décidé de partir et fait leurs valises. Prenez-nous des billets ! Faites-nous repartir chez nous. Si vous ne pouvez pas assurer notre sécurité, nous partons. Ils ont fait grève, envoyé des télégrammes à leur gouvernement. Ils luttaient pour leurs femmes, pour leurs enfants (ils habitaient chez nous avec leurs familles). Ils luttaient pour leur vie ! Et nous ? Que faisions-nous ? Nous critiquions ces Allemands toujours repassés et amidonnés. Des hystériques ! Des lâches ! Ils mesuraient la radiation jusque dans le borchtch et les boulettes de viande... Ridicule ! Nos hommes, au moins, sont de vrais hommes ! Courageux ! Ils combattent le réacteur ! Ils ne tremblent pas pour leur vie ! Ils montent sur le toit les bras nus, avec juste des gants de toile (nous avions vu cela à la télé) ! Nos enfants vont à la manifestation avec des petits drapeaux ! Et les vétérans de la guerre... La vieille garde ! *(Elle réfléchit.)*

Mais c'est aussi une sorte de barbarie... Nous disons toujours "nous", et pas "je" : "Nous allons leur montrer l'héroïsme soviétique, le caractère soviétique." Au monde entier ! Mais c'est "je" ! Je ne veux pas mourir... J'ai peur !

C'est intéressant de suivre ses propres sentiments. Leur développement, leur changement... J'ai remarqué depuis longtemps que je suis plus attentive au monde qui m'entoure. Après Tchernobyl, c'est venu naturellement. Nous apprenons à dire "je"... Je ne veux pas mourir ! J'ai peur ! À l'époque, j'augmentais le son de la télé : on offrait aux ouvrières d'une laiterie un drapeau rouge pour leur victoire dans le cadre de l'émulation socialiste. C'était chez nous ! Près de Moguilev ! Dans un village qui se trouvait au cœur d'une zone contaminée par le césium ! D'ailleurs, on allait bientôt l'évacuer... Le présentateur :

– Les gens travaillent avec abnégation, malgré tout !

Le déluge pouvait bien subvenir, on n'en avancerait pas moins d'un pas révolutionnaire ! Certes, je n'étais pas membre du parti, mais j'étais quand même un *homo sovieticus*.

– Camarades, ne cédez pas aux provocations, tonnait la télé, jour et nuit.

Et les doutes se dissipaient... *(Elle se tait.)*

Encore du café ? Je dois me reposer un peu... Rassembler mes pensées...

La compréhension philosophique de Tchernobyl est encore devant nous. Nous avons deux États séparés par des barbelés : la zone elle-même et le reste. Des serviettes blanches pendent sur des poteaux pourris autour de la zone, comme sur des croix... Les gens y vont comme dans un cimetière. Il n'y a pas que leurs maisons qui y sont enterrées, mais toute leur époque. L'époque de la foi en la science et en la justesse de l'idée sociale. Un grand empire s'est effiloché, s'est effondré. D'abord l'Afghanistan, puis Tchernobyl. Lorsque l'empire a disparu, nous sommes restés seuls. J'ai peur de le reconnaître, mais nous aimons Tchernobyl. Cela a redonné un sens à notre vie... Le sens de la souffrance. Comme la guerre. Le monde n'a appris l'existence des Biélorusses qu'à la suite de Tchernobyl. Cela a constitué notre fenêtre sur l'Europe. Nous sommes en même temps ses victimes et ses prêtres. C'est horrible à reconnaître...

Dans la zone... On pénètre dans une maison comme dans le château de la Belle au Bois dormant. Si elle n'a pas été pillée, si tout est en l'état : photos, poupées, meubles, c'est que ses occupants doivent être quelque part, tout près. Parfois, nous les trouvons. Mais ils ne parlent pas de Tchernobyl. Ils se plaignent d'avoir été trompés. Ils s'inquiètent de ne pas avoir obtenu tout ce à quoi ils ont droit et de savoir si d'autres n'obtiennent pas plus qu'eux. Notre peuple a toujours eu le sentiment d'être grugé. À toutes les étapes de son long chemin. Par nihilisme et par fatalisme. On ne croit pas les autorités, on ne croit pas les médecins, mais on n'entreprend rien soi-même. À la fois innocents et indifférents. On trouve dans la souffrance elle-même le sens et la raison de ce qu'on endure. Le reste est sans importance. Les champs ont beau être parsemés de panneaux "Haute radiation", ils sont labourés... Trente curies, cinquante curies... Les tractoristes travaillent dans des cabines ouvertes (au bout de dix ans, nous n'avons toujours pas de tracteurs avec des cabines hermétiques) et respirent de la poussière radioactive... Déjà dix ans ! Qui sommes-nous, à vivre sur une terre contaminée, à la labourer, semer ? À faire des enfants ? Quel est le sens de notre souffrance ? D'ailleurs, pourquoi tant de souffrance ? Nous parlons beaucoup de cela, mes amis et moi. Parce que la zone, ce ne sont pas des rems, des curies, des microröntgens. C'est le peuple. Notre peuple... Tchernobyl a contribué à donner une bouffée d'oxygène à notre système qui allait périr. Il y avait une nouvelle situation d'exception pour justifier la pénurie et le rationnement. Avant, on nous bourrait le crâne en nous disant combien tout serait merveilleux "s'il n'y avait pas eu la guerre". Après, c'était : "Ah ! S'il n'y avait pas eu Tchernobyl." Nos yeux deviennent humides d'affliction. Il faut donner pour pouvoir partager. Une auge ! Un paratonnerre.

Tchernobyl est déjà un symbole... Une image. Mais c'est aussi mon travail, mon quotidien, si j'ose dire. Je voyage, je vois. Un village biélorusse traditionnel. Une maisonnette campagnarde, sans toilettes ni eau chaude, mais avec une icône, un puits en bois, des serviettes brodées et des tapis tissés à la main. Et l'hospitalité. Nous entrons pour demander de l'eau. La maîtresse de maison sort une serviette brodée d'un coffre aussi vieux qu'elle et me la tend.

– En souvenir de ma maison.

Il y avait la forêt, le champ, la terre près de sa maison et une vache. Les évacués de Tchernobyl ont été déplacés "en Europe", dans des bourgades de type européen. On peut y bâtir une maison meilleure, plus confortable, mais il est impossible de transporter dans un nouveau lieu le monde qui reliait tous ces gens. Ils étaient comme liés à leur terre par un cordon ombilical. L'obligation de partir a été comme un coup colossal porté à leur psychisme. La rupture des traditions, de toute la culture séculaire. Lorsqu'on s'approche des nouveaux villages, ils sont comme des mirages à l'horizon. Ils sont peints en bleu ciel et en bleu foncé. Ils apparaissent comme un miracle. C'est la raison pour laquelle on les a appelés : Bourg de mai, Ensoleillé... Les cottages de type européen sont beaucoup plus confortables que les maisons primitives. C'est un futur tout prêt, mais il est impossible de parachuter les gens dans le futur... On les a simplement transformés en Éthiopiens... Ils restent assis par terre, à attendre qu'un avion ou un bus arrive avec de l'aide humanitaire. Ils ne se réjouissent pas de leur chance d'avoir été arrachés à l'enfer, d'avoir une maison, un peu de terre à soi, de pouvoir sauver leurs enfants qui ont Tchernobyl dans leur sang et dans leurs gènes. D'être libres...

Ils habitent dans ces cottages comme dans des volières. Ils s'écroulent, tombent en ruine, parce que ce ne sont pas des hommes libres qui les habitent, mais des condamnés qui en veulent à l'humanité entière à cause de leurs problèmes, qui vivent dans la peur, qui veulent le retour du communisme... Ils attendent... La zone a besoin du communisme... À toutes les élections, on y vote pour la main de fer. On y éprouve la nostalgie de l'ordre stalinien. Pour eux, c'est le synonyme de justice. D'ailleurs, ils vivent à la manière militaire : des postes de la milice, des gens en uniforme, le contrôle des entrées et des sorties, les rations. Des fonctionnaires qui distribuent l'aide humanitaire. Sur les boîtes, il est écrit, en russe et en allemand : "Interdit d'échanger. Interdit de vendre." Mais on les vend tout de même juste à côté. Dans n'importe quel kiosque commercial...

C'est comme un jeu... Un message publicitaire... Je conduis dans la zone un convoi d'aide humanitaire. Des étrangers qui viennent au nom de la charité chrétienne ou au nom d'autre chose. Et ma tribu est là, debout, pour les accueillir en vieilles vestes ouatinées, les bottes en mauvais similicuir enfoncées dans la boue. Dans les yeux de certains, je peux lire : "Nous n'avons besoin de rien ! D'ailleurs, on va tout nous voler !" Mais d'autres espèrent se saisir d'une boîte, d'une caisse de marchandises étrangères. Nous connaissons les vieilles grand-mères et nous savons où habite chacune d'elles... Comme dans une réserve... Tout à coup, un désir ignoble, dément, monte en moi. Je m'écrie soudain : "Je vais vous montrer quelque chose que vous ne trouverez nulle part au monde, pas même en Afrique ! Deux cents curies... Trois cents curies..."

Je vois les grand-mères changer à vue d'œil. Certaines sont devenues des stars. Elles ont appris leurs monologues et la larme roule sur la joue au moment voulu. Quand venaient les premiers étrangers, elles se taisaient, elles se contentaient de pleurer. Maintenant, elles ont appris à parler. Pour se procurer du chewing-gum ou quelques vêtements supplémentaires pour leurs petits-enfants... Et cela, à côté d'une philosophie profonde, parce qu'elles ont leurs propres rapports avec la mort et le temps. Et si elles ne quittent pas leurs maisons, leurs cimetières, ce n'est pas à cause du chocolat allemand... Ou du chewing-gum.

Il est temps de rentrer... "Quel joli coin !" dis-je à nos hôtes. Le soleil est très bas. Il éclaire la forêt, les champs, comme pour nous dire au revoir. "Oui, répond l'un des Allemands qui parle russe. C'est un joli coin, mais contaminé." Il tient un dosimètre entre les mains. Et je comprends que je suis la seule à aimer ce coucher de soleil. Parce que c'est ma terre. »

Natalia Arsenievna Roslova,
présidente du comité de femmes de Moguilev,
« Enfants de Tchernobyl ».

Le chœur des enfants

Aliocha Belski, 9 ans ; Ania Bogouch, 10 ans ; Natacha Dvoretskaïa, 16 ans ; Lena Joudro, 15 ans ; Olia Zvonak, 10 ans ; Snejana Zinevitch, 16 ans ; Ira Koudriatcheva, 14 ans ; Ioulia Kasko, 11 ans ; Vania Kovarov, 12 ans ; Vadim Krasnosolnychko, 9 ans ; Vassia Mikoulitch, 15 ans ; Anton Nachivankine, 14 ans ; Marat Tatartsev, 16 ans ; Ioulia Taraskina, 15 ans ; Katia Chevtchouk, 14 ans ; Boris Chkirmankov, 16 ans.

« J'étais à l'hôpital. J'avais tellement mal... Je demandais à maman : "Maman, je ne peux plus le supporter. Tue-moi plutôt !" »

« Un nuage tellement noir... Une pluie drue tellement... Les flaques sont devenues jaunes, vertes... Comme si l'on y avait versé de la couleur... On disait que c'était le pollen des fleurs... Nous ne courions pas dans les flaques, nous les avons seulement regardées. Grand-mère nous a enfermés dans la cave. Et elle s'est mise à genoux pour prier. Elle nous a dit : "Priez ! C'est la fin du monde. C'est la punition divine pour nos péchés." Mon frère avait huit ans, et moi, six. Nous nous sommes souvenus de nos péchés : il avait cassé le bocal de confiture de framboises... Et moi, je n'ai pas avoué à maman que j'avais déchiré ma nouvelle robe en m'accrochant à la palissade... Je l'avais cachée dans le placard...

Maman s'habille souvent en noir. Elle met un fichu noir. Dans notre rue, il y a tout le temps des enterrements... Dès que j'entends la musique, je cours à la maison et je prie, je récite le "Notre-Père". Je prie pour maman et papa... »

« Des soldats en camions sont venus nous chercher. J'ai cru que c'était la guerre. Ils disaient des mots incompréhensibles : désactivation, isotopes... Pendant le trajet, j'ai eu un rêve : une explosion ! Mais je m'en suis sorti vivant. Il n'y avait plus de maison, plus de parents, même plus de moineaux ni de corneilles. Je me suis réveillé en nage. J'ai regardé par la fenêtre pour voir s'il n'y avait pas un champignon cauchemardesque dans le ciel.

Je me souviens d'un soldat qui poursuivait une chatte... Son dosimètre claquait comme une mitraillette chaque fois qu'il l'approchait de l'animal : ta-ta-ta-ta... Derrière, couraient un garçon et une fille. C'était leur chatte. Le garçon se taisait, mais la fille hurlait : "Je ne la donnerai pas !" Elle courait et criait : "Sauve-toi, ma chérie ! Sauve-toi !" Et le soldat courait avec un grand sac en plastique... »

« Nous avons laissé chez nous mon hamster, nous l'avons enfermé. Nous lui avons laissé de la nourriture pour deux jours. Et nous sommes partis pour toujours. »

« On nous a embarqués dans un long train. Les petits pleuraient, ils se sont salis. Il y avait une éducatrice pour vingt enfants et ils pleuraient tous : "Maman ! Où est ma maman ? Je veux rentrer à la maison !" J'avais dix ans, les filles comme moi aidaient à calmer les plus petits. Des femmes nous accueillaient aux gares et bénissaient le train en faisant le signe de la croix. Elles nous apportaient des pâtisseries, du lait, des pommes de terre chaudes...

On nous emmenait dans la région de Leningrad. Là-bas, lorsque nous approchions des gares, les gens se signaient et nous regardaient de loin. Ils avaient peur de notre train. À chaque arrêt, on le lavait longtemps. À un arrêt, on nous a fait descendre de voiture pour nous conduire à la cantine. On n'y laissait entrer personne, à part nous : "Ici, des enfants de Tchernobyl mangent des glaces." La serveuse parlait au téléphone avec quelqu'un.

Elle lui disait : "Après leur départ, nous allons javelliser le sol et désinfecter les verres." Nous l'avons entendue...

Des médecins nous ont accueillis. Ils portaient des masques et des gants de caoutchouc... Ils nous ont pris nos vêtements, toutes nos affaires, et même les enveloppes, les crayons et les stylos, pour les fourrer dans des sacs en plastique et aller les enterrer dans la forêt.

Nous étions tellement effrayés ! Après cela, nous avons cru longtemps que nous allions mourir... »

« Maman et papa se sont embrassés, et je suis née.

Avant, je pensais que je ne mourrais jamais. Mais maintenant, je sais que ce n'est pas vrai. Un garçon était avec moi, à l'hôpital... Vadik Korinkov... Il me dessinait des oiseaux. Des maisons. Il est mort. Il n'avait pas peur de mourir... Tu vas dormir très, très longtemps et tu ne te réveilleras jamais...

J'ai rêvé que je mourais. J'ai entendu dans le rêve ma maman pleurer. Et je me suis réveillée. »

« Je veux raconter comment ma grand-mère a fait ses adieux à notre maison. Elle a demandé à mon père de monter du garde-manger un sac de millet et l'a éparpillé dans le jardin : "Pour les oiseaux du Bon Dieu !" Elle a ramassé des œufs et les a laissés dans la cour : "Pour notre chat et notre chien !" Elle leur a coupé du lard. Elle a vidé tous les sachets de graines (de carottes, de courges, de concombres) et les a dispersées dans le potager : "Qu'elles vivent dans la terre !" Et puis, elle s'est inclinée devant la maison pour la saluer. Elle a salué la remise, puis elle a fait le tour du jardin pour prendre congé de chaque pommier... »

« J'étais petit... Six ans... Non, huit, je crois. Oui, c'est sûr. Huit. Je viens de compter.

Je me souviens de beaucoup de peurs. J'avais peur de courir pieds nus sur l'herbe. Maman m'a effrayé en disant que je pouvais en mourir. J'avais peur de me baigner, de plonger. De tout. Même de cueillir des noisettes dans la forêt. De toucher un scarabée, puisqu'il rampait sur le sol et que le sol était contaminé. Les fourmis, les papillons, les bourdons : ils étaient tous contaminés. Un jardin tout blanc... Un jardin de verre...

Nous attendions la venue du printemps : les marguerites vont-elles pousser de nouveau ? Comme avant ? Chez nous, tous disaient que le monde allait changer. On l'affirmait aussi à la radio et à la télé. La marguerite allait se transformer... En quoi ? En quelque chose de différent... Le renard aurait une deuxième queue, les hérissons naîtraient sans piquants, les roses, sans pétales. Les gens deviendraient des humanoïdes, sans cheveux et sans cils. Rien que des yeux. J'étais petit... Huit ans...

Le printemps est arrivé... Comme toujours, les feuilles sont apparues. Vertes. Les pommiers ont fleuri. Le merisier sentait bon. Les marguerites se sont ouvertes, comme toujours. Alors, nous nous sommes précipités à la rivière, pour voir les pêcheurs : "Les gardons ont-ils toujours des queues et des têtes ? Et les brochets ?" Nous avons vérifié les perchoirs des sansonnets : "Les sansonnets sont-ils arrivés ? Vont-ils avoir des petits ?" »

« J'ai entendu les adultes chuchoter... Grand-mère pleurait. Depuis ma naissance, en 1986, il n'y a plus de garçons ni de filles dans le village. Je suis tout seul. Les médecins ne voulaient pas autoriser ma naissance, mais maman s'est enfuie de l'hôpital pour se cacher chez ma grand-mère... C'est là que je suis né... Et j'ai surpris cette conversation...

Je n'ai ni frère ni sœur. Et je voudrais tellement en avoir. Dites, vous qui êtes écrivain, comment est-ce que j'aurais pu ne pas être ? Où est-ce que j'aurais été ? Quelque part dans le ciel ? Sur une autre planète ? »

« Il y a eu une exposition de peinture dans notre ville. Des tableaux sur Tchernobyl : un poulain court dans la forêt, mais il n'a que des pattes, huit ou dix ; un veau à trois têtes ; des lapins sans poils dans une cage, comme s'ils étaient en plastique ; des gens qui se promènent dans les champs en scaphandre ; des arbres plus hauts que des églises, des fleurs grandes comme des arbres... Je n'ai pas pu regarder jusqu'au bout. Je me suis heurtée à une toile : un garçon tend les bras vers une fleur de pissenlit, ou peut-être le soleil, mais il a une trompe en guise de nez... J'ai eu envie de pleurer, de crier : "Nous n'avons pas besoin de telles expositions ! Ne les apportez pas ! Tout le monde environnant parle de la mort, des mutants ! Je ne veux pas !" Le premier jour, il y avait du monde dans la salle, et puis, plus une âme. À Moscou, à Saint-Pétersbourg, la presse publiait des articles sur cette exposition. Des foules se déplaçaient pour la voir. Et chez nous, la salle était vide.

Je suis allée suivre un traitement, en Autriche. Il y avait là des gens qui pouvaient accrocher chez eux une image comme celle du garçon à la trompe... Et la regarder chaque jour, pour ne pas oublier ceux qui souffrent. Mais lorsqu'on vit ici... Au milieu de tout cela... Je préfère accrocher un joli paysage dans ma chambre... Je ne veux pas penser à la mort. »

« Au village, les moineaux ont disparu dans la première année après l'accident... Il y en avait partout, morts : dans les jardins et sur l'asphalte. On les ramassait à la pelle pour les emporter dans des conteneurs, avec les feuilles mortes. Cette année-là, il était interdit de brûler les feuilles : elles étaient radioactives. On les enterrait.

Deux ans plus tard, les moineaux sont revenus. Nous nous en sommes réjouis. Nous criions aux autres : "Hier j'ai vu un moineau... Ils sont revenus..."

Les hannetons, eux, ont disparu. Il n'y en a toujours pas. Peut-être reviendront-ils dans cent ou mille ans, comme le dit notre prof. Je ne verrai pas ça... »

« Le 1er septembre... Le jour de la rentrée... Et pas un seul bouquet de fleurs. Nous savions déjà que les fleurs étaient très irradiées. Avant le début de l'année scolaire, ce n'étaient pas les menuisiers ou les peintres qui travaillaient, dans l'école, mais des soldats. Ils fauchaient les fleurs, enlevaient et emportaient la terre dans de grands camions-bennes. Ils ont également coupé tous les arbres du vieux parc. Les vieux tilleuls. Il y avait grand-mère

Nadia. On l'invitait toujours pour pleurer les morts, pour se lamenter, dire des prières. "Ce n'est pas l'éclair qui l'a frappé ; ce n'est pas la sécheresse qui l'a abattu ; ce n'est pas l'inondation qui l'a emporté... Reposent les cercueils noirs..." Elle pleurait les arbres comme les humains.

L'année suivante, on nous a évacués et l'on a enterré notre village. Mon papa est chauffeur. Il y est allé et nous a tout raconté. D'abord, on creuse une énorme fosse de cinq mètres de profondeur... Des pompiers arrivent... Ils lavent les maisons des fondations jusqu'au toit, à coups de lance d'incendie, pour ne pas soulever de poussière radioactive. Les fenêtres, le toit, le seuil... Tout... Et puis une grue soulève la maison et la dépose dans la fosse... Les poupées, les livres, les bocaux de verre gisent par terre... Une pelleteuse repousse tout dans le trou, puis on le comble avec du sable, de l'argile et l'on dame la surface. À la place du village, il n'y a plus qu'un champ. Et dessus, on a semé de l'orge. Notre maison est enterrée là-bas. Et aussi l'école et le bureau du village... Mon herbier et deux albums de timbres. Je rêvais de les récupérer. J'avais un vélo... »

« J'ai douze ans et je suis invalide. Dans notre famille, le facteur apporte des pensions d'invalidité à mon grand-père et à moi. Lorsque les filles de ma classe ont su que j'avais la leucémie, elles ont eu peur d'être assises à côté de moi... Peur de me toucher...

Les médecins me l'ont dit : je suis tombée malade parce que mon papa a travaillé à Tchernobyl. Et je suis née après cela.

J'aime mon papa... »

« Les soldats ont lavé les arbres, les maisons, les toits... Ils ont lavé les vaches du kolkhoze... Je pensais : "Pauvres bêtes de la forêt ! Personne ne les lave. Elles vont toutes mourir ! Et personne ne lave non plus la forêt. Elle aussi, elle va mourir !"

La maîtresse a dit : "Dessinez la radiation." J'ai dessiné une pluie jaune... Et une rivière rouge... »

« C'est la nuit qu'on est venu chercher papa. Je ne l'ai pas entendu, alors qu'il se préparait à partir. Le matin, j'ai vu que maman pleurait : "Papa est à Tchernobyl."

On l'attendait comme quelqu'un qui est parti pour la guerre...

Quand il est revenu et qu'il a repris son travail à l'usine, il n'a rien raconté. À l'école, je me vantais en disant que mon papa était allé à Tchernobyl, qu'il était un liquidateur et que les liquidateurs sont ceux qui ont aidé à liquider les conséquences de la catastrophe. Des héros ! Les autres garçons m'enviaient.

Un an plus tard, mon papa est tombé malade... Nous nous promenions dans le jardin de l'hôpital, après sa deuxième opération, et là, pour la première fois, il m'a parlé de Tchernobyl.

Ils travaillaient à proximité du réacteur. Tout semblait calme et paisible, beau. Mais, en même temps, quelque chose n'allait pas. Les vergers étaient en fleurs, mais pour qui ? Les habitants avaient été évacués des villages. Mon père et ses collègues ont traversé la ville de Pripiat : du linge séchait sur les balcons décorés de pots de fleurs. Près d'un buisson, le vélo d'un facteur est attaché, un sac rempli de journaux et de lettres sur le porte-bagages. Et sur ce sac, un nid d'oiseau. Comme au cinéma...

Ils "nettoyaient". Ils retiraient la couche supérieure de la terre, contaminée par le césium et le strontium. Ils lavaient les toits. Mais, le lendemain, les dosimètres "craquaient" de nouveau.

"Le jour du départ, on nous a serré la main et remis à chacun un certificat de reconnaissance pour notre abnégation..." Mon père déversait sur moi tous ses souvenirs. La dernière fois que je l'ai vu, avant de retourner à l'hôpital, il m'a dit : "Si je demeure en vie, plus de physique ni de chimie. Je vais quitter l'usine... Je vais me faire berger..."

Maman et moi sommes restés seuls. Je ne ferai pas l'Institut technique, comme le rêve ma mère. Celui où papa a fait ses études... »

« J'ai un petit frère. Il aime jouer à Tchernobyl. Il construit un abri antiatomique, verse du sable sur le réacteur... Il n'était pas encore né quand c'est arrivé. »

« La nuit, je vole... Je vole dans une lumière forte... Ce n'est pas la réalité, mais ce n'est pas non plus l'au-delà. C'est l'un et l'autre, et encore une troisième chose. Dans mon rêve, je sais que je peux pénétrer à l'intérieur de ce monde, y passer un moment... Ou y rester ? Ma langue se paralyse, je m'essouffle, mais, là-bas, je n'ai pas besoin de parler à qui que ce soit. Quelque chose de semblable m'arrivait dans mon enfance. J'étouffe du désir de m'unir aux autres, mais je ne vois personne... Rien que la lumière... J'ai la sensation que je peux la toucher... Que je suis énorme ! Je suis avec tout le monde, mais je suis déjà de côté, séparé des autres, seul. Dans mon enfance, j'ai vu dans les rêves des images colorées de la même manière que maintenant. Dans ce rêve...

Il m'est revenu à plusieurs reprises. Il arrive des moments où je ne peux penser à rien d'autre. Une fenêtre va soudain ouvrir... Un coup de vent inattendu. Qu'est-ce que c'est ? D'où vient-il ? Où souffle-t-il ? Entre quelqu'un et moi un lien s'établit... Un contact... Mais comme ces murs gris de l'hôpital me dérangent ! Comme je suis encore faible ! Je couvre la lumière par un effort mental, parce qu'elle m'empêche de voir... Je me tends vers le haut, vers le haut... J'essaie de voir... Je commence à regarder plus haut...

Maman est venue. Hier, elle a accroché une icône dans ma chambre d'hôpital. Elle chuchote dans le coin, devant l'icône, se met à genoux. Tout le monde se tait : le professeur, les médecins, les infirmières. Ils pensent que je ne devine pas... Que je ne sais pas que je vais bientôt mourir... Ils ne savent pas que, la nuit, j'apprends à voler...

Qui a dit qu'il était facile de voler ?

Jadis, j'écrivais des poèmes... À onze ans, je suis tombé amoureux d'une fille... À quatorze, j'ai découvert l'existence de la mort...

Garcia Lorca avait une expression : "La sombre racine

du cri". J'ai entrepris d'apprendre à voler... Je n'aime pas ce jeu, mais que faire ?

J'avais un ami. Il s'appelait Andreï. On l'a opéré deux fois avant de le renvoyer à la maison. Il devait subir une nouvelle intervention dans six mois. Il s'est pendu avec sa ceinture... Dans une classe vide, pendant que tous ses camarades participaient au cours d'éducation physique. Les médecins lui avaient interdit de courir, de sauter...

Ioulia, Katia, Vadim, Oksana, Oleg... Maintenant, c'est Andreï... "Nous mourrons et deviendrons la science", disait Andreï. "Nous mourrons et l'on nous oubliera", pensait Katia. "Nous mourrons..." pleurait Ioulia. Pour moi, le ciel, maintenant, est vivant. Et quand je le regarde... Ils sont là ! »

CONCLUSION

Une autre voix solitaire

« Tout récemment encore, j'étais si heureuse. Pourquoi ? J'ai oublié... C'est resté dans une autre vie. Je ne comprends pas... J'ignore comment j'ai pu revivre. Je l'ai voulu. Et voilà : je ris, je parle. J'étais tellement angoissée... Comme paralysée. J'avais envie de parler à quelqu'un, mais pas aux gens. J'allais à l'église. Là, tout est calme, comme à la montagne. Très calme. On peut y oublier sa vie. Mais je me réveille le matin... J'étends la main et je tâte... Où est-il ? Son oreiller, son odeur... Un petit oiseau inconnu sautille sur le rebord de la fenêtre avec une petite cloche et me réveille : jamais auparavant je n'ai entendu un son, un timbre pareils. Où est-il ? Impossible de tout transmettre, je ne parviens pas à tout exprimer. Je ne comprends pas comment je suis restée en vie.

Le soir, ma fille s'approche : "Maman, j'ai appris mes leçons." Je me souviens alors de ce que c'est que d'avoir des enfants. Mais où est-il ? "Maman, il faut me recoudre un bouton." Comment puis-je le suivre ? Le rencontrer. Je ferme les yeux et je pense à lui, jusqu'à trouver le sommeil. Il vient lorsque je dors, mais furtivement, rapidement. Il disparaît aussitôt. J'entends ses pas... Mais où s'en va-t-il ? Il avait une telle envie de vivre. Il regardait sans cesse le ciel par la fenêtre. Je lui plaçais un coussin derrière le dos, puis un autre, puis un troisième... Pour qu'il puisse se relever. Il mourait lentement... Une année entière... Nous ne pouvions pas nous séparer...

(Elle se tait longtemps.)

Non, non ! Ne craignez rien, j'ai désappris à pleurer. Je veux parler... Je ne peux pas me dire à moi-même que je ne me souviens de rien, comme les autres. Comme une amie à moi. Nos maris sont morts la même année, ils ont été ensemble à Tchernobyl. Elle va déjà se remarier. Non, je ne la blâme pas. C'est la vie... Il faut survivre... Elle a des enfants... Mais une pensée bizarre ne me quitte pas, me tourmente, me semble ne pas être à moi, comme si je l'avais lue quelque part : j'ai vu ce que les autres n'ont pas encore vu. Quelque chose d'horrible s'est ouvert devant nous avant les autres...

Il est parti à Tchernobyl le jour de mon anniversaire. Les invités étaient encore à table. Il s'est excusé, m'a embrassée. Une voiture l'attendait en bas. Le 19 octobre 1986. Le jour de mon anniversaire... Il était monteur. Il partait en mission dans toute l'Union soviétique, et je l'attendais. Cela a été ainsi pendant des années. Nous vivions comme des amoureux : nous nous séparions et nous retrouvions. Mais cette fois... Nos mères, la mienne et la sienne, avaient peur. Mais pas lui, ni moi. Je me demande maintenant pourquoi. Nous savions pourtant où il allait. Nous aurions pu emprunter au fils des voisins le manuel de physique de terminale. Il y est parti sans chapeau. Aux autres gars de son équipe, les cheveux sont tombés en un an. Mais sa crinière est devenue encore plus épaisse. Son équipe comptait sept personnes : aucun d'eux n'est plus de ce monde. Ils étaient jeunes... Ils sont morts les uns après les autres... Le premier, trois ans après... Nous nous sommes dit que c'était peut-être le hasard. Puis, le deuxième, le troisième, le quatrième... Finalement, ils attendaient leur tour. Voilà comment ils vivaient ! Mon mari est mort le dernier... Ils débranchaient l'électricité dans les villages évacués, grimpaient sur les poteaux... Dans des rues mortes... Tout le temps en haut... Il était grand, presque deux mètres. Quatre-vingt-dix kilos. Qu'est-ce qui pouvait abattre un tel homme ? Pendant longtemps, nous n'avons pas eu peur... *(Soudain, elle sourit.)*

Oh ! Comme j'étais heureuse, quand il est rentré !

C'était la fête à la maison ! C'était toujours la fête quand il revenait. J'ai une chemise de nuit très longue, très belle. Je la mettais. J'aimais la belle lingerie. Tout mon linge est joli, mais cette chemise en particulier. Pour notre premier jour... La première nuit... Je connaissais son corps par cœur, je le couvrais de baisers partout. Je rêvais même parfois d'être une partie de son corps, tellement nous étions inséparables. Quand il partait, il me manquait énormément, à en avoir mal physiquement. Il m'arrivait même de perdre le sens de l'orientation : j'oubliais parfois où je me trouvais, dans quelle rue, et même l'heure qu'il était.

En revenant de Tchernobyl, il avait les ganglions lymphatiques un peu gonflés. Je les ai sentis sur son cou, avec mes lèvres. Ils étaient petits, mais j'ai demandé : "Veux-tu qu'on aille voir le médecin ?" Il m'a rassurée.

– Ça va passer.

– Comment c'était là-bas ?

– Un travail ordinaire.

Ni bravade ni panique. L'une des rares choses que je lui aie extirpées : "Là-bas, c'est le même système qu'ici." À la cantine où ils mangeaient, on servait les soldats et les gens ordinaires au rez-de-chaussée. On leur donnait des pâtes et des conserves. Et au premier, chez les supérieurs, les officiers, on servait des fruits, du vin rouge, de l'eau minérale. Il y avait des nappes propres et chacun était équipé d'un dosimètre. En bas, ils n'en avaient pas un seul pour toute leur équipe.

Oh ! Comme j'étais heureuse ! Nous avons pu aller à la mer. Il y avait autant de mer que de ciel. La mer était partout. Une amie y est allée également, avec son mari. Elle n'en a pas gardé un bon souvenir : "La mer était sale. Tout le monde avait peur d'attraper le choléra." Les journaux en ont parlé, je crois... Moi, ma mémoire me parle autrement : des couleurs fortes... Je me rappelle que la mer était partout, comme le ciel. Très, très bleue. Et il était à mes côtés.

Je suis née pour l'amour... À l'école, les filles rêvaient d'entrer à l'Institut, ou de partir sur un grand chantier du Komsomol. Moi, je voulais me marier. Aimer très, très fort, comme Natacha Rostova [1]. Rien qu'aimer. Mais je ne pouvais l'avouer à personne, parce que, à l'époque, vous vous en souvenez, on nous ordonnait de rêver seulement des chantiers du Komsomol. On nous bourrait le crâne avec ça. Les jeunes rêvaient de la Sibérie et de la taïga impénétrable, en chantant : "Là, nous appellent les brouillards et les odeurs de la taïga." Je n'ai pas réussi à entrer à l'Institut la première année. Je n'ai pas obtenu suffisamment de points, aussi j'ai pris un travail au central du téléphone. C'est là que je l'ai rencontré... Je lui ai demandé moi-même de m'épouser. Je lui ai dit : "Épouse-moi. Je t'aime tant." J'étais follement amoureuse. Un si beau gars... Je planais. Je lui ai dit : "Épouse-moi." *(Elle sourit.)*

Parfois, je réfléchis et je cherche des consolations : peut-être que la mort n'est pas la fin de tout. Il a peut-être simplement changé de monde et vit ailleurs. Aujourd'hui, je travaille dans une bibliothèque. Je lis beaucoup. Je rencontre des gens très divers. J'ai envie de parler de la mort. De comprendre. Je cherche dans les journaux et les livres. Je vais voir des pièces qui parlent de la mort. Sans lui, j'ai physiquement mal. Je ne peux pas vivre seule...

Il ne voulait pas aller chez le médecin : "Je ne veux rien entendre. Je n'ai pas mal." Mais ses ganglions étaient devenus gros comme des œufs. Je l'ai forcé. Je l'ai poussé dans la voiture et l'ai emmené au dispensaire. On l'a envoyé voir un spécialiste. Un médecin l'a examiné et a appelé l'un de ses collègues : "Encore un Tchernobylien." Et ils ne l'ont plus lâché. Une semaine plus tard, on l'a opéré. On lui a entièrement retiré la thyroïde et le larynx, que l'on a remplacé par des tuyaux. Oui... *(Elle se tait.)* Oui, je sais maintenant que c'était une époque heureuse. Mon Dieu ! Je m'occupais de telles conneries ! Je courais dans les magasins, j'achetais des cadeaux aux médecins : des boîtes de chocolats, des liqueurs d'importation. Des bonbons pour les infirmières et les aides-soignantes. Et personne ne refusait. Il se moquait de moi : "Ce ne sont

1. Héroïne de *Guerre et Paix* de Léon Tolstoï. *(N.d.T.)*

pas des dieux. Ici, ce qu'il faut, ce sont des rayons et de la chimiothérapie pour tous. On me les accordera, même sans bonbons." Mais je courais à l'autre bout de la ville pour me procurer le gâteau "Lait d'oiseau", ou de l'eau de toilette française. À cette époque, on ne pouvait trouver tout cela que grâce à du piston, sous le manteau. Avant de le laisser revenir à la maison – revenir à la maison ! –, on m'a remis une seringue spéciale et l'on m'a montré comment m'en servir pour le nourrir. J'ai tout appris. Je cuisinais quatre fois par jour des plats frais, très frais. J'émimais la nourriture dans un hachoir, la passais au tamis, puis la lui injectais en piquant la seringue dans l'un des tuyaux. Le plus gros, celui qui allait à l'estomac. Mais il ne distinguait même plus les odeurs. Je lui demandais : "Est-ce bon ?" Il ne le savait pas.

Mais, malgré tout, nous sommes encore allés à quelques reprises au cinéma. Et nous nous y sommes embrassés. Nous n'étions suspendus qu'à un fil très mince, mais nous imaginions que nous étions de nouveau accrochés à la vie. Nous nous efforcions de ne pas parler de Tchernobyl. C'était un sujet tabou. Je ne le laissais pas parler au téléphone. J'interceptais ses appels. Ses camarades mouraient l'un après l'autre... Un sujet tabou... Mais un matin, au réveil, il ne pouvait pas se lever. Et ne pouvait rien dire... Il ne pouvait plus parler... Il avait de très grands yeux... C'est seulement à ce moment-là qu'il a eu peur. Oui... *(Elle se tait encore.)* Il nous restait une année...

Pendant toute cette année, il a agonisé... Chaque jour, son état empirait. Et il savait que ses amis mouraient... Ce fardeau pesait aussi sur nous... Et ce qui était encore plus intolérable, c'était l'ignorance. On dit "Tchernobyl", on écrit "Tchernobyl". Mais personne ne sait ce que c'est... Nous sommes parmi les premiers à avoir entr'aperçu quelque chose d'horrible... Chez nous, tout se passe différemment que chez les autres : nous naissons de façon différente, nous mourons de façon différente. Vous allez me demander comment on meurt après Tchernobyl. L'homme que j'aimais, que j'aimais tellement que je n'aurais pu l'aimer davantage si je l'avais mis au monde moi-même, se transformait devant mes yeux... en un monstre...

On lui a enlevé les ganglions lymphatiques, mais, sans eux, la circulation sanguine s'est déréglée. Et son nez a bougé sur le côté, pour devenir trois fois plus gros qu'avant. Ses yeux aussi sont devenus différents. Ils se sont écartés et une lumière inconnue y est apparue, une expression différente, comme si ce n'était pas lui, mais quelqu'un d'autre qui regardait avec ses yeux. Et puis l'un d'entre eux s'est fermé complètement... Et moi, j'avais peur qu'il se voie dans cet état. Je ne voulais pas qu'il garde le souvenir d'une telle image de lui-même. Mais il s'est mis à me dire avec les mains qu'il voulait un miroir. Moi, je faisais mine de ne pas comprendre, d'oublier. J'inventais des subterfuges. J'ai réussi à retarder le moment fatidique pendant deux jours. Le troisième, il m'a écrit dans le cahier, en grands caractères et avec trois points d'exclamation : "Donne le miroir !!!" Pour correspondre, nous avions recours à un petit cahier, un stylo, un crayon... Je lui ai apporté le miroir, le plus petit que j'avais. Il s'est regardé, s'est pris la tête dans les mains et a commencé à se balancer dans le lit... Je me suis élancée vers lui pour le consoler.

– Dès que tu iras un peu mieux, nous nous installerons dans un village désert. Nous achèterons une maison. Si tu ne veux pas vivre dans une ville où il y a beaucoup de monde. Nous vivrons seuls.

Je ne lui mentais pas. Je serais allée n'importe où avec lui. Peu m'importait comment il serait. Je voulais simplement être avec lui. Je ne lui mentais pas...

Le concernant, je ne me souviens de rien que je voudrais passer sous silence. Et il s'en est passé des choses... J'ai regardé très loin. Peut-être plus loin que la mort... *(Elle s'arrête.)*

J'avais seize ans lorsque je l'ai rencontré. Il en avait sept de plus que moi. Nous nous sommes fréquentés pendant deux ans. Chez nous, à Minsk, j'aime beaucoup le quartier de la poste, la rue Volodarski. C'est là qu'il me fixait rendez-vous, sous l'horloge. J'habitais alors près de la filature et je prenais le trolley numéro 5 qui ne s'arrêtait pas près de la poste, mais un peu plus loin, devant le magasin de vêtements d'enfants. J'arrivais exprès un peu en retard pour passer en trolley devant lui, le voir et m'émerveiller du beau gars qui m'attendait. Pendant deux ans, je n'ai vu passer ni l'hiver ni l'été ! Il m'emmenait aux concerts de ma chanteuse préférée, Edith Piekha. Nous n'allions pas au bal parce qu'il ne savait pas danser. Nous nous embrassions. Nous n'allions pas plus loin... Il m'appelait sa "petite".

Le jour de mon anniversaire – c'est curieux, mais les choses les plus importantes m'arrivent ce jour-là –, je l'attendais sous l'horloge, à cinq heures. Il n'est pas venu. À six heures, affligée, je me suis traînée jusqu'à mon arrêt de trolley. Au moment de traverser la rue, je me suis retournée, comme si je sentais quelque chose. Il courait derrière moi, dans sa tenue de travail... On ne l'avait pas laissé sortir plus tôt. C'était ainsi que je l'aimais le plus : dans des vêtements de chasse ou de travail. Tout lui allait à merveille. Nous sommes allés chez lui. Il s'est changé et nous avons décidé de fêter mon anniversaire au restaurant. Hélas ! Nous n'avons pas pu avoir une table : c'était déjà le soir, il n'y avait plus de places libres et nous ne savions pas graisser la patte du portier.

– Dans ce cas, s'est-il enflammé, achetons du champagne et des gâteaux et allons au parc. Nous ferons la fête là-bas !

Sous les étoiles... Sous le ciel ! Il était comme ça. Nous sommes restés jusqu'au matin sur un banc du parc Gorki. Jamais je n'ai eu un tel anniversaire. C'est à ce moment que je lui ai dit : "Épouse-moi. Je t'aime tant !" Il a ri : "Tu es encore petite." Mais le lendemain, nous déposions notre demande au bureau de l'état civil.

Comme j'étais heureuse ! Même si quelqu'un de là-haut, des étoiles, m'avait dit ce qui allait se passer, je n'aurais rien changé... Le jour du mariage, il n'a pas retrouvé son livret d'identité. Nous avons fouillé en vain tout l'appartement. On a noté notre mariage sur un bout de papier[1] dans le bureau de l'état civil.

1. En U.R.S.S., les mariages étaient notés sur le livret d'identité (appelé aussi « passeport intérieur ») de chacun des époux. (N.d.T.)

– Ma fille, c'est un mauvais présage, pleurait ma mère.

Plus tard, nous avons retrouvé le fameux livret dans un vieux pantalon, dans les combles. L'amour ! Le matin, je dansais devant un miroir : je suis jeune, je suis belle, il m'aime ! Maintenant, j'ai oublié mon visage, ce visage que j'avais avec lui... Je ne vois pas ce visage dans le miroir...

Peut-on parler de tout cela ? Il y a des mystères. À ce jour, je ne comprends pas certaines choses... Jusqu'au dernier mois, il m'appelait la nuit... Il avait des désirs. Il m'aimait plus fort qu'avant. Le jour, quand je le regardais, je ne parvenais pas à croire ce qui se passait la nuit... Nous ne voulions pas nous séparer. Je le caressais. Dans ces instants, je me souvenais des moments les plus heureux... Lorsqu'il était arrivé barbu du Kamtchatka. Il s'était laissé pousser la barbe, là-bas. Mon anniversaire sur le banc d'un parc... "Épouse-moi." Je suis allée vers lui, comme l'homme va vers la femme... Que pouvais-je lui donner, à part ses médicaments ? Quel espoir ? Il avait une telle envie de ne pas mourir...

Je n'ai rien raconté à ma mère. Elle ne m'aurait pas comprise. Elle m'aurait blâmée. Elle m'aurait maudite. Car ce n'était pas un cancer ordinaire, dont tout le monde a peur. C'était celui de Tchernobyl, encore plus terrifiant ! Les médecins m'ont expliqué que, si les métastases avaient frappé les organes intérieurs, il serait mort rapidement. Mais elles se sont répandues à la surface, sur le corps, sur le visage... Il était recouvert d'excroissances noirâtres. Son menton avait disparu. Le cou aussi. Sa langue pendait. Des vaisseaux éclataient et il avait des saignements. J'apportais de l'eau froide, je faisais des compresses : rien n'y faisait. C'était horrible. Tout l'oreiller se couvrait de sang... J'apportais une cuvette... Les jets de sang y tombaient avec le même bruit que le lait dans un seau pendant la traite de la vache... Ce son... Si calme, si campagnard... Je l'entends encore, la nuit. Tant qu'il était conscient, il tapait des mains. C'était notre signal convenu : "Appelle l'ambulance !" Il ne voulait pas mourir. Il avait quarante-cinq ans... J'appelle les urgences, mais on nous connaissait. Personne ne voulait se déplacer : "Nous ne pouvons pas aider votre mari !" Une piqûre, au moins ! De la drogue. Je le piquais moi-même. J'avais appris à le faire. Mais l'injection ne faisait qu'un bleu sur la peau, sans se diffuser. Une fois, je suis parvenue à les convaincre et l'ambulance est venue.

C'était un jeune médecin... Il s'est approché de lui pour reculer aussitôt.

– Dites, ce n'est pas une victime de Tchernobyl ? Il ne fait pas partie de ceux qui ont travaillé là-bas ?

– Oui.

Alors, je n'exagère pas, il s'est exclamé :

– Ma pauvre ! Que cela se termine le plus vite possible ! J'ai déjà vu mourir des Tchernobyliens !

Mais mon mari était pleinement conscient et il entendait tout. Mais il ne savait pas, ne devinait pas qu'il était le dernier de son équipe à être encore en vie. Le dernier...

Une autre fois, c'est une infirmière qui est venue. Elle est restée sur le palier. Elle n'est même pas entrée dans l'appartement.

– Excusez-moi, je ne peux pas.

Et moi, est-ce que je pouvais ? Je pouvais tout. Il criait... Il avait mal... Toute la journée... Alors j'ai trouvé la solution : je lui injectais de la vodka. Il se débranchait, alors. Il s'oubliait. Ce sont d'autres femmes qui m'ont soufflé ce remède... D'autres femmes qui avaient connu le même malheur...

Sa mère venait : "Comment as-tu pu le laisser aller à Tchernobyl ? Mais comment as-tu pu ?" Mais quel moyen avais-je de l'empêcher ? Et lui, l'idée de refuser d'y aller ne l'avait même pas effleuré. C'était une autre époque. Comme en temps de guerre. Une fois, je lui ai demandé : "Regrettes-tu d'y être allé ?" Il a remué négativement la tête. Et il a écrit dans le cahier : "Après ma mort, vends la voiture, vends les roues de rechange, mais n'épouse pas Tolik." Tolik, son frère, était un peu amoureux de moi.

Il y a des mystères... Je me tenais assise près de lui. Il dormait. Il avait de si beaux cheveux. J'ai pris une mèche et je l'ai coupée... Il a ouvert les yeux et a vu ce que je tenais dans ma main. Il a souri... J'ai gardé de lui sa montre, sa carte militaire et la médaille qu'il a reçue pour Tchernobyl...

(Après un silence.) J'étais tellement heureuse ! À la maternité, je passais mes journées à l'attendre, près de la fenêtre. Je ne comprenais pas réellement ce qui m'arrivait, quand j'allais accoucher. Je n'avais besoin que de le voir... Je ne me lassais pas de le regarder, comme si je sentais que cela devait se terminer un jour. Le matin, je lui préparais le petit déjeuner et j'admirais sa manière de manger. Sa manière de se raser, de marcher dans la rue. Je suis une bonne bibliothécaire, mais je ne comprends pas comment on peut aimer son travail. Je n'aimais que lui. Lui seul. Et je ne peux pas vivre sans lui. La nuit, je crie... Je crie dans mon oreiller, pour que les enfants n'entendent pas...

Je n'imaginais pas une seconde la maison sans lui. Ma vie sans lui. Ma mère, mon frère me préparaient. Ils faisaient de discrètes allusions, me rappelaient que les médecins conseillaient de le faire entrer dans un hôpital spécial aux environs de Minsk. Là où, avant, on envoyait les malades incurables... Les victimes de l'Afghanistan... Des estropiés sans bras ni jambes... Et maintenant, c'était le tour des Tchernobyliens. Ils me suppliaient : il serait mieux, là-bas ! Il y aurait toujours des médecins à portée de la main. Moi, je ne voulais pas en entendre parler. Ils l'ont alors persuadé et c'est lui qui me demandait : "Amène-moi là-bas. Ne souffre pas."

Il a rempli de supplications tout notre cahier. Il m'a obligée à donner ma parole. Alors je suis allée en voiture, avec son frère. Au bout d'un village qui s'appelait Grebenka, se dressait une grande maison de bois avec un puits qui tombait en ruine et des toilettes dehors. Elle était tenue par de vieilles femmes vêtues de noir. Des religieuses... Je ne suis même pas sortie de la voiture... La nuit, je l'ai embrassé : "Comment as-tu pu me demander une chose pareille ? Jamais je ne le ferai. Jamais !" Je l'ai couvert de baisers...

Les dernières semaines furent les pires... Pendant des demi-heures entières, je l'aidais à uriner dans un petit bocal. Il ne levait pas les yeux. Il avait honte. Et moi, je l'embrassais. Le dernier jour, à un moment, il a ouvert les yeux, s'est assis, a souri et a dit : "Valioucha !"

Il est mort seul... L'homme meurt seul... Des collègues l'ont appelé, de son travail : "Nous allons lui apporter un diplôme d'honneur." Je lui ai dit : "Tes gars veulent venir." Il a fait "Non ! Non !" de la tête. Mais ils sont venus tout de même... Ils ont apporté de l'argent et le diplôme, dans une pochette rouge ornée du portrait de Lénine. En la prenant, j'ai pensé : "Mais pour quelle cause meurt-il ? Dans les journaux, on écrit que ce n'est pas seulement Tchernobyl qui a explosé, mais le régime communiste. Et le profil sur la pochette rouge n'a pas bougé..."

Les gars voulaient lui dire quelques mots d'encouragement, mais il s'est caché sous une couverture. Seuls ses cheveux dépassaient. Ils sont restés un moment debout, près de lui, et puis ils sont partis. Il avait peur des gens. J'étais la seule personne dont il n'avait pas peur.

Lorsqu'on l'a enterré, je lui ai recouvert le visage avec deux mouchoirs. Si quelqu'un voulait le voir, je le montrais. Une femme s'est évanouie. Elle était naguère amoureuse de lui. J'étais jalouse d'elle.

– Permets-moi de le voir pour la dernière fois, m'a-t-elle demandé.

– Regarde.

Quand il est mort, personne n'osait s'approcher de lui. Selon nos coutumes slaves, les membres de la famille n'ont pas le droit de laver et d'habiller le défunt. On a fait venir deux employés de la morgue. Ils ont demandé de la vodka.

– Nous avons vu de tout, m'ont-ils dit. Des victimes d'accident de la route, des personnes assassinées au couteau, des cadavres d'enfants calcinés dans des incendies... Mais une chose pareille, c'est bien la première fois ! Les Tchernobyliens meurent de la façon la plus horrible...

(Elle s'arrête.) Quand il est mort, il était très chaud. On ne pouvait pas le toucher... J'ai arrêté l'horloge de la maison. Il était sept heures du matin. Elle est restée ainsi jusqu'à ce jour : impossible de la remonter... On a fait venir un horloger : il a eu un geste dépité.

– Ce n'est ni mécanique ni physique, a-t-il dit. C'est métaphysique !

Les premiers jours sans lui... J'ai dormi quarante-huit

heures d'affilée. Il était impossible de me réveiller. Je me levais, buvais de l'eau, ne mangeais rien et retombais sur l'oreiller. Maintenant, cela me semble bizarre, inexplicable. Comment ai-je pu dormir ?

Lorsque le mari de l'une de mes amies mourait, il lui balançait la vaisselle. Pourquoi était-elle jeune et belle, alors que lui... ? Le mien n'arrêtait pas de me regarder... Il a écrit dans notre cahier : "Quand je mourrai, brûle mes restes. Je ne veux pas que tu aies peur." Pourquoi en a-t-il décidé ainsi ? Il y avait pas mal de rumeurs : on disait que les Tchernobyliens "luisaient" même après leur mort... J'ai lu que les gens font un détour pour ne pas s'approcher trop des tombes des pompiers de Tchernobyl, enterrés au cimetière de Mitino. Et l'on évite d'enterrer d'autres morts près d'eux. Si les morts ont peur des morts, que dire des vivants ? Car personne ne sait ce qu'est Tchernobyl. Il n'y a que des suppositions. Des pressentiments. Il avait rapporté de là-bas le costume de travail blanc qu'il utilisait. Un pantalon et une veste... Ce costume est resté dans le débarras, chez nous, jusqu'à sa mort. Et puis ma mère a décidé : "Il faut jeter toutes ses affaires." Elle avait peur... Moi, j'ai gardé ces vêtements malgré tout. J'étais une criminelle. J'avais quand même des enfants à la maison : ma fille et mon fils. Nous avons fini par enterrer ses affaires à la campagne...

J'ai lu beaucoup de livres, je vis parmi les livres, mais on ne peut rien expliquer. On m'a rapporté l'urne... Je n'ai pas eu peur. J'ai touché avec ma main ce qu'il y avait à l'intérieur : j'ai senti quelque chose de menu, comme des petits coquillages. C'était ce qui restait des os iliaques. Jusque-là, lorsque je touchais à ses affaires après sa mort, je ne le sentais pas. Et soudain, à ce moment, c'était comme si je l'avais embrassé. La nuit où il est mort, je m'en souviens, j'étais assise à côté de lui. Et soudain, j'ai vu une toute petite fumée... Et j'ai revu une fumée semblable au-dessus du crématorium... Son âme... Personne ne l'a remarquée, à part moi. J'ai eu le sentiment de l'avoir rencontré une fois de plus...

Oh ! Comme j'étais heureuse ! Lorsqu'il partait en mission, je comptais les jours et les heures jusqu'à son retour. Je ne pouvais pas me passer de lui... Une fois, nous avons rendu visite à sa sœur, à la campagne. Le soir, elle me dit :

– Je t'ai fait ton lit dans cette chambre et celui de ton mari dans celle-là...

Lui et moi, nous avons éclaté de rire. Nous n'imaginions même pas pouvoir faire chambre à part. Toujours ensemble. Sans lui je ne peux pas... Son frère m'a demandée en mariage... Ils se ressemblent tellement... Mais il me semble que, si quelqu'un d'autre me touche, je vais pleurer...

Qui me l'a pris ? De quel droit ? On lui a apporté la convocation barrée de rouge le 19 octobre 1986... Comme pour la guerre !

(Nous prenons le thé. Elle me montre les photos de famille. Les photos du mariage. Et lorsque je m'apprête à prendre congé, elle m'arrête.)

Comment vais-je vivre ? Je ne vous ai pas tout raconté... Pas jusqu'au bout. J'ai été heureuse... À la folie. Peut-être ne faut-il pas donner mon nom... Il y a des mystères... On récite des prières dans le mystère... On parle de soi en chuchotant... *(Elle se tait.)* Non, donnez mon nom ! Nommez-moi devant Dieu ! Je veux comprendre... Je veux aussi comprendre pourquoi les souffrances nous sont données. Pourquoi elles existent. Au début, j'avais l'impression qu'après tout cela il me resterait quelque chose de sombre dans le regard... Quelque chose d'étranger... Ce qui m'a sauvée ? Ce qui m'a rendue à la vie ? Mon fils... J'ai encore un fils... Notre fils... Il est malade depuis longtemps. Il a grandi, mais il voit le monde avec les yeux d'un enfant de cinq ans... Je veux être avec lui... Je rêve d'échanger mon appartement pour être plus près de Novinki. Il se trouve là-bas, dans un hôpital psychiatrique... Tel est le verdict des médecins. Pour survivre, il doit rester là-bas. Je vais le voir tous les week-ends. Il m'accueille en me disant :

– Où est papa Micha ? Quand est-ce qu'il va venir ?

Qui d'autre peut bien me le demander ? Il l'attend...

Alors, nous l'attendrons ensemble. Je réciterai en chuchotant ma supplication pour Tchernobyl et lui, il regardera le monde avec des yeux d'enfant... »

Valentina Timofeïevna Panassevitch,
épouse d'un liquidateur.

EN GUISE D'ÉPILOGUE

« Une agence de voyages de Kiev propose des voyages à Tchernobyl et une tournée au cœur des villages morts... Naturellement, pour de l'argent. Visitez La Mecque du nucléaire... »

Le journal *Nabat*, février 1996.

EN GUISE D'EPILOGUE

5408

Composition **PCA**

Achevé d'imprimer en Slovaquie
par NOVOPRINT
le 3 mai 2020

EAN 9782290135990
OTP L21EPLN002070G007
1er dépôt légal dans la collection : décembre 1999

ÉDITIONS J'AI LU
87, quai Panhard-et-Levassor, 75013 Paris

Diffusion France et étranger : Flammarion